Martín Lutero

Escritos sobre la EDUCACIÓN Y LA IGLESIA

Martín Lutero

Editorial
Concordia

OBRAS EN REFERENCIA A MARTÍN LUTERO DISPONIBLES EN EDITORIAL CONCORDIA:

Lutero y la misión
Autor: Sidney H. Rooy
16-6180

Lutero, biografía de un reformador
Autor: Frederick Nohl
16-6186

Sermones de Lutero para Semana Santa
Autor: Martín Lutero
16-6231

Las 95 tesis de Martín Lutero y la Confesión de Augsburgo
16-6144

Martín Lutero, La voluntad determinada
Autor: Martín Lutero
16-6234

Martín Lutero, Sermones
Autor: Martín Lutero
16-6268

Martín Lutero, Intérprete bíblico
Autor: Martín Lutero
16-6279

Martín Lutero, Segundo comentario a Gálatas (1535)
Autor: Martín Lutero
16-6323

Leyendo los Salmos con Lutero
Autor: Martín Lutero
16-6278

Martín Lutero, Escritos sobre la ética cristiana
Autor: Martín Lutero
16-6468

MARTÍN LUTERO COMO PEDAGOGO

Para determinar el lugar que ocupa Lutero en la historia de la pedagogía es conveniente fijar previamente su posición frente a dos corrientes de la época, el occamismo y el humanismo.

El occamismo [1]

Lutero mismo manifiesta que pertenece al partido del occamismo [2]. Melanchton afirma que sabía recitar a Biel y Ailly casi verbalmente de memoria [3]. Se había formado en la filosofía y teología de la tradición occamista y usaba los comentarios de Pedro Ailly y Gabriel Biel y las sentencias de Pedro Lombardo [4]. Su pensamiento se enlaza estrechamente con la filosofía y teología de la escuela occamista, tanto en sentido positivo como negativo. Usa los mismos términos y métodos.

El occamismo se caracteriza por su oposición al tomismo. Tomás de Aquino trata de conciliar el concepto aristotélico de ciencia con la teología. El occamismo insiste en el contraste de estas dos ramas del saber. La teología no es ciencia en un sentido estricto. No se basa en evidentes principios de la razón ni en percepciones sensoriales directas, elaboradas por silogismos, sino en la autoridad de la revelación. No puede ser ciencia en el sentido estricto [5], estando fundada en la fe en la verdad revelada.

[1] Bengt Hägglund. Theologie und Philosophie bei Luther und in der occamistischen Tradition. Lund, 1955. Lunds Universitets Arsskrift, N.F. Avd.; Bd. 51 N⁰ 4.

[2] "Sum Occanicae factionis"; W.A. (Edición Weimar) 6, 195, 4.

[3] C. R. (Corpus Reformatorum) 6, 159: Gabrielem et Cameracensem poene ad verbum memorite recitare.

[4] Pedro Ailly, Quaestiones super libros sententiarum; Estrasburgo, 1490; Gabriel Biel, Epithoma pariter et Collectorium circa quattuor sententiarum libros, Basilea, 1508.

[5] Biel, Collectorium I, qu. 7 Prologi: scientia propie dicta.

Si bien es cierto que Guillermo Occam[6], por razones gnoseológicas, insiste en la separación de filosofía y teología, este juicio debe limitarse en algunos puntos. Estudios recientes llegan a la conclusión de que él también trataba de conciliar teología y filosofía[7]. En la metafísica busca los puntos de contacto.

Lutero insiste en la separación total de teología y filosofía. Ésta trata de las cosas visibles, aquélla de las cosas invisibles. En la filosofía la cognición se verifica por la razón, en la teología por la fe. Los misterios de la fe son superiores, e insondables para el entendimiento. Su aplicación a este terreno pervierte la teología, como lo demuestra el escolasticismo. El uso de la dialéctica común en asuntos de la fe, como por ejemplo la trinidad y la cristología, conduce a consecuencias inaceptables y absurdas. Lutero rechaza el recurso de Robert Holkot[8] de crear una lógica de la fe *(logica fidei)*. Repudia todas las especulaciones lógicas en la teología.

El escolasticismo hace muchas distinciones de la fe, *como fides infusa, fides acquisita, fides informis, fides formata*, etc. Lutero en su edad madura rechaza todas estas distinciones[9]. Al concepto medieval de la fe le opone la fe que justifica, de la cual habla Pablo en la Epístola a los Romanos y que constituye el centro de la teología reformadora. La fe que justifica no es sólo un asentimiento a proposiciones históricas de que Jesús ha muerto y resucitado, sino que es un aprehender a Cristo, muerto por mi pecado y resucitado para mi justificación. Para esta fe Lutero acuña el término "fides apprehensiva Christi"[10]. Es la fiducia en la misericordia que nos es donada a causa de Cristo[11].

La fe es un don del Espíritu Santo por medio de la palabra revelada. Sus misterios son inaccesibles a la razón. Todas las especulaciones racionales sobre ella son vanas. Sólo la razón iluminada puede ser útil para la interpretación de la palabra.

Ortega y Gasset considera que los años 1400-1600 son una era de desorientación, que frente a la complejidad y multiplicidad de la

---

[6] Guillermo Occam (1270-1347), Quaestiones y decisiones in IV libros sententiarum; esta obra fue impresa en Lyon, en 1495.

[7] R. Guelluy Philosophie et Theologie chez Guillaume d'Ockham, Lovaina: pág. 364; citado por Hägglund: On voit dès à present, que l'opinion commune attribuant a Ockham la volunté de separer le domaine de la philosophie et celui de la foi risque fort de trahir ses intentions.

[8] R. Holkot, Super quattuor libros sententiarum quaestiones, Londres, 1510.

[9] WA 39 I, 45, 11: Cum vero Paulus prolixe tribuit iustificationem fidei, necesse est ipsum de istis fidebus (ut sic dicam) acquisita, infusa, informi, formata, implicita; generali, speciali nihil dicere.

[10] WA 39 I, 45, 21: Haec est autem fides apprehensiva (ut dicimus) Christi, pro peccatis nostris morientis et pro iustitia nostra resurgentis.

[11] WA 39 II, 197, 31: Fides nobis non significat notitiam, sed fiducia gratiae.

cultura buscaba una reorientación por medio de la simplificación, y nombra a Lutero como ejemplo [12]. Es cierto que el concepto de la fe justificante constituye una simplificación radical frente a las distinciones y divisiones de la escolástica.

El humanismo

El Renacimiento constituye un cambio de sentimiento vital y de estilo de vida. El hombre se orienta hacia el mundo y la naturaleza. Insiste en el desarrollo de la personalidad autónoma. Esta tendencia se une a una admiración y renovación de la antigüedad, el humanismo. En este clima se desarrolla lo que Wilhelm Dilthey denomina el teísmo universal. Los grandes pensadores y escritores de la antigüedad se consideran divinamente inspirados. Así lo enseña Pico de la Mirandola y Ficino, y así lo cree también Mutiamus Rufus, dirigente del círculo de humanistas de Erfurt. Pues el renacimiento italiano se había abierto paso a todos los países de Europa. En Alemania, Erasmo adquiere una fama sin límites. Es considerado príncipe de todos los humanistas. Dilthey lo llama el Voltaire del siglo XVI [13]. Regresando hacia las fuentes del cristianismo, busca establecer "la filosofía de Cristo". Es el fundador del racionalismo teológico. A Lutero le resultaba antipático su espíritu volteriano, multiforme y retozón [14].

¿Cuál es la relación del Reformador con el humanismo en general? En una serie de artículos publicada bajo el tema "Vitalidad, alma y espíritu", en 1927, Ortega y Gasset cita el siguiente pasaje de Nietzsche, que el pensador español considera una de las geniales intuiciones del filósofo alemán:

¿Qué ocurrió? —dice Nietzsche—
Un monje tudesco, Lutero, llega a Roma.
Este monje, lastrado de todos los instintos vengativos
de un fraile fracasado, se subleva en Roma contra
el Renacimiento. Lutero vio la corrupción del Papado,
cuando en rigor se tocaba con las manos lo contrario.
¡La vida se sentaba en la sede de Pontífices! ¡El triunfo
de la vida! [15]

Esta frase de Nietzsche no responde a la verdad histórica. Lutero, al ser enviado a Roma por asuntos de su orden, no era ningún monje

---

[12] Ortega y Gasset, Obras completas, tomo V, pág. 109; Madrid, 1958.
[13] Wilhelm Dilthey, Hombre y Mundo en los Siglos XVI y XVII, pág. 52, México-Buenos Aires, 1947.
[14] Op. cit., pág. 34.
[15] Ortega y Gasset, Obras completas, tomo II, pág. 454, Madrid, 1958.

fracasado de instintos vengativos. Tenía 27 años, y ya había enseñado filosofía moral en la universidad de Wittenberg y había dado cursos sobre las sentencias de Pedro Lombardo en Erfurt. Llevaba una vida intachable y trataba de cumplir escrupulosamente con las reglas de su orden. No se produjo tampoco el choque dramático entre dos mundos del que habla Nietzsche. El pontífice Julio II, gran guerrero y mecenas de los artistas renacentistas, estaba en campaña en Bolonia. Los cardenales estaban igualmente ausentes. Además, ni la Roma del Renacimiento ni de la antigüedad interesaban a Lutero tanto como la Roma de los santos y las indulgencias que Roma le podía brindar. Para obtenerlos, visitaba basílicas y catacumbas y veneraba las reliquias de los mártires como un buen peregrino medieval. La corrupción e incultura que observó en el clero menor no pudieron conmover su fe [16].

En la primera década del siglo XVI los contactos de Lutero con el humanismo eran escasos. En el segundo decenio adquirió un conocimiento más exacto del movimiento. Sus amigos Spalatin y Lang pertenecían al círculo de Mutiamus Rufus. Al fin de la década, se incorporó a la universidad de Wittenberg Felipe Melanchton, un humanista decidido que se adhirió a la Reforma.

En general, los humanistas aplaudían al principio la Reforma. Los unía con el movimiento reformador la oposición contra el escolasticismo y su aristotelismo. Pero cuando avanzó la Reforma y se produjeron violencias y disturbios, temieron por la suerte de las ciencias, y se apartaron. El rompimiento fue definitivo en 1524-1525, cuando se suscitó la polémica entre Erasmo y Lutero sobre el libre albedrío. Sólo unos pocos humanistas guardaron fidelidad a la Reforma.

La escuela escolástica y la escuela humanística

Para entender el papel que desempeña la escuela reformadora en la historia de la pedagogía es menester dar una breve reseña de la organización escolar y universitaria a fines de la Edad Media y a principios de la Edad Moderna [17]. Había escuelas monásticas, episcopales y municipales. Su finalidad esencial era la enseñanza del idioma latino. Eran "escuelas latinas" (*Lateinschulen*) o "escuelas triviales", porque pretendían enseñar el llamado "trivium". Marciano Capella, Casiodoro, Boecio e Isidoro de Sevilla habían dividido las siete artes liberales en dos ciclos: el "trivium" comprendía la gramática, lógica y retórica, y el "quadrivium" abarcaba la aritmética, geometría, astro-

---

[16] Roland H. Bainton, Lutero, págs. 49 y sigs., Buenos Aires, 1955.
[17] Otto Scheel, Luther, Bd. I, pág. 44 y sigs.; C. Atkinson y E. T. Maleska: Historia de la Educación, Barcelona, 1966.

nomía y música. Mas en las escuelas "triviales" del siglo XV, la gramática había desalojado casi por completo las otras dos materias.

Los alumnos de una "escuela latina" se dividían en tres grupos: 1. los fibulistas o tabulistas; 2. los donatistas; 3. los alejandristas. Los fibulistas o tabulistas aprendían en un libro de abecedario o por tablas. Los donatistas estudiaban la gramática de Aelio Donato, sabio romano del siglo IV, conocido por sus obras *"ars grammatica"* y *"ars minor"*. Los alejandristas memorizaban el *"doctrinale"*, obra en versos, cuyo autor era Alejandro de Villa Dei, franciscano del siglo XIII. Se trataba de una introducción a la sintaxis latina.

Por regla general los alumnos entraban en la escuela latina a los siete años y permanecían en ella hasta los catorce. Después se dedicaban a algún oficio o seguían estudios en las universidades.

Como ejemplo de la organización de la enseñanza superior en la Baja Edad Media tomamos la universidad de Erfurt. Comprendía cuatro facultades: 1. Facultad de Artes; 2. Facultad de Teología; 3. Facultad de Derecho; 4. Facultad de Medicina.

La enseñanza de la Facultad de Artes era de carácter preparatorio. Llevaba su nombre de las siete artes liberales conforme a la división de Marciano Capella. Pero de la clasificación mencionada se conservaba solamente el nombre. El programa comprendía dos ciclos. En el primero se enseñaban las materias del "trivium", es decir, gramática, lógica y retórica, predominando la lógica de Aristóteles en forma casi absoluta. Este ciclo duraba de un año y medio a dos años y terminaba con el bachillerato. En el segundo ciclo se dedicaban casi exclusivamente a la lectura comentada de los libros de Aristóteles sobre física, metafísica, ética y política. Para las materias del antiguo *"quadrivium"*, o sea, aritmética, geometría, astronomía y música no quedaba mucho tiempo. Al final del segundo período, que duraba dos años, los estudiantes se recibían de *"magister"*.

Una parte de los alumnos se retiraban de la universidad, conformándose con el título adquirido; otros se dedicaban al estudio de la teología, derecho o medicina, ingresando en las respectivas facultades.

La disciplina en las escuelas latinas era muy severa y ruda. Abundaban los azotes. Los métodos consistían en una memorización rutinaria, lo que en parte se explica por la escasez de libros de texto. En consecuencia, los resultados eran pobres. El latín que enseñaban era el lenguaje de la latinidad media que se usaba en la filosofía y teología del Medioevo.

En cambio, en la escuela humanista se enseñaba el latín clásico de Cicerón, Livio, etc. Se suprimía la memorización absurda, lo que fue facilitado por la existencia cada vez más frecuente de libros. En lugar de memorizar reglas abstractas se aprendía la gramática en relación a los textos leídos. La gramática había perdido su valor propio; era sólo un medio para dominar el latín. La disciplina era más suave. Se recomendaba que reinara un espíritu de alegría en las clases. Una de las divisas era "aprender jugando". Se insistía en desarrollar el pensamiento propio del alumno.

En la facultad de artes de las universidades, el escolasticismo fue desterrado en beneficio de un estudio más intenso de los clásicos antiguos. Se implantó el aprendizaje del griego y del hebreo.

El espíritu humanístico no se implantó sino muy lenta y paulatinamente en las escuelas latinas de Alemania. Al principio los humanistas se limitaban a enseñar un latín más elegante. Ya en la segunda mitad del siglo XV adquieren gran fama las escuelas de Jacobo Wimpfeling en Schlettstadt y Rodolfo Agrícola en Heidelberg como asimismo la de los hermanos de la vida común en Deventer.

En las facultades de artes de las universidades alemanas triunfó, desde iniciativas aisladas en la segunda mitad del siglo XV, el humanismo definitivamente en el decenio de 1515-1525.

Lutero como pedagogo

Lutero no es un pensador pedagógico. No es posible construir de sus observaciones aforísticas sobre educación un sistema pedagógico [18]. Sus ideas son las comunes de su época, como lo demuestra una comparación con los sermones contemporáneos [19]. Revela poco conocimiento de la literatura pedagógica de su tiempo que, por otra parte, considera demasiado abundante [20]. Ignora las ideas progresistas de los pedagogos coetáneos [21]. Sus propios escritos de, carácter pedagógico, que insertamos en este tomo, "La necesidad de crear y mantener escuelas cristianas" y "Sermón para que se manden a los hijos a la escuela", son más bien una exhortación a las autoridades municipales y a los padres, para que cumplan con su deber. Para Lutero el centro de la educación es la familia. La de las escuelas es sólo auxiliar.

El padre de familia es responsable de la instrucción religiosa de sus hijos y de la servidumbre para el servicio de Dios. En lo demás, el mandamiento del orden y de la disciplina en la familia es un asunto exterior mundano (ein weltlich äusserlich Ding).

De las escuelas le interesan sólo las escuelas latinas. Menciona también las escuelas para niñas y las escuelas donde se enseñaba lectura y escritura como también aritmética en lengua vernácula. Hace

---

[18] Ivar Asheim, Glaube und Erziehung bei Luther, Heidelberg, 1961.
[19] Carl Braun, Die katholische Predigt der Jahre 1450-1650, Würzburg, 1904.
[20] WA 50 II, 521, "schier zu viel".
[21] Aegidius Romanus, Gerson, Maphaeus Veginus, Aneas Sylvino y los escritos pedagógicos de Erasmo.

suya la crítica de los humanistas de la escuela medieval y acepta sin reservas los métodos y fines de la escuela humanística.

Lutero insiste en que se reemplacen las escuelas escolásticas por "escuelas cristianas". En verdad las escuelas de la Edad Media tenían un carácter religioso. Los alumnos participaban en los cultos e intervenían con sus cantos en ellos. Los textos de lectura tenían material religioso. Es cierto que faltaban horas dedicadas a la instrucción religiosa. La escuela de la Reforma implanta la enseñanza del catecismo y de la Biblia. En esto se distingue de la escuela humanística cuyo ideal era la "elocuencia".

En la facultad de artes de las universidades se destierra la escolástica. El estudio de la filosofía aristotélica se limita a la dialéctica y poética. Se implanta el estudio de la lengua griega y hebrea imprescindible para el estudio de las Sagradas Escrituras. Se estudia más intensamente los escritores de la antigüedad. "La teología escolástica es reemplazada por el estudio de la Biblia". [22]

CARLOS WITTHAUS

[22] C. Atkinson y E. T. Maleska, o.c., pág. 55, Barcelona 1966.

INTRODUCCIÓN

A LOS ESCRITOS

PEDAGÓGICOS

INTRODUCCIÓN A LOS ESCRITOS PEDAGÓGICOS

De todas las reformas propuestas por Lutero, las de más significativo alcance fueron las que se referían a las universidades, incluyendo no solamente las facultades teológicas sino también las de jurisprudencia, en cuanto que enseñaban el derecho canónico. Dichas reformas sobrepasaban aun lo que él consideraba indispensable en la iglesia misma. Para que también en las universidades se enseñara la palabra pura de Dios, debería ser reducida radicalmente la gran influencia de Aristóteles, no por causa de cierta animosidad personal contra este filósofo, sino porque en las universidades se mezclaba la teología con la filosofía. Debe constatarse que las reformas universitarias requeridas por Lutero, hallaron en todas partes un eco favorable. Esto hizo que en el campo de las universidades se mantuviera la unidad; pues los nuevos principios que no tardaron en convertirse en factores decisivos en las universidades influidas por la reforma luterana, se impusieron paso a paso también en el ámbito de las universidades católicas.

Sin embargo, Lutero y sus colaboradores se dieron cuenta de que todo el sistema educativo de su tiempo necesitaba una reforma urgente, porque solamente una educación cristiana integral podía salvar a la iglesia. A esta comprensión Lutero había llegado ya antes de las visitas que efectuaron él, Melanchthon y Bugenhagen (llamado Pomeranus por Lutero) en el norte y sur de Alemania, y en las cuales se enteraron de la situación desastrosa, de la enorme ignorancia intelectual y religiosa imperante en las congregaciones de aldeas y ciudades, lo que motivó la publicación de los Catecismos Mayor y Menor de Lutero, ocurrida en el año 1529.

Ya en el año 1524 apareció una obra de Lutero con el título: "A los burgomaestres y concejales de las ciudades de Alemania: que instituyan y mantengan escuelas" [1], que demuestra a las claras su preocupación por los graves problemas educativos de su época. Ya en esta obra Lutero insiste en los principios que según su convicción debían aplicarse a un buen programa de educación: En primer lugar son los padres los responsables por la educación de sus hijos, pues lo que

---

[1] Escrito que aparece en este tomo bajo el título de "La necesidad de crear y mantener escuelas..." Véase pág. 19.

éstos aprenden en el hogar es de importancia decisiva para toda la vida. Y esto vale no para algunos privilegiados sino para todas las clases del pueblo. Una educación completa que incluya tanto la religión como todas las demás materias es una necesidad no sólo para la iglesia sino también para el estado. Lutero era de la opinión de que es deber del estado establecer y mantener escuelas; y su defensa de estos conceptos tuvo una gran repercusión, ya que de esta manera las escuelas se abrían a toda la población de un país.

Seis años más tarde, en 1530, el año de la Confesión de Augsburgo y una época de máxima fecundidad literaria de Lutero, el Reformador debió ocuparse de nuevo en este tema con una obra llamada por él "sermón dirigido a los predicadores a que amonesten a la gente a llevar a los hijos a la escuela". El sermón está dedicado a Lázaro Spengler, un síndico de la ciudad de Nuremberg, y su autor casi se disculpa porque a pesar de sus esfuerzos por no extenderse demasiado, el sermón se haya transformado en un libro a causa de lo inagotable del tema. Lutero reconoce la meritoria actividad desplegada por los nuremberguenses en la fundación de escuelas, pero también se da cuenta de la necesidad de que los ciudadanos sean instruidos constantemente con respecto a la bondad de esta institución en favor de sus hijos.

FEDERICO LANGE

I

LA NECESIDAD DE CREAR Y MANTENER ESCUELAS CRISTIANAS

EXHORTACIÓN A LAS AUTORIDADES MUNICIPALES DE ALEMANIA

1524

LA NECESIDAD DE CREAR Y MANTENER ESCUELAS CRISTIANAS

EXHORTACIÓN A LAS AUTORIDADES MUNICIPALES DE ALEMANIA [1]

Gracia y paz de Dios, nuestro Padre, y del Señor Jesucristo. Prudentes, sabios y amados señores: Por cuanto hace ya tres años que he sido excomulgado y proscrito, debería haberme callado si temiera los mandatos de los hombres más que a Dios. Por esa razón hay muchos en Alemania, tanto de elevada como de baja alcurnia, que persisten en perseguir mis discursos y escritos, y que por esa causa derraman mucha sangre [2]. Sin embargo, Dios ha abierto mi boca y me ha ordenado hablar, asistiéndome además con gran firmeza, y, sin mi consejo ni concurso, fortalece y promueve tanto más mi causa cuanto ellos se enfurecen, como si se riera y se burlara del furor de ellos, según dice el Salmo 2 [3]. Por este solo hecho, quien no esté obstinado puede advertir que esta causa tiene que ser propia de Dios, puesto que aquí se evidencia la índole peculiar de la palabra y obras divinas, que siempre se acrientan más cuanto más se las persigue y se pretende sofocarlas.

Por esta razón quiero hablar —como dice Isaías [4]— y no callar, mientras viva, hasta que la justicia de Cristo surja como resplandor y su gracia salutífera se encienda como una lámpara. Y ruego, pues, a todos vosotros, mis queridos señores y amigos, que recibáis amistosamente el presente escrito y exhortación y lo toméis a pechos. Pues, sea yo personalmente lo que fuere, puedo sin embargo gloriarme ante Dios con buena conciencia de que en este asunto no busco mi pro-

---

[1] Título en el original: "An die Radherrn aller Stedte deutsches lands: dass sie Christliche schulen auffrichten un halten sollen": A los consejeros de todas las ciudades de Alemania: que deben crear y mantener escuelas cristianas.

[2] Heinrich Vos y Johann von der Eschen fueron quemados en Bruselas el 1 de julio de 1523. Son considerados los primeros mártires protestantes.

[3] Sal. 2:4.

[4] Is. 62:1.

vecho, cosa que conseguiría más fácilmente guardando silencio. Por el contrario, me animan las mejores intenciones para con vosotros y toda la nación alemana, a donde Dios me ha comisionado, crease o no. Deseo aseguraros y declararos, con franqueza y confianza, que si me obedecéis en esto, sin duda no me estáis obedeciendo a mí, sino a Cristo; y el que no me obedece, no me desprecia a mí, sino a Cristo [5]. Pues sé muy bien y estoy seguro de lo que digo y con qué propósito enseño, cosa que podrá advertir también por sí mismo todo el que examine mi enseñanza debidamente.

. . En primer término, se advierte actualmente en toda Alemania que en todas partes se permite la decadencia de las escuelas. Las universidades se están debilitando y los conventos declinando. Esta hierba se seca y la flor cae, como dice Isaías [6], porque el espíritu de Dios sopla sobre ellas y por medio de su palabra las consume con los ardientes rayos del evangelio. Pues ahora se hace evidente por la palabra de Dios que esta actitud no es cristiana, y sólo tiene en vista los intereses del estómago. En efecto, por cuanto la turba carnal observa que ya no están obligados ni pueden arrojar a sus hijos, hijas y parientes en conventos y escuelas catedralicias, desalojándolos de sus casas y bienes y poniéndolos al amparo de bienes ajenos, ya no hay nadie que quiera hacer educar a sus hijos o que estudien. "¿Para qué hacerlos estudiar —dicen ellos— si no han de llegar a ser curas, monjes y monjas? ¡Es mejor que aprendan algo con qué ganarse la vida!"

Esta declaración de ellos mismos demuestra suficientemente cuáles son las ideas e intereses de esta gente. Pues si no hubiesen procurado solamente la satisfacción del estómago y el alimento temporal para sus hijos en los conventos y escuelas catedralicias o en el estado eclesiástico, y si hubiera sido su sincera intención buscar la bienaventuranza y salvación de sus hijos, no dejarían caer los brazos de esta manera, diciendo: "Si el estado eclesiástico no vale nada, renunciaremos también a la enseñanza y no haremos nada por ella". Antes bien, dirían: "Si es cierto, como enseña el evangelio, que ese estado es perjudicial para nuestros hijos, entonces, estimados señores, enseñadnos otro modo agradable a Dios y saludable para nuestros hijos; pues quisiéramos proveer a las necesidades, no sólo del estómago de nuestros queridos hijos, sino también de su alma". Así, por cierto, hablarían de estas cosas padres realmente cristianos y fieles.

Mas no es de extrañar que el maligno diablo encare el asunto de esta manera y sugiera a los carnales corazones mundanos que abandonen de este modo a los niños y adolescentes. ¡Es comprensible! Él es el príncipe y dios del mundo [7]. ¿Cómo podría agradarle que sean des-

---

[5] Véase Lucas 10:16.
[6] Is. 40:6-7.
[7] Jn. 14:30.

truidos por el evangelio sus nidos, los conventos y las pandillas eclesiásticas, en los cuales más pervierte a la juventud, en la que tiene
gran interés y más le importa? ¿Cómo podría permitir o alentar que
se eduque debidamente a la juventud? Por cierto, sería un necio si
admitiese o ayudase a instituir en su reino aquello que muy pronto
lo destruiría, cosa que sucedería si perdiese el sabroso bocado, la querida juventud, y tuviese que permitir que, a costa y con los bienes
de él, aquélla se conservara para el servicio de Dios.

Por lo tanto, procedió muy sabiamente en la época en que
los cristianos hacían educar e instruir cristianamente a sus hijos.
La juventud pretendía escapársele por completo, erigiendo en su reino algo intolerable, por lo cual procedió a tender sus redes, estable-
ciendo tales conventos, escuelas y estados, de modo que no era posible que se le escapara algún muchacho, a no ser que mediara un
milagro especial de Dios. Pero al advertir que tales artimañas se van
descubriendo por causa de la palabra de Dios, se pasa al otro extremo
pretendiendo que ahora no se aprenda nada. Nuevamente procede con
acierto e inteligencia para conservar su reino y retener a los jóvenes.
Si los retiene, crecerán bajo su poder y serán suyos. ¿Quién podrá
quitarle algo? Entonces ocupará plácidamente el mundo, pues para
que le sobrevenga un perjuicio que realmente le hiera, éste tendrá
que ser provocado por la juventud que crezca en el conocimiento de
Dios y propague y enseñe la palabra divina a otros.

No hay nadie que crea cuán dañino y diabólico es este designio.
Se produce tan silenciosamente que nadie lo advierte; y habrá ocasio-
nado el perjuicio antes de que se pueda aconsejar, prevenir o ayudar.
Se teme a los turcos, las guerras y las inundaciones, pues en todo esto
es comprensible en qué consiste lo dañino y lo beneficioso. Pero nadie
advierte ni tampoco nadie teme lo que aquí se propone el diablo; se
produce solapadamente. Sin embargo, si alguien estuviese dispuesto a
donar un ducado para luchar contra los turcos, aun cuando ya se nos
viniesen encima, con mayor razón debería ofrendar en este caso cien
ducados, aunque con esta suma no se pudiera educar más que a un
solo muchacho para que sea un verdadero cristiano, porque un verdadero cristiano vale más y puede ser de mayor provecho que todos
los hombres sobre la tierra.

Por consiguiente, ruego a todos vosotros, amados señores y amigos
míos, que por amor de Dios y de la pobre juventud no tengáis en
menos este asunto, como hacen muchos que no advierten lo que se
propone el príncipe de este mundo. Pues ayudar y aconsejar a la juventud es asunto serio e importante, de sumo interés para Cristo y
para todo el mundo. Nos sirve también a nosotros y a todos los hombres de ayuda y beneficio. Tened presente que estos ataques secretos,

solapados y pérfidos del diablo deben contrarrestarse con toda seriedad cristiana. Estimados señores, si anualmente se gasta tanto en armas de fuego, caminos, puentes, diques e innumerables objetos similares, a fin de que una ciudad goce de paz y prosperidad temporal, ¿por qué no invertir, con más razón, la misma suma en la pobre juventud necesitada, empleando a una o dos personas idóneas como maestros de escuela?

Además, todo ciudadano debiera sentirse motivado por lo siguiente: Hasta ahora ha tenido que perder mucho dinero y bienes en indulgencias, misas, vigilias, fundaciones, testamentos, aniversarios, frailes mendicantes, cofradías, peregrinaciones y otras extravagancias; y estando libre en adelante, por gracia de Dios, de semejantes robos y donaciones, debiera en lo sucesivo, por gratitud y en honor a Dios, donar una parte para escuelas donde educar a los pobres niños, lo cual sería una preciada inversión. Pues si no hubiera irrumpido la luz del evangelio para liberarlo, tendría que dar inútilmente a los ladrones antes mencionados diez veces esa cantidad y aún más perpetuamente. Y sepa, por otra parte, que donde hay oposición, queja, obstáculos y dilaciones, allí seguro que está el diablo, el cual no se oponía de igual manera cuando se daba para los conventos y misas, sino que más bien incitaba para que se diera a raudales; pues él advierte que esta obra no le favorece. En consecuencia, amados señores y amigos míos, sea ésta la 'primera consideración que os motive, que debemos resistir en este asunto al diablo, que es el enemigo solapado más dañino.

La segunda consideración se basa en las palabras de San Pablo en 2 Corintios 6 [8], donde dice que no debemos recibir en vano la gracia de Dios ni dejar pasar el tiempo favorable. Por cierto, Dios todopoderoso nos ha visitado a nosotros los alemanes con su gracia y ha proclamado un verdadero año de jubileo [9]. Contamos actualmente con los hombres jóvenes más excelentes y doctos, engalanados con lenguas y toda suerte de artes, los cuales podrían prestar un gran servicio si nos valiésemos de ellos para instruir a la juventud.

¿No es evidente acaso que en la actualidad se puede preparar a un muchacho en tres años de tal modo que a los quince o dieciocho años sabe más que todas las universidades y conventos hasta ahora?

---

[8] Véase 2 Co. 6:1 y sigs.

[9] Alusión a los años de jubileo, instituidos por Bonifacio VIII en 1300. Lutero dice: "ein recht gülden jar" —un verdadero año de oro—, que podría traducirse por "una oportunidad de oro", o más libremente: "una estupenda oportunidad", pero así se perdería la alusión del original. *Güldenjahr* era el término popular para referirse al año de jubileo, el año en que se proclamaba una indulgencia papal, considerada como una oportunidad excepcional y una bendición. Era, por cierto, un año de oro para la iglesia y un año *gulden* (moneda de la época) para los que gastaban su dinero en indulgencias.

En efecto, ¿qué se ha aprendido hasta ahora en las universidades y conventos sino a ser burros, zoquetes y alcornoques? Uno estudiaba veinte o cuarenta años sin llegar a aprender el latín o el alemán. Y no quiero mencionar la vida infame y viciosa que ha pervertido tan lamentablemente a la noble juventud.

En verdad, si las universidades y conventos hubieran de seguir como hasta ahora, sin aplicar otro sistema de enseñanza y de vida para la juventud, preferiría que ningún muchacho aprenda nada y que no pueda hablar. Pues es mi seria opinión, súplica y deseo que esos establos de asnos y escuelas del diablo o se hundan en el abismo o se transformen en escuelas cristianas. Pero, siendo el caso que Dios nos ha bendecido tan abundantemente, dándonos un gran número de hombres capaces de enseñar y educar adecuadamente a la juventud, es por cierto menester que no despreciemos la gracia de Dios y no dejemos que llame en vano a nuestra puerta. Él está delante de la puerta: ¡Dichosos de nosotros si le abrimos! Él nos llama: ¡Bienaventurado quien le conteste! Si perdemos la oportunidad y él pasa de largo, ¿quién podrá hacerlo volver?

Consideremos nuestra anterior miseria y las tinieblas que nos rodeaban. Opino que Alemania nunca ha oído tanto de la palabra de Dios como ahora; al menos no se advierte nada semejante en la historia. Si, pues, la dejamos pasar sin agradecimiento y honra, es de temer que padezcamos tinieblas y plagas aún más terribles. Amados alemanes, comprad mientras el mercado está a las puertas; recoged la cosecha mientras es de día y hace buen tiempo; valeos de la gracia y de la palabra de Dios mientras están a mano. Pues es preciso que sepáis que la palabra y la gracia de Dios son como un aguacero que pasa y ya no vuelve al lugar donde estuvo antes. Estuvo entre los judíos; pero pasó y se fue, ahora no tienen nada. San Pablo lo llevó a Grecia; pasó y se fue; ahora tienen al turco. También lo tuvo Roma y la nación latina; pasó y se fue, ahora tienen al papa. Y vosotros, alemanes, no debéis pensar que lo tendréis perpetuamente, pues la ingratitud y el menosprecio no permitirán que permanezca. Por eso aferre y retenga quien pueda; las manos perezosas no podrán sino tener un año malo.

La tercera consideración es seguramente la más importante, a saber, el mandato de Dios, quien por medio de Moisés tantas veces insta y exige a los padres que enseñen a los hijos, como también dice en el Salmo 78: "Tanto mandó a nuestros padres que informasen a los hijos y enseñasen a los hijos de los hijos" [10]. Y lo mismo señala también el cuarto mandamiento de Dios, donde exige a los hijos que obedezcan a los padres con tanto rigor que incluso manda sentenciar

[10] Sal. 78:5-6.

a muerte a los hijos desobedientes [11]. ¿Para qué vivimos los adultos si no para cuidar, enseñar y criar a la juventud? Como no es posible que estos atolondrados se enseñen y guíen a sí mismos, Dios los ha encomendado a nosotros que somos viejos y sabemos por experiencia lo que es bueno para ellos; y él nos pedirá cuenta muy estricta de ellos. Por eso también Moisés manda diciendo: "Pregunta a tu padre, él te lo dirá; a los ancianos, y ellos te lo mostrarán" [12].

Es realmente vergonzoso que hayamos llegado al extremo de que sea necesario instigar y ser instigados para educar a nuestros hijos y a la juventud, y pensar en su bienestar, cuando la propia naturaleza debiera impulsarnos, como también nos lo demuestra de múltiples maneras el ejemplo de los paganos. No hay bestia irracional que no cuide de su cría y le enseñe lo que le conviene, excepto el avestruz, del cual Dios dice, en Job 31 [13], que se endurece para con sus hijos como si no fuesen suyos, abandonando sus huevos en la tierra. ¿De qué valdría que tuviéramos e hiciéramos todo lo demás y fuéramos como verdaderos santos, si descuidamos el propósito principal de nuestra vida, a saber, el cuidado de la juventud? Considero, además, que entre los pecados exteriores que comete el mundo ninguno es tan grave ante Dios ni merece pena tan severa como precisamente el que cometemos con nuestros hijos si no los educamos.

Cuando yo era joven se solía mencionar en las escuelas este proverbio: *Non minus est negligere scholarem quam corrumpere virginem:* "No es menos descuidar a un alumno que corromper a una virgen". Esto se decía para asustar a los maestros, pues en aquel entonces no se conocía pecado más grave que deshonrar vírgenes. Pero, ¡por Dios!, violar vírgenes o mujeres —que, como pecado corporal y conocido, puede expiarse— es mucho menos grave que el pecado de abandonar y deshonrar a las nobles almas, porque semejante pecado ni siquiera se considera ni se reconoce como tal, y nunca se expía. ¡Ay del mundo para siempre y perpetuamente! Todos los días nacen niños, que crecen entre nosotros, sin que por desgracia nadie se ocupe en la pobre niñez y la guíe, quedando abandonada a su propia suerte. Los conventos y escuelas catedralicias deberían ocuparse en ello, pero desgraciadamente ellos son de quienes Cristo dice: "¡Ay del mundo por las ofensas! Cualquiera que ofende a alguno de estos pequeños que creen en mí, mejor le fuera que se le colgase al cuello una piedra de molino, y que se le hundiese en lo profundo del mar" [14]. No son otra cosa que devoradores y corruptores de la niñez.

---

[11] Dt. 21:18-21.
[12] Dt. 32:7.
[13] Véase Job 39:14-16.
[14] Mt. 18:6-7.

Tú me dirás: "Todo esto se refiere a los padres; ¿qué tiene que ver con los concejales y autoridades?" Tienes razón. Pero si los padres no lo hacen, ¿quién lo hará? ¿Ha de abandonarse la tarea y descuidar a los niños? ¿Acaso se excusarán las autoridades municipales con el pretexto de que no les corresponde? Hay varias razones porque los padres no lo hacen.

Primero, hay quienes no son suficientemente probos y decentes para hacerlo, aunque pudieran, sino que son como los avestruces que se endurecen con sus hijos y se contentan con haber puesto los huevos y engendrado hijos. No hacen otra cosa. Y sin embargo estos hijos vivirán entre nosotros y con nosotros en la misma ciudad. ¿Cómo admitirá la razón, y sobre todo el amor cristiano, que se críen sin educación, convirtiéndose en veneno y ponzoña para los demás niños, hasta que finalmente se pervierte toda la ciudad, como sucedió en Sodoma y Gomorra [15], en Gabaá [16] y otras ciudades?

Segundo, la mayoría de los padres por desgracia son ineptos para esto, no sabiendo cómo educar y enseñar a los hijos, porque ellos mismos no han aprendido otra cosa que a llenar el estómago. Es preciso que haya personas especiales para enseñar y educar a los niños de una manera recta y adecuada.

Tercero, aun cuando los padres fueran aptos y quisieran hacerlo ellos mismos, carecen de tiempo y oportunidad, por causa de otras ocupaciones y de la administración de la casa, de modo que la necesidad obliga a tener ayos comunitarios para los niños, a no ser que cada uno quiera tener el suyo propio. Pero esto sería demasiado oneroso para el hombre común y, por otra parte, más de un buen niño sería descuidado a causa de su pobreza. Además, muchos padres mueren dejando huérfanos. Si no nos basta la experiencia de cómo son atendidos por sus tutores, nos debiera aleccionar el hecho de que Dios mismo se llama padre de los huérfanos [17], es decir, padre de los que están abandonados por todos los demás. Hay también quienes no tienen hijos, y por eso no se preocupan del asunto.

Por consiguiente, incumbe a las autoridades municipales poner toda su atención y empeño en la juventud. Ya que se ha encomendado a su fiel cuidado los bienes, el honor, la seguridad y la vida de toda la ciudad, no cumplirían con su deber ante Dios y el mundo si no procurasen día y noche por todos los medios el bienestar y mejoramiento de la ciudad. La prosperidad de la ciudad no consiste sólo en acumular grandes tesoros, y construir fuertes murallas y casas hermosas, fabricar muchos cañones y armaduras. En efecto, cuando abunda todo esto,

---

[15] Gn. 19:1-25.
[16] Jue. 19-20.
[17] Sal. 68:5.

y algunos locos insensatos se apoderan de ello, tanto peor será y tanto mayor el perjuicio para esa ciudad. Por el contrario, la mayor prosperidad, seguridad y fortaleza de una ciudad consiste en tener muchos ciudadanos capaces, sabios, juiciosos, honorables y bien educados, los cuales después podrán acumular, conservar y utilizar debidamente tesoros y toda clase de bienes.

Así se procedía en la ciudad de Roma, donde los niños eran educados de tal modo que al llegar a los quince, dieciocho o veinte años dominaban perfectamente el latín, el griego y toda clase de artes liberales, como se las llama [18], e inmediatamente iniciaban actividades militares y gubernamentales. Así se formaban hombres sagaces, juiciosos y competentes, hábiles en toda clase de conocimientos y experiencia, a tal punto que si actualmente fundiésemos en un solo montón a todos los obispos, curas y monjes de Alemania, no reuniríamos todo lo que se hallaba en un soldado romano. Por esa razón su situación prosperaba tanto, pues había gente hábil y apta para toda clase de tareas. Así, pues, la necesidad siempre ha obligado en todo el mundo, también entre los paganos, a emplear ayos y maestros si se quería hacer algo útil de un pueblo. Así también en San Pablo, Gálatas 4 [19], el término "ayo" está tomado del uso común de la vida humana cuando dice: "La ley ha sido nuestro ayo".

Puesto que una ciudad necesita tener gente [educada], y puesto que la carencia, penuria y queja más generalizada es que faltan [tales] personas, no se debe esperar que aparezcan por generación espontánea; tampoco se esculpirán de piedras ni se tallarán de madera. Dios no hará milagro alguno, mientras el asunto se pueda resolver mediante otros bienes otorgados por él. Por eso debemos colaborar, sin escatimar esfuerzos ni gastos, para criarlas y formarlas. ¿Quién tiene la culpa de que actualmente en todas las ciudades escaseen hombres capaces si no las autoridades que han dejado crecer a la juventud como árboles del bosque, sin preocuparse de educarla e instruirla? Como consecuencia, han crecido tan desordenadamente que no se prestan para construir, sino que sólo son matorral inútil, apto únicamente para el fuego.

Siempre tendrá que haber gobierno civil. ¿Habremos de permitir que sólo nos gobiernen hombres palurdos y groseros, si podemos enmendar la situación? Sería por cierto una actitud estúpida e insensata. De este modo bien podríamos dejar que los puercos y lobos se constituyan en señores y gobiernen sobre quienes no procuran ser gobernados por hombres. También es perversidad inhumana no pensar más

---

[18] Las artes liberales comprendían el *trivium* (gramática, dialéctica, retórica) y el *quadrivium* (aritmética, música, geometría, astronomía).

[19] Véase Gá. 3:24. Lutero siempre traduce el término *paidagogos* de Gálatas 3:24 por *Zuchmeister* (el que educa, instruye o disciplina).

allá de esto: "Nosotros gobernaremos ahora; ¿qué nos importa lo que suceda a los que vienen después?" Semejante gente, que solo busca en el mando su propio beneficio y honor, debiera gobernar a puercos y perros, y no a hombres. Aun cuando se aplicase sumo empeño en educar para el gobierno sólo a personas capaces, doctas y hábiles, con todo habría que esforzarse y preocuparse de que todo ande bien. ¿Qué sucederá si no se hace nada en este sentido?

Pero otra vez me dices: "Si bien es conveniente y necesario tener escuelas, ¿de qué nos sirve aprender las lenguas latina, griega y hebrea y otras artes liberales? ¿No podríamos enseñar alemán, la Biblia y la palabra de Dios, que nos bastan para la salvación? Respondo: Sé muy bien lamentablemente que los alemanes tendremos que ser siempre bestias y animales salvajes, como nos llaman las naciones vecinas, cosa que nos merecemos. Pero me extraña que nunca digamos: ¿Para qué queremos seda, vino, especias y mercancías exóticas extranjeras, teniendo nosotros mismos en Alemania vino, trigo, lana, lino, madera y piedra, no solo para satisfacer nuestras necesidades, sino también lo más selecto y escogido para engalanarnos y adornarnos? Despreciamos las artes y lenguas que, no para perjuicio sino para mayor adorno, utilidad, honra y provecho nos sirven tanto para entender las Escrituras Sagradas como para ejercer el gobierno secular; y, en cambio, no queremos renunciar a los productos extranjeros, que no nos hacen falta ni nos sirven, sino que nos esquilman hasta los tuétanos. ¿No nos llaman con razón alemanes brutos y bestias?

En efecto, si las lenguas no prestasen otra utilidad, nos debiera alegrar y entusiasmar el solo hecho de que sean un don divino tan noble y excelente, con el cual Dios nos está visitando y agraciando tan profusamente en la actualidad a los alemanes, mucho más que a todas las otras naciones. No hay indicios de que el diablo hubiera permitido que resurgiesen a través de las universidades y conventos, los cuales han bramado siempre contra los idiomas y aún siguen bramando. Pues el diablo olió bien la tostada. Si resurgieran las lenguas, se produciría en su reino una brecha que no le sería fácil cerrar. Al no poder impedir que resurgiesen, se propone mantenerlas en tan escasas raciones que por sí solas vuelvan a declinar y desaparecer. Son como un huésped inoportuno que ha venido a su casa, por lo cual le dará de comer de tal manera que no permanezca mucho tiempo. Amados señores, hay muy pocos entre nosotros que advierten esta maligna perfidia del diablo.

Por consiguiente, amados alemanes, abramos los ojos, demos gracias a Dios por la noble joya, reteniéndola firmemente, para que no nos sea arrebatada de nuevo y el diablo logre su malvado propósito. Pues, si bien el evangelio ha venido y viene diariamente tan sólo por el Espíritu Santo, no podemos negar que ha venido a través de las lenguas. Y así también se ha difundido y debe conservarse. De igual manera, cuando quiso difundir por los apóstoles el evangelio a todo el mundo, concedió para ese fin las lenguas. Ya antes había difundido tan extensamente a todos los países, por medio del gobierno romano, los idiomas griego y latín, a fin de que su evangelio pronto diera frutos hasta en las regiones más remotas. Lo mismo ha hecho ahora. Nadie sabía por qué Dios había hecho resurgir las lenguas, hasta que ahora se advierte que fue por causa del evangelio, el cual quería luego revelar, y con él poner en evidencia y destruir el gobierno del anticristo. Por la misma razón entregó a Grecia a los turcos, para que los griegos expulsados y dispersos difundiesen su idioma y sirvieran de incentivo para aprender otras lenguas.

Cuanto más apreciemos el evangelio, tanto más debemos insistir en las lenguas. No en vano hizo escribir Dios sus Escrituras sólo en estas dos lenguas, el Antiguo Testamento en hebreo y el Nuevo en griego. Las lenguas, pues, que Dios no desdeñó, sino que eligió de entre todas las demás para su palabra, también nosotros debemos honrarlas más que todas las otras. Pues San Pablo pondera como un peculiar honor y privilegio de la lengua hebrea que en ella nos está dada la palabra de Dios, diciendo en Romanos 3: "¿Cuál es la ventaja o beneficio de la circuncisión? Bastante. Primero, que le han sido encomendados los oráculos de Dios" [20]. Lo mismo también alaba el rey David en el Salmo 147: "He anunciado sus palabras a Jacob, sus mandamientos y sus juicios a Israel" [21]. No lo hizo con ningún otro pueblo, ni les dio a conocer sus juicios. Por eso también se le llama santa a la lengua hebrea. San Pablo, en Romanos 1 [22], la llama santas Escrituras, indudablemente a causa de la santa palabra de Dios que está expresada en ella. Así también se le podría llamar santa a la lengua griega, pues fue elegida entre otras para que en ella se escribiese el Nuevo Testamento, fluyendo de ella como de una fuente, mediante la traducción a otros idiomas, a los cuales también santificó.

Es preciso admitir que sin las lenguas no podremos conservar debidamente el evangelio. Los idiomas son las vainas en las cuales está enfundada esta navaja del espíritu [23]; son el cofre en que se lleva esta joya; son el recipiente que contiene esta bebida; son la despensa donde se guarda este alimento; son, como enseña el evangelio, los cestos donde se conservan estos panes, peces y trozos [24]. En efecto, si por nuestro descuido (Dios no lo quiera), abandonamos las lenguas, no sólo perderemos el evangelio, sino que finalmente llegaremos al extremo

[20] Ro. 3:1-2.
[21] Véase Sal. 147:19-20.
[22] Ro. 1:2.
[23] Ef. 6:17.
[24] Mt. 14:20.

de no saber hablar ni escribir correctamente el latín ni el alemán. Como prueba y advertencia válganos el triste y terrible ejemplo de las universidades y los conventos, donde no sólo se ha olvidado el evangelio, sino que se ha corrompido la lengua latina y alemana, de tal manera que esta mísera gente se ha convertido en verdaderas bestias que no saben hablar ni escribir con corrección ni el alemán ni el latín, perdiendo casi también la razón natural.

Por ese motivo también los apóstoles consideraron necesario redactar y asegurar el Nuevo Testamento en lengua griega, sin duda para conservarlo seguro y cierto como en una arca sagrada. Pues ellos previeron lo que habría de suceder en lo futuro, tal como ha acontecido, y que si el evangelio sólo se conservase en la cabeza, surgirían en la cristiandad desenfrenado y caótico desorden y confusión, toda clase de opiniones, suposiciones y doctrinas, todo lo cual no se podría evitar ni contra lo cual no se podría proteger a la gente sencilla, a no ser que se pusiera el Nuevo Testamento a seguro resguardo en escritura e idioma.

Es indudable, pues, que si no se conservan las lenguas desaparecerá el evangelio. La experiencia lo ha demostrado y aún lo prueba. Inmediatamente después de los tiempos de los apóstoles, al desaparecer las lenguas, también fueron declinando poco a poco el evangelio, la fe y toda la cristiandad, hasta hundirse del todo bajo el papa. Después de decaer las lenguas, no se ha visto nada especial en la cristiandad, y en cambio se produjeron muchas atrocidades por desconocimiento de las lenguas. Pero, por el contrario, al haber resurgido ahora las lenguas, traen consigo semejante luz y producen tal portento que todo el mundo queda admirado y debe reconocer que tenemos el evangelio casi tan limpio y puro como lo tenían los apóstoles, y que ha sido restaurado en su pureza prístina y mucho más puro de lo que fuera en los tiempos de San Jerónimo y San Agustín. En fin, el Espíritu Santo no es ningún insensato, ni se ocupa en cosas superfluas e inútiles; y él consideró las lenguas tan útiles y necesarias para la cristiandad que muchas veces las trajo consigo desde el cielo [25]. Este solo hecho debiera bastar para incitarnos a cultivarlas con diligencia y respeto, no despreciándolas, porque él mismo las ha hecho resurgir en la tierra.

Tú me dices: "Muchos Padres fueron salvos, e incluso enseñaron, sin las lenguas". Es cierto. Pero, ¿a qué atribuyes que se equivocaran tantas veces respecto a la Escritura? ¡Cuántas veces yerra San Agustín en el Salterio y otras exposiciones, como asimismo Hilario [26] y todos los que trataron de explicar las Escrituras sin conocer las lenguas! Y si bien expusieron acertadamente algunas cosas, no estaban seguros si

[25] Hch. 2:4; 10:46; 1 Co. 12:10; 14:2-19.
[26] Hilario, obispo de Poitiers, comentarista de los Salmos.

su interpretación de un pasaje era correcta. Traigo a colación un ejemplo: Es correcto decir que Cristo es Hijo de Dios. Pero sonaba ridículo a los oídos de los adversarios que adujeran como fundamento el Salmo 109: *"Tecum principium in die virtutis tuae"* [27], pues en ese pasaje la lengua hebrea no dice nada de la divinidad. Defender la fe de esta manera con fundamentos inciertos y textos erróneos, ¿no es acaso una ignominia y una burla para los cristianos frente a los adversarios que dominan el idioma? Con ello se obstinan aún más en el error, y cuentan con un buen pretexto para considerar nuestra fe como sueño humano.

¿Quién es responsable de que nuestra fe quede en ridículo? Se debe a que no conocemos las lenguas, y no hay otra solución que conocerlas. ¿No se vio obligado San Jerónimo [28] a traducir de nuevo los Salmos del hebreo, porque los judíos, cuando se argumenta con ellos en base a nuestro Salterio, se mofan de nosotros diciendo que nuestra versión no coincide con el texto hebreo? Ahora bien; las exposiciones de todos los antiguos Padres que se ocuparon en las Escrituras sin conocer las lenguas son de tal índole que —aun sin enseñar nada falso— usan muy frecuentemente un lenguaje incierto, impropio e inadecuado; andan a tientas como un ciego a lo largo de la pared, y muy a menudo no aciertan el verdadero sentido del texto y le dan una interpretación según su antojadizo parecer, como en el caso del texto antes citado: *"Tecum principium, etc."* El propio San Agustín se ve obligado a reconocer en *De doctrina cristiana* [29] que un maestro cristiano, para explicar la Escritura necesita, fuera del idioma latino, también el griego y el hebreo. De otro modo es imposible que no tropiece en todas partes. Ya de por sí será difícil y trabajoso aun cuando uno conozca las lenguas.

Por esa razón hay una gran diferencia entre un simple predicador de la fe y un intérprete de la Escritura, o, como dice San Pablo, un profeta [30]. Un simple predicador dispondrá, por cierto, gracias a las traducciones, de muchos pasajes y textos claros con que puede comprender y enseñar a Cristo, llevar una vida santa y predicar a otros. Sin embargo, carece de elementos para interpretar la Escritura, ocuparse en ella independientemente y disputar con los que la citan erróneamente. Esto no es posible sin conocer las lenguas. Ahora bien, en la cristiandad siempre serán necesarios tales profetas que estudien la Escritura, la interpreten y sean aptos para la polémica; no basta con la vida santa y la enseñanza correcta. De ahí que las lenguas son absolutamente necesarias en el cristianismo, como también los profetas

---

[27] Véase Sal. 110:3.
[28] Hieronimi epistulae Nr. 112. Migne, tomo xxii, 428 y sig.
[29] Lib. II, 11.
[30] 1 Co. 12:28-30; 1 Co. 14:26-32.

o intérpretes (de la Escritura), si bien no es preciso ni hace falta que todo cristiano o predicador sea tal, profeta, como dice San Pablo en 1 Corintios 12 y Efesios 4 [31].

Así es como ha sucedido que la Escritura haya permanecido tan oscura desde los tiempos de los apóstoles y que nunca se hayan escrito exposiciones seguras y claras. Pues, como ya he dicho, los santos Padres también erraban muy frecuentemente y, por desconocer las lenguas, muy pocas veces coinciden; uno dice esto, otro aquello. San Bernardo [32] fue hombre de gran ingenio, a tal punto que me atrevería a colocarlo por encima de todos los maestros célebres, tanto antiguos como modernos. Y, sin embargo, muchas veces juega con la Escritura —si bien piadosamente— y la cita en sentido incorrecto. Fue por eso que los sofistas [33] decían que la Escritura es oscura, afirmando que la palabra de Dios es por naturaleza oscura y se expresa extrañamente. Pero no advierten que el problema está en los idiomas, pues si entendiésemos los idiomas no habría discurso más claro que la palabra de Dios. A mí un turco me hablará oscuramente, aun cuando un niño turco de siete años lo entienda perfectamente, porque yo no conozco el idioma.

Por esa razón, también ha sido un intento tonto querer aprender la Escritura a través de las interpretaciones de los Padres y la lectura de muchos libros y comentarios. En lugar de esto, hubiera sido mejor estudiar las lenguas. Por no conocer los idiomas, los amados Padres a veces explayaban un versículo con muchas palabras, y con todo sólo pellizcaban un poco, adivinando la mitad y errando la otra. Y así persigues fatigosamente el sentido, al paso que mediante las lenguas tú mismo podrías deducirlo mucho mejor que aquel a quien sigues. Como es el sol en comparación con la sombra, así son las lenguas comparadas con los comentarios de todos los Padres. Pues si bien corresponde a los cristianos estudiar la Sagrada Escritura por ser su único libro propio, y es un verdadero pecado y vergüenza que desconozcamos nuestro propio libro e ignoremos la lengua y la palabra de nuestro Dios, tanto más vergonzoso es no aprender lenguas, máxime ahora que Dios nos concede hombres y libros y todo lo que sirve para este fin, estimulándonos al mismo tiempo y queriendo que su libro esté abierto. ¡Oh, cuánto se habrían alegrado los amados Padres si hubiesen podido acercarse a la Sagrada Escritura y aprender las lenguas así como podemos hacerlo nosotros! Gran esfuerzo y diligencia les costó a ellos obtener apenas los mendrugos, mientras que nosotros con la mitad o casi sin ningún esfuerzo podemos conseguir

[31] 1 Co. 12:4-30; Ef. 4:11.
[32] Bernardo de Claraval, abad, 1093-1153.
[33] Los escolásticos.

todo el pan. ¡Cómo avergüenza su diligencia nuestra pereza! ¡Con cuánta dureza castigará Dios nuestra desidia e ingratitud!

Aquí corresponde también la afirmación de San Pablo en 1 Corintios 14 [34], de que en la cristiandad se debe juzgar sobre toda doctrina, para lo cual es preciso conocer sobre todo los idiomas. El predicador o maestro bien puede exponer la Biblia de tapa a tapa como le guste, acertando o errando, cuando no está presente nadie que juzgue si lo ha hecho bien o mal. Pero, para juzgar se necesita conocer las lenguas, pues de otro modo es imposible. Por eso, si bien los predicadores corrientes pueden predicar la fe y el evangelio sin conocimiento de las lenguas, tal predicación es insípida y carece de fuerza; al final la gente se cansa y se harta de ella, y finalmente cae por tierra. Pero cuando el predicador está versado en las lenguas, hay frescura y vigor, se estudia toda la Escritura, y la fe se renueva constantemente con una continua variedad de palabras e ilustraciones. Por eso el Salmo 128 [35] compara tal estudio de la Escritura con una cacería, diciendo que Dios abre los bosques espesos a los ciervos; y el Salmo 1 [36] lo asemeja a un árbol que está siempre verde y tiene agua fresca.

Tampoco nos debe desviar el hecho de que algunos se jactan del espíritu, menospreciando la Escritura; y otros, como los Hermanos Valdenses [37] que consideran innecesarias las lenguas. Pero, amigo mío, di lo que quieras del Espíritu; yo también estuve en el Espíritu y lo he visto (si de ensalzar la propia carne se trata) quizá más de lo que ellos verán en un año, por mucho que se jacten. Además, mi Espíritu ha dado alguna demostración de sí mismo, mientras que el de ellos se mantiene quieto en su rincón, no haciendo mucho más que gloriarse de sí mismo. Y sé perfectamene que, si bien el Espíritu lo hace todo solo, yo no habría podido llevar a cabo mi tarea si los idiomas no me hubiesen ayudado, dándome un conocimiento seguro y cierto de la Escritura. Yo también podría haber vivido piadosamente y haber predicado correctamente en la intimidad; pero tendría que haber dejado intactos al papa, los sofistas y todo el régimen anticristiano. El diablo no respeta mi espíritu tanto como mi palabra y mi pluma cuando trato de la Escritura. Pues mi espíritu no le quita nada más que mi persona; en cambio, la Sagrada Escritura y las lenguas le dejan poco lugar en el mundo y perjudican su reino.

Así pues, de ninguna manera puedo elogiar a los Hermanos Val-

---

[34] Véase 1 Co. 14:27, 29.
[35] Véase Sal. 29:9.
[36] Sal. 1:3.
[37] Seguidores de Pedro Valdo, siglo XII. Lutero se refiere a los hermanos bohemios y moravos. Véase la obra: "De la adoración", 1523, donde en la dedicatoria se dice: "A los hermanos llamados valdenses en Bohemia y Moravia..."

denses por desdeñar las lenguas. Porque, aun cuando enseñen correctamente, tendrán que equivocar a menudo el sentido verdadero del texto, y no estarán preparados ni serán aptos para defender la fe contra el error. Además, su doctrina es tan oscura y está expresada de una manera tan peculiar y ajena al modo de hablar de la Escritura que me temo que no es o no se conservará pura. Es muy riesgoso hablar de las cosas de Dios de otra manera o con términos distintos de los empleados por él mismo. En síntesis, en su propio medio podrán vivir y enseñar santamente; pero, al desconocer las lenguas, carecerán de lo que carecen todos los demás, a saber, que no están capacitados para tratar de la Escritura con seguridad y profundidad, ni ser útiles a otros pueblos. Pero, como bien podrían hacerlo y no quieren, que vean cómo responden ante Dios.

Pues bien, baste lo dicho sobre la utilidad y necesidad de las lenguas y escuelas cristianas para la vida espiritual y la salud de las almas. Consideremos ahora también lo referente al cuerpo. Aun cuando no hubiera alma, ni cielo, ni infierno, teniendo en cuenta sólo el gobierno temporal conforme al mundo, ¿no se necesitan más escuelas buenas y hombres doctos que en el régimen espiritual? Hasta ahora los sofistas no se han preocupado de ello en lo más mínimo, sino que han orientado las escuelas tan exclusivamente hacia el estado eclesiástico que era una verdadera deshonra que un hombre docto se casara. Tenía que oír la observación: "Mirad, éste se está volviendo mundano y no quiere ser espiritual", como si sólo el estado eclesiástico de ellos fuera agradable a Dios y el seglar —como lo llaman— fuera del diablo y anticristiano. Sin embargo, ante Dios son ellos las presas del diablo, y —como sucedió con el pueblo de Israel en el cautiverio babilónico— sólo ha quedado en el país y en su debido lugar el pobre vulgo, mientras que la clase alta y gobernante es llevada, con tonsuras y capuchos [38], al diablo en Babilonia.

No es necesario decir aquí que el gobierno temporal es un estado ordenado por Dios. Me he explayado tanto sobre este asunto en otros escritos [39] que abrigo la esperanza de que nadie dude de ello. La cuestión es cómo lograr que haya allí hombres eminentes y aptos. En este sentido los paganos nos superan y avergüenzan. En los tiempos antiguos —especialmente los romanos y griegos, que no sabían si ese estado era o no agradable a Dios— hacían estudiar y educar con tanto empeño y diligencia a los niños y niñas para que estuvieran preparados para ese fin que, cuando pienso en eso, debo avergonzarme de nuestros cristianos, y principalmente de nosotros los alemanes que somos tan

---

[38] Alusión a los monjes.
[39] En el tratado *La Autoridad Secular*, WA 11. Véase Obras de Martín Lutero, Paidós, Buenos Aires, 1975, Tomo II, pág. 123.

estólidos y brutos que llegamos al extremo de decir: "¿Para qué sirven las escuelas si uno no ha de ser eclesiástico?" Con todo, sabemos o deberíamos saber cuán necesario, útil y agradable es ante Dios que un príncipe, señor, concejal o gobernante sea docto y competente para ejercer cristianamente su cargo.

Aun cuando —como hemos dicho— no hubiera alma y las escuelas y lenguas no fueran necesarias por causa de la Escritura y Dios, sería motivo suficiente para establecer en todas partes las mejores escuelas, tanto para niños como para niñas, el solo hecho de que el mundo necesita hombres y mujeres hábiles y capacitados para mantener exteriormente su estado temporal; los hombres, para gobernar debidamente el país y al pueblo; las mujeres, para educar y atender adecuadamente la casa, los hijos y los criados. Pues bien, esos hombres deberán surgir de entre los niños, y esas mujeres de entre las niñas. Por eso, es menester enseñar y educar a los niños y niñas en la debida forma para esa finalidad. Ya dije antes que el hombre común no hace nada, no puede, no quiere, ni sabe. Deberían hacerlo los príncipes y señores; pero éstos se pasean en trineo, beben y asisten a mascaradas, y están muy atareados con eminentes e importantes negocios de bodega, cocina y alcoba. Aunque algunos lo harían con gusto, tienen que cuidarse de los demás, para que no se los considere necios o herejes. Por consiguiente, amados concejales, el asunto queda sólo en vuestras manos, tenéis para esto mejor posibilidad y derecho que los príncipes y señores.

Pero tú dices: "Cada uno puede instruir él mismo a sus hijas e hijos, y criarlos en disciplina". Contesto: Salta a la vista en qué consiste esta instrucción y educación. Aun cuando este tipo de educación se haga a la perfección y con todo éxito, no pasa de cierto decoro superficial impuesto. Por lo demás, siguen siendo los mismos zopencos incapaces de hablar de ningún tema, ni de ayudar a aconsejar a nadie. En cambio, si los instruyésemos o los educásemos en escuelas u otras instituciones donde haya maestros o maestras doctos y capacitados que enseñen idiomas, y otras artes e historia, llegarían a conocer los hechos y dichos de todo el mundo, lo que sucedió a las diferentes ciudades, reinos, príncipes, hombres y mujeres. Así, en poco tiempo podrían colocar delante de sí, como un espejo, el modo de ser, la vida, los consejos, los propósitos, éxitos y fracasos, de todo el mundo desde el principio, en base a lo cual podrían orientar su propio pensamiento y ocupar su lugar en el devenir del mundo, con temor de Dios. Además, de esa misma historia podrían sacar el conocimiento y la sapiencia de lo que debieran buscar y evitar en esta vida exterior, para luego aconsejar y dirigir a otros en consonancia. En cambio, la educación que se efectúa en el hogar, sin tales escuelas, intenta hacernos sabios por experiencia propia. Antes de que se logre, habremos muerto cien veces, y durante toda nuestra vida habremos hecho todo sin reflexión; porque lleva mucho tiempo adquirir experiencia propia. Así pues, ya que los niños tienen necesidad de brincar y retozar, o hacer siempre algo que les agrade, cosa que no se debe prohibir —como tampoco sería conveniente prohibirlo todo— ¿por qué no establecemos este tipo de escuelas y les ofrecemos tales estudios? Pues, por la gracia de Dios, están dadas actualmente las condiciones para que los niños aprendan con placer y juego, sean lenguas u otras artes o historia. Nuestras escuelas ya no son el infierno y purgatorio donde nos torturaban con *casualibus* y *temporalibus*[40], y sin embargo aprendimos menos que nada pese a las zurras, temblores, angustias y lamentaciones. Si se dedica tanto tiempo y empeño en enseñar a los niños a jugar a los naipes, a cantar y a bailar, ¿por qué no se dedica el mismo tiempo a enseñarles a leer y otras artes, mientras son jóvenes, están ociosos, son dúctiles y están ávidos de aprender? Por mi parte, si tuviera hijos y me fuera posible, les haría aprender no sólo idiomas e historia, sino también canto, música y toda la matemática. ¿Qué es todo esto sino mero juego de niños? En tiempos antiguos los griegos cultivaban en estas disciplinas a sus hijos; y con todo, formaban así a hombres admirablemente capacitados, aptos para todo. En efecto, ¡cuánto lamento ahora no haber leído más poesía e historia, y que nadie me las enseñara! En cambio, tuve que leer con gran esfuerzo, costo y perjuicio esa inmundicia del diablo, los filósofos y sofistas, de los cuales tengo suficiente limpieza que hacer.

Pero tú dices: "¿Quién puede prescindir así de sus hijos y educarlos como jóvenes nobles? Tienen que atender las tareas de la casa, etc." Contesto: No es mi intención que se establezcan escuelas como las que han existido hasta ahora, donde un muchacho estudiaba durante veinte o treinta años el *Donato* y el *Alejandro*[41] sin aprender nada. Vivimos actualmente en un mundo diferente, y las cosas se hacen de otra manera. M iidea es que se manden a los muchachos a dicha escuela una o dos horas por día, no obstante lo cual el resto del tiempo pueden trabajar en la casa, o aprender un oficio, o lo que se quiera. Así ambas cosas pueden correr parejas, mientras son pequeños y capaces de hacerlo. De todos modos, pasan diez veces más tiempo jugando a las bolitas o a la pelota o corriendo y peleando.

Así también una niña tendrá suficiente tiempo para asistir a la escuela una hora por día, y sin embargo atender debidamente queha-

---

[40] Se refiere a las declinaciones y conjugaciones. Por supuesto, Lutero no se opone a los casos nominales o tiempos verbales, sino al método de utilizar las declinaciones y conjugaciones como ejercicios de disciplina en clase.

[41] Aelio Donato, gramático latino, preceptor de Jerónimo, siglo IV. Es autor de una *Ars grammatica* y una *Ars minor*. Alejandro de Villa Dei (Villedicu) de Normandía, monje franciscano del siglo XIII, escribió un libro didáctico, *Doctrinale puerorum*.

ceres del hogar, pues a buen seguro que pasa más tiempo durmiendo, bailando y jugando. Sólo falta el sincero deseo e interés de educar a la juventud, de servir y beneficiar al mundo con gente capacitada. El diablo prefiere brutos alcornoques y gente inútil, no sea que los hombres pasen una vida demasiado buena en la tierra.

Los que se destaquen y de quienes se puede esperar que lleguen a ser competentes maestros y maestras, predicadores u otros funcionarios eclesiásticos, debe permitírseles que estudien más intensamente y por más tiempo o que se dediquen por completo al estudio, como leemos de los santos mártires que educaron a Santa Inés, Ágata, Lucía [42] y otros. Así es como se originaron los conventos y escuelas catedralicias, si bien ahora se han pervertido para otro uso nefasto. Y esto haría mucha falta, puesto que la turba tonsurada disminuye rápidamente; y además, en su mayoría son incapaces de enseñar y dirigir, pues no saben otra cosa que cuidar del estómago, que es lo único que les han enseñado. Necesitamos por cierto hombres que administren la palabra de Dios y los sacramentos, y guías espirituales del pueblo. Pero, ¿de dónde los sacaremos si permitimos que se eliminen las escuelas y no establecemos otras más cristianas? Porque las escuelas, tal como se han mantenido hasta ahora, no podrían, aun cuando no desapareciesen, producir más que corruptos perdidos y perniciosos.

Por consiguiente, es necesario que se tomen serias medidas a tiempo, no sólo en interés de los niños, sino también para la preservación del estado espiritual y temporal; no sea que más tarde, si dejamos pasar la ocasión, tengamos que abandonar el cometido, aunque quisiéramos llevarlo a cabo; con lo cual, aparte del daño, nos atormente para siempre el remordimiento. Dios nos está ofreciendo su ayuda ricamente, extiende su mano y nos provee de lo necesario para este fin. Si lo desechamos, ya tenemos nuestra condenación junto con el pueblo de Israel, del cual dice Isaías: "Extendí mis manos todo el día al pueblo incrédulo, el cual se resiste" [48]. Y en Proverbios 1: "Extendí mi mano, y nadie la quiso mirar; habéis desechado toda mi ayuda; también yo me reiré de vuestra calamidad y me burlaré cuando os sobrevenga vuestra desgracia, etc." [44] Cuidémonos de esto. Veamos, por ejemplo, el empeño que pone el rey Salomón en este asunto, cómo se preocupó por la juventud, a tal punto que pese a sus ocupaciones como rey, compuso un libro para la juventud, llamado Proverbios. Y Cristo mismo, cómo atrae a los niños, con cuánta insistencia los encomienda a nosotros y alaba a los ángeles que cuidan de ellos, en Mateo

---

[42] Santa Inés, mártir en Roma, alrededor de 250 A.D. Santa Ágata, mártir en Sicilia, alrededor de 250 A.D. Santa Lucía, mártir en Siracusa, 303 A.D.

[43] Is. 65:2-3.

[44] Pr. 1:24-26.

18 [45], con lo cual quiere mostrarnos el gran servicio que se presta al educar bien a los niños, y en cambio, cuán terrible es su ira si uno los escandaliza o permite que se perviertan.

Por consiguiente, amados señores, tomad a pechos esta tarea que con tanta insistencia Dios exige de vosotros, que vuestro cargo os impone, que la juventud necesita; y de la que ni el mundo, ni el espíritu pueden prescindir. Bastante tiempo, por desgracia, nos hemos podrido y corrompido en las tinieblas; hemos sido bestias alemanes durante tiempo más que suficiente. Hagamos uso de la razón alguna vez para que Dios advierta nuestra gratitud por su bondad y otras naciones se percaten de que nosotros también somos gente y seres humanos que pueden aprender de ellos o enseñarles algo útil, a fin de que también nosotros contribuyamos al mejoramiento del mundo. Yo he hecho lo mío; siempre ha sido mi propósito servir al pueblo alemán. Si por eso algunos me desprecian y hacen oídos sordos a mi sincero consejo, pretendiendo ser más sabios, no podré evitarlo. Sé perfectamente que otros habrían podido realizar una tarea mejor; pero, como ellos guardan silencio, lo hago yo lo mejor que puedo. Ha sido más conveniente expresarse sobre este asunto, por muy inadecuadamente que haya sido, que guardar absoluto silencio. Y abrigo la esperanza de que Dios motivará a algunos de vosotros, de tal modo que mi sincero consejo no se malogre y que no prestaréis atención a quién habla, sino que seréis motivados por la propia causa, para hacer algo al respecto.

Por último, todos los que tengan el deseo y la intención de que se establezcan y mantengan en Alemania tales escuelas y lenguas deben considerar que es preciso no escatimar esfuerzos ni dinero en instalar buenas bibliotecas o casas de libros, especialmente en las grandes ciudades que disponen de los medios necesarios. Pues, si se desea preservar el evangelio y toda clase de artes, deben estar consignados y compilados en libros y escritos (como lo hicieron los propios profetas y apóstoles, según lo dicho antes). Y esto no sólo con el objeto de que lean y estudien los que nos han de dirigir espiritual y temporalmente, sino también para que se conserven y no se pierdan los libros buenos, junto con las artes y las lenguas que ahora tenemos por la gracia de Dios. En esto también el apóstol San Pablo fue diligente cuando mandó a Timoteo que se ocupase en leer [46] y también le solicitó que le trajera el pergamino que había dejado en Troas [47].

En efecto, todos los reinos que tuvieron alguna importancia se preocuparon por esto, especialmente el pueblo de Israel. Entre ellos

[45] Mt. 18:5, 10.
[46] 1 Ti. 4:13.
[47] 2 Ti. 4:13.

fue Moisés el primero en emprender esta práctica, ordenando guardar el Libro de la Ley en el arca de Dios y poniéndolo en manos de los levitas, a los cuales podía pedir copia quien la necesitara [48]. Incluso ordenó al rey que se procurase copia del libro que poseían los levitas [49]. De ahí se advierte que Dios ordenó al sacerdocio de los levitas, entre otras obligaciones, también cuidar y guardar los libros. Después, Josué aumentó y mejoró la colección de libros, y más tarde Samuel, David, Salomón, Isaías y muchos otros reyes y profetas. Así se formó la Sagrada Escritura del Antiguo Testamento, que nunca se hubiera compilado y conservado si Dios no hubiese mandado atender esto con tanta diligencia.

Siguiendo este ejemplo, las escuelas catedralicias y los conventos de antaño también instalaron bibliotecas, si bien con pocos libros buenos. El gran daño que se provocó al no insistir en buenos libros y bibliotecas en ese tiempo, cuando se disponía de suficientes libros y hombres, se advirtió claramente más tarde al decaer las artes y las lenguas y en lugar de libros adecuados el diablo introdujo los libros estólidos, inútiles y perniciosos de los monjes, como el *Catholicon, Florista, Graecista, Labyrinthus, Dormi secure* [50] y otras bostas de asno semejantes, con lo cual se corrompió la lengua latina y en ninguna parte se conservó ni escuela, ni contenido, ni método de estudio adecuados. Y, como hemos experimentado y visto, ahora se han recuperado esforzada y laboriosamente —si bien en forma imperfecta— las lenguas y las artes de pedazos y fragmentos de libros antiguos rescatados de entre el polvo y los gusanos. Aún se está hurgando esforzadamente todos los días, tal como se revuelven las cenizas de una ciudad destruida en busca de tesoros y joyas.

Es lo que nos merecíamos; Dios ha retribuido justicieramente nuestra ingratitud al no tener en cuenta sus beneficios y no hacer provisión, mientras teníamos oportunidad y posibilidad, para tener continuamente buenos libros y hombres eruditos. Cuando dejamos las cosas como estaban mostrando total desinterés, él a su vez hizo otro tanto: en lugar de la Sagrada Escritura y buenos libros permitió que

[48] Dt. 31:25-26.
[49] Dt. 17:18.
[50] *Catholicon,* diccionario latino de Juan Januense (Giovanni Babbi), de Génova, 1286.
Florista (Flores Grammaticae), poema sobre sintaxis de Ludolf von Luchow de Hildesheim, 1317.
Graecista, sobrenombre de Eberhard de Béthune, autor de una compilación gramático-lexicográfica.
Labyrinthus, poema, probablemente del mismo Eberhard de Béthune, alrededor de 1200.
Dormi secure, colección de sermones de Juan von Werden, alrededor de 1450.

se introdujera Aristóteles junto con innumerables libros perniciosos que nos alejaban cada vez más de la Biblia; y por añadidura esas máscaras del diablo, los monjes, y esos fantasmas que son las universidades, fundadas por nosotros con ingentes gastos. Además, nos cargamos con el mantenimiento de muchos doctores, predicadores, maestros [51], curas y monjes, es decir, grandes burros groseros y rechonchos, adornados con birretes rojos y pardos, como marranos con cadena de oro y perlas. No nos enseñaban nada bueno, sino que nos hacían cada vez más ciegos y estúpidos, a cambio de lo cual devoraban todos nuestros bienes y llenaban sus conventos, y aun todos los rincones, con la basura y el estiércol de sus libros sórdidos y venenosos, a tal punto que horroriza el solo pensarlo.

¿No es una verdadera miseria que hasta ahora un muchacho tuviera que estudiar veinte años o más solamente para aprender suficiente mal latín para ser cura y leer misa? Y muy feliz era quien lo lograba; feliz era la madre que había dado a luz semejante hijo. Y con todo, en toda su vida no pasaba de ser un pobre hombre de pocas luces, que no servía ni para cacarear ni para poner huevos. En todas partes teníamos que soportar semejantes maestros e instructores que no sabían nada ellos mismos, ni eran capaces de enseñar algo bueno y adecuado; incluso desconocían el método de aprender y enseñar. ¿De quién es la culpa? No se disponía de otros libros más que esos escritos estúpidos de los monjes y sofistas. ¿Qué otra cosa podría resultar si no solo alumnos y maestros estúpidos como los libros que empleaban? Un grajo no incuba palomas, y un necio no produce cuerdos. Esa fue la recompensa por la ingratitud de no habernos empeñado en el establecimiento de bibliotecas, permitiendo que se perdiesen los buenos libros y se conservasen los inútiles.

Sin embargo, no aconsejo acumular indiscriminadamente toda clase de libros pensando sólo en el volumen y la cantidad. Yo haría una selección, pues no es necesario coleccionar los comentarios de todos los juristas, los libros de "Sentencias" de todos los teólogos, y las "Cuestiones" de todos los filósofos y los "Sermones" de todos los monjes. En efecto, incluso eliminaría por completo semejante basura, proveyendo mi biblioteca con libros buenos, previa consulta sobre este punto con personas eruditas.

En primer lugar, debería figurar la Sagrada Escritura, tanto en latín como en griego, en hebreo y en alemán, y, si existiese, aun en otros idiomas. Después, los mejores exegetas y, si los pudiese encontrar, los más antiguos, tanto en griego como en hebreo y en latín; luego, los libros que sirven para aprender las lenguas, tales como poetas u oradores, indistintamente de que sean paganos o cristianos,

---

[51] El original dice "Magistros", refiriéndose al título universitario.

tanto griegos como latinos, puesto que de ellos se debe aprender la gramática [52]. Además, deben estar los libros de las artes liberales y de todas las demás disciplinas [53]; y, por último, también libros de derecho y de medicina, aunque es menester hacer también una buena selección entre los comentarios.

Entre los libros más importantes deberían figurar las crónicas e historias, en cualquier idioma que pudieran conseguirse, porque son de suma utilidad para conocer y guiar el devenir del mundo, como asimismo para observar las maravillas y obras de Dios. ¡Cuántas hermosas historias de acontecimientos acaecidos y cuántas máximas que estuvieron en boga, en Alemania, podríamos tener ahora, de las cuales no sabemos nada, por no haber habido nadie que las pusiera por escrito y que, de haber sido descritas, nadie las hubiera conservado! Por esa razón no se conoce nada de los alemanes en otros países, y todo el mundo nos tilda de bestias alemanes que no saben más que guerrear, comer y beber. En cambio, los griegos y latinos, e incluso los hebreos, han descrito sus asuntos con tanta exactitud y diligencia que, aun cuando una mujer o un niño decía o hacía algo extraordinario, todo el mundo tenía que leerlo y saberlo, mientras que nosotros los alemanes somos siempre alemanes y seguiremos siendo alemanes.

Ahora que Dios nos ha beneficiado tan benévolamente con toda profusión de artes, como de hombres eruditos y libros, es tiempo de cosechar y acopiar lo mejor que podamos, y acumular tesoros, a fin de preservar algo para el futuro de estos años de jubileo [54], no desaprovechando esta abundante cosecha. Pues es de temer —¡y ya se advierte el comienzo!— que siempre se escribirán nuevos libros diferentes, hasta que finalmente, por obra del diablo, se supriman otra vez los buenos libros que ahora se publican por la imprenta, y vuelvan a irrumpir los libros malos y perniciosos que tratan de temas inútiles e insensatos, llenando todos los rincones. De seguro que el diablo se propone que soportemos y nos torturemos nuevamente con puros *Catholicon, Floristas* y *Modernistas* [55] y toda la maldita basura de monjes y sofistas, para que estudiemos siempre y no aprendamos nunca nada.

Por consiguiente, amados señores míos, os ruego que dejéis fructificar en vosotros este sincero empeño mío, y si hubiera quienes me

---

[52] El término gramática se usa aquí en un sentido más lato que ahora. Comprende la lectura de obras y su interpretación, como asimismo los ejercicios escritos de composición y de expresión oral.

[53] Ver nota 18.

[54] Ver nota 9.

[55] Alusión a la escuela nominalista que en lógica y gramática seguía las doctrinas de Guillermo de Occam.

consideran demasiado insignificante como para aplicarse mis consejos o que me desprecian como condenado por los tiranos, deberían tomar en cuenta que no busco mi ventaja propia, sino únicamente la felicidad y salvación de toda Alemania. Aunque yo fuera un necio, si acertase algo bueno, no debería haber sabio que considere una deshonra seguirme. Aun cuando fuese turco o pagano, no sería justo desdeñar mis servicios si se advierte que mi proposición no me beneficia a mí, sino a todos los cristianos. Ha sucedido más de una vez que un necio dio mejores consejos que toda una junta de sabios. Moisés tuvo que aceptar instrucciones de Jetro [56].

Con esto os encomiendo a todos a la gracia de Dios, para que conmueva y encienda vuestros corazones, a fin de que os ocupéis seriamente en la pobre juventud miserable y abandonada, y que mediante la ayuda divina la aconsejéis y ayudéis para un gobierno saludable y cristiano del pueblo alemán, en cuerpo y alma, con toda plenitud y abundancia, para alabanza y honra de Dios Padre, por Jesucristo, nuestro Salvador. Amén.

[56] Ex. 18:17-24.

II

SERMÓN PARA QUE SE MANDEN A LOS HIJOS A LA ESCUELA

1530

SERMÓN PARA QUE SE MANDEN A LOS HIJOS A LA ESCUELA

Al honorable y prudente Lázaro Spengler, síndico de la Ciudad de Nuremberg, mi muy amado señor y amigo.

Gracia y paz en Cristo, nuestro amado Señor y fiel Salvador. Amén.

Honorable, prudente y amado señor y amigo:
He redactado un sermón dirigido a los predicadores que hay en los diversos lugares para que exhorten a la gente a mandar a los hijos a la escuela. El sermón creció entre mis manos y casi se transformó en un libro, si bien tuve que retenerme a la fuerza para que no fuera demasiado voluminoso; tan amplio y sustancial es el tema. Quisiera que produjese gran utilidad. Lo he publicado bajo vuestro nombre [1] con la sola intención de darle más autoridad y para que, si lo merece, sea leído también entre vosotros por vuestros ciudadanos. Pues, si bien advierto que vuestros predicadores son suficientemente diligentes en este asunto y (como personas altamente agraciadas por Dios) conocen estas cosas y las fomentan, de manera que (¡gracias a Dios!) no necesitan de mi exhortación y enseñanza, sin embargo no está demás que muchos expongan coincidentemente su opinión y con tanta mayor energía resistan al diablo.

En una ciudad tan grande y entre semejante multitud de ciudadanos, de seguro no puede faltar que el diablo trate de practicar sus artes y tiente a algunos para que desdeñen la palabra de Dios y las escuelas. Como hay muchos motivos (especialmente el comercio) para derivar a los niños de la escuela al servicio del dios dinero, indudablemente el diablo tiene en mente que si consiguiera que en Nuremberg se despreciase la palabra y la escuela, habría conseguido buena parte de su propósito. Habría presentado un ejemplo que alcanzaría una considerable influencia en toda Alemania. En verdad, sería un duro golpe para todas las escuelas en otras ciudades. Pues Nuremberg, por cierto, brilla en toda Alemania como un sol entre luna y

---

[1] Es decir, lo dedicó a Lázaro Spengler.

estrellas. Lo que allí es habitual influye poderosamente sobre otras ciudades.

Pero alabanzas y gracias sean dadas a Dios por haber anticipado con mucho las intenciones del diablo, induciendo al honorable y prudente concejo a fundar y establecer, con grandes gastos y expensas, una escuela tan hermosa y excelente [2]. Eligió e instaló a los hombres más distinguidos. No quiero ponderarlos demasiado, pero antes ninguna universidad, ni siquiera París, estaba tan bien provista de profesores, como pueden atestiguar los que han sido educados conmigo en universidades. Conozco su arte, la he aprendido y por desgracia la domino aún demasiado bien. Será una *catorthoma* [3], y una virtud de una ciudad tan famosa, y un honor para su sabio concejo tan renombrado. Pues con esto pensaron en sus súbditos de un modo cristiano y generoso, contribuyendo con toda diligencia a su salud eterna como también a su beneficio y honor temporal. Seguramente Dios fortalecerá esta obra cada vez con más ricas bendiciones, aunque el diablo se oponga por algún tiempo. No puede agradarle que se haya establecido tan noble tabernáculo para nuestro Señor bajo este sol. Juntará nubes, niebla y polvo y por todas partes impedirá que este resplandor alumbre demasiado lejos y tratará de que se apague pronto. ¿Podría proceder de otra manera?

En consecuencia, espero también que los ciudadanos reconocerán esta fidelidad y amor de sus señores, y contribuirán a fortalecer eficazmente esta obra mandando a sus hijos a la escuela, al observar que, sin gastos de su parte, son atendidos tan abundante y diligentemente y se las aprovisiona de todo. Esto se logrará principalmente cuando los predicadores sean verdaderamente activos, puesto que, si no lo son, Satanás fácilmente tentará y aturdirá a la gente del pueblo con pensamientos para que se abstengan de hacerlo. Debido a otras ocupaciones tampoco pueden reflexionar sobre el asunto como puede hacerlo un predicador, considerando qué importancia tiene, cuál es la utilidad o perjuicio. Por tal razón debemos tener paciencia con ellos mientras no sean obstinados o maliciosos. Conozco lo suficiente a Nuremberg y sé que, gracias a Dios, hay muchos excelentes ciudadanos cristianos que de todo corazón hacen gustosamente lo que deben realizar, si lo saben por sí mismos o si uno se lo dice. No es un concepto sólo mío, sino que es la reputación de que gozan en todas partes.

No es de temer que en este caso fallen, a no ser que algún idólatra o siervo de ídolos (me refiero al dios dinero) retire a su hijo

---

[2] En 1526 la ciudad de Nurenberg fundó una nueva escuela. Fue inaugurada por Melanchton.

[3] Palabra griega, que significa: empresa bien dirigida, éxito feliz, buena acción. Es término de la filosofía estoica y significa el cumplmiento de deberes especiales.

de la escuela bajo el pretexto: "Si mi hijo sabe sacar cuentas y leer, entonces sabe suficiente. Ahora hay libros en alemán, etc." Con ello da un mal ajemplo a otros ciudadanos íntegros que le siguen sin percatarse del perjuicio, convencidos de proceder bien y de que así debe ser. Los predicadores pueden remediar este inconveniente sin mayor dificultad. Una comunidad, y sobre todo semejante ciudad, necesita más hombres que comerciantes. También le hace falta otra clase de gente que sepa más que sacar cuentas y leer libros alemanes. Estos se han hecho principalmente para el hombre común para leer en casa. Pero para predicar, gobernar y administrar justicia, tanto en el estado eclesiástico como en el secular, no bastan ni siquiera todas las ciencias y lenguas del mundo y mucho menos el alemán solo, sobre todo en esta época cuando es preciso hablar con otra gente, más que con el vecino Juancho. Pero esos idólatras no piensan en gobernar ni se dan cuenta de que, si faltasen la predicación y el gobierno, no podrían servir tampoco a su ídolo ni siquiera una hora.

Naturalmente creo que entre tanta gente habrá un idólatra que otro, a los cuales no les importa si la honorable ciudad de Nuremberg cosecha honores o deshonra, con tal que obtengan su lucro. Pero en este caso, a su vez, no habría que preocuparse de tal idólatra dañino, y dejarlo con su mal ejemplo. Por el contrario, habría que razonar así: "Así como es un gran prestigio para la ciudad que el honorable concejo proceda con tanta fidelidad y probidad en cuanto a la escuela, así sería grande, en cambio, el deshonor si los ciudadanos desdeñasen semejante fidelidad y buen servicio de sus señores, haciéndose partícipes con ello del mal ejemplo y escándalo que se daría a las demás ciudades, que podrían decir después: Así se hace en Nuremberg, donde hay también gente; ¿por qué habríamos de hacerlo mejor nosotros?"

Si tú, idólatra, no reflexionas en lo que es divino y honesto, sino que sólo vas en pos de tu ídolo, Dios encontrará, no obstante, hombres que reflexionen. Gracias a Dios, tengo noticias de muchas ciudades donde el concejo no se preocupaba de la palabra y de la escuela, pero hubo muchos ciudadanos íntegros que con insistencia diaria obligaron al concejo a establecer escuelas y parroquias. Si Dios quiere, por tu causa tampoco saldrá de Numerberg la vergonzosa noticia de que, por tu ejemplo, los ciudadanos menosprecian la escuela que el honorable concejo fundó y sostiene con tanta fidelidad e ingentes gastos, mientras que en ciudades menores los ciudadanos logran tenerlas, pese a la indiferencia del concejo.

Pero, ¿a dónde me lleva mi charla, amado señor y amigo? Supongo que la índole de estas cosas obliga a hablar mucho. En este caso, bajo vuestro nombre espero haber hablado con todos los habitantes de vuestra ciudad. Os ruego que me disculpéis. Hasta ahora habéis fomentado y adelantado la causa y aún seguís haciéndolo. Tengo la mejor intención. Lo sabe Dios. Cristo, nuestro Señor, os fortalezca y conserve hasta aquel día cuando, si Dios quiere, volvamos a vernos alegres bajo otra figura. El que os ha dado tanto para adelantar su obra y palabra, como ha sucedido hasta ahora, también seguirá ayudándoos y llevando todo a su fin. A él sea loor y agradecimiento por siempre jamás. Amén.

Vuestro servidor, Martín Lutero.

SERMÓN PARA QUE SE MANDEN A LOS HIJOS A LA ESCUELA

A todos mis amados señores y amigos, pastores y predicadores, que aman fielmente a Cristo.

Martín Lutero

Gracia y paz en Cristo Jesús, nuestro Señor.

Mis muy amados señores y amigos: Veis con vuestros propios ojos cómo el maligno Satanás nos ataca ahora de múltiples maneras y en todas partes, tanto con violencia como con astucia, y nos aflige con toda suerte de plagas para destruir el santo evangelio y el reino de Dios. Si no puede destruirlos, a lo menos trata de ponerles obstáculos por todos los medios e impedir que prosperen o alcancen predominio. Una de sus artimañas más importantes (si no la más importante) consiste en aturdir y engañar al hombre común de tal manera que no quiera mandar a sus hijos a la escuela ni hacerlos estudiar. Les sugiere estos pensamientos perniciosos: Como ya no hay esperanza de monjías, monjíos y clericatos, como hasta ahora, no se necesitan más hombres eruditos ni mucho estudio, sino que se debe tratar de conseguir sustento y riquezas.

Esto me parece ser una verdadera obra maestra del arte diabólico. Al advertir que en nuestros tiempos no puede hacer ni lograr lo que quiere, piensa imponer su voluntad entre nuestros descendientes, preparándolos ahora ante nuestros ojos de manera que no aprendan ni sepan nada. Cuando hayamos muerto, tendría así delante de él un pueblo desnudo, descalzo e indefenso, con el cual podría hacer lo que se le antojara. Pues si desaparecen la Escritura y la ciencia, ¿qué quedará en Alemania sino una horda ruda y salvaje de tártaros y turcos y quizás solo una pocilga y una manada de meros animales salvajes? Pero no les deja ver ahora su intención, cegándolos con maestría. Si se llegase a este punto, y se tuviese que advertirlo por experiencia, entonces se burlaría de toda lamentación y llanto. Pues ya no podrían cambiar ni remediar la situación, por más que quisiesen; y tendrían que decir: "Hemos esperado demasiado tiempo". Entonces darían cien ducados por un medio erudito, mientras que ahora no quieren pagar diez por dos personas totalmente eruditas.

Bien merecido lo tendrían. Ahora no quieren mantener ni sostener a instructores y maestros íntegros, honrados y honestos ofrecidos por Dios, que podrían educar a sus hijos en el temor a Dios en disciplina, arte, enseñanza y honor, con mucho trabajo, diligencia y esfuerzo, pero con poco gasto y dinero. A cambio de esto tendrán maestrillos y bachillerejos [4], asnos groseros y patanes, como los tenían antes, los cuales, pese a grandes gastos y mucho dinero, no enseñan a los hijos sino a ser meros burros, y a cambio de lo cual violan a las mujeres, hijas y sirvientas y pretenden ser dueños de la casa y de los bienes, como ha sucedido hasta ahora. Ésta debería ser la recompensa por la grande e ignominiosa ingratitud a la cual los induce el diablo con tanta astucia.

Ya que, como guías espirituales, es un deber de nuestro ministerio velar contra esta y otras perfidias, ciertamente no debemos dormirnos en un asunto de tanta importancia; antes bien, animar, exhortar, incitar y azuzar con todo ímpetu, diligencia y empeño para que el hombre común no se deje engañar y seducir tan lastimosamente por el diablo. En consecuencia, cuídese cada cual y atienda su ministerio, para que en este asunto no duerma, dejando al diablo ser dios y señor, porque, si guardamos silencio y dormimos, de modo que la juventud quede abandonada y nuestros descendientes se vuelvan tártaros o animales salvajes, entonces será por culpa de nuestro silencio y ronquido, por lo cual tendremos que rendir rigurosa cuenta.

Sé muy bien que muchos de vosotros atendéis este asunto sin mi exhortación, mejor de lo que yo pueda aconsejarlo. Además, publiqué anteriormente un librito especial sobre el tema, dirigido a los concejales de las ciudades [5]. Mas, para el caso de que algunos lo hayan olvidado, o para que, siguiendo mi ejemplo, se ocupen más diligentemente en el asunto, os he mandado este sermón que prediqué entre los nuestros más de una vez, para que notéis con cuánta fidelidad estoy colaborando con vosotros y que en todas partes estamos haciendo lo que podemos para cumplir ante Dios con los deberes de nuestro ministerio. La causa por cierto está ahora en nuestras manos, porque vemos que también los que se llaman clérigos proceden como si quisieran que se arruinen todas las escuelas, la disciplina y la enseñanza, y hasta tratan de destruirlas, porque no pueden actuar arbitrariamente como hasta ahora. El diablo actúa a través de ellos. ¡Que Dios nos ayude! Amén.

[4] En el original *Locaten* y *Bachanten*, maestros de los grados inferiores o estudiantes que no han logrado grados superiores.
[5] La Necesidad de Crear y Mantener Escuelas Cristianas, que aparece en este mismo volumen, pág. 19 y sigs.

SERMÓN PARA QUE SE MANDEN A LOS HIJOS A LA ESCUELA

Queridos amigos: Observo que el hombre común no se interesa en el mantenimiento de escuelas y que retira por completo a sus hijos del estudio, pensando sólo en cuidar de la alimentación y del estómago. Además, no quieren o no pueden pensar qué cosa terrible y anticristiana cometen con ello, y qué daño homicida le provocan a todo el mundo en beneficio del diablo. Por eso, me propuse haceros esta exhortación por si acaso hay todavía personas que aún creen que existe un Dios en el cielo y que hay un infierno preparado para los incrédulos, y cambien de actitud por esta exhortación. (Pues todo el mundo está actuando como si no existiese Dios en el cielo ni diablo en el infierno.) Por tanto, expondré los beneficios y perjuicios en este asunto.

Primero, consideraremos el beneficio y perjuicio espiritual o eterno; después, el temporal o secular. Espero que los creyentes y los que quieren ser llamados cristianos, sabrán muy bien que el estado eclesiástico ha sido instituido y fundado por Dios, no con oro o plata, sino con la sangre preciosa y la amarga muerte de su Hijo único, nuestro Señor Jesucristo. Por cierto, de sus heridas manan los sacramentos (como se pintaba en tiempos antiguos en los libros) [6]. Ha pagado muy caro para que haya en todo el mundo tal ministerio de predicar, bautizar, librar, atar, suministrar los sacramentos, consolar, prevenir, amonestar con la palabra de Dios, y cuanto pertenece al oficio pastoral. Este ministerio fomenta y contribuye a conservar aquí no sólo la vida temporal y todos los estados seglares, sino que también concede la vida eterna y salva de la muerte y de los pecados, que es precisamente su tarea principal. El mundo aún subsiste y permanece solamente por causa de este estado. De otra manera ya se habría destruido hace tiempo.

Pero no me refiero al actual estado clerical en monasterios y fundaciones, con su celibato. Pues hace ya mucho que se ha apartado de su prístina y loable función, y ahora ya no es más que un estado para ganar dinero e intereses, instituido por sabiduría humana; tampoco tiene nada de espiritual, excepto que no llevan vida matrimonial, que no la necesitan tampoco, pues la reemplazan de otra manera. Por lo demás, todo es fausto meramente superficial, temporal y pasajero. No estiman la palabra ni el oficio de la predicación; y donde no está en boga la palabra allí habrá poca espiritualidad. En cambio, me refiero al estado que se ocupa en el ministerio de la predicación y en el servicio de la palabra y los sacramentos, el cual con-

---

[6] Referencia a una ilustración de manuscritos y libros muy conocida en la Edad Media y aun en las xilografías de volantes impresos en la época de la Reforma.

cede el Espíritu y toda bienaventuranza, que no pueden conseguirse con cantos y pompa. Esto incluye el oficio de pastor, maestro, predicador, lector, sacerdote (llamado capellán), sacristán, instructor, y cuanto más pertenezca a tales funciones y personas. La Escritura por cierto ensalza y elogia este estado sobremanera. San Pablo los llama mayordomos y siervos de Dios, obispos, doctores, profetas, y además embajadores de Dios para reconciliar al mundo con él[7]. Joel los llama "salvadores", David los denomina "reyes y príncipes"[8], Hageo los nombra "enviados de Dios"[9]. Y Malaquías dice: "Porque los labios del sacerdote han de guardar la ley, porque mensajero es del Señor, Sabaot"[10]. El propio Cristo les da el mismo nombre, no sólo en Mateo 11[11], donde llama "mensajero" a Juan Bautista, sino también a través de todo el libro del Apocalipsis de San Juan.

Por esta razón, los antiguos muchas veces eludían tal estado y hesitaban en aceptarlo a causa de su gran dignidad y excelsitud, de modo que era preciso obligarlos e instalarlos. Bien que más tarde, y hasta ahora, ha habido muchos que lo ensalzaron a causa de la celebración de la misa más que por la predicación. Esta alabanza y prestigio han crecido a tal punto que han colocado el oficio y el estado sacerdotal (sacrificar misa) por encima de María y de los ángeles, porque se dice que los ángeles y María no pueden celebrar misa, cosa que puede hacer un sacerdote. Era un acontecimiento magnífico cuando un nuevo sacerdote celebraba su primera misa. Bienaventurada era la mujer que había dado a luz a un sacerdote. Y sin embargo, lo supremo y principal son la palabra y el ministerio de la predicación; pero esto no se apreciaba tanto. En resumen: se llamaba sacerdote a quien podía decir misa, aun cuando no supiera predicar ni una palabra y fuera un burro sin instrucción. Así es mayormente el actual estado clerical hasta el día de hoy.

Si es seguro y cierto que Dios mismo ha fundado e instituido el estado espiritual con su propia sangre y muerte, es fácil concluir que quiere que se lo estime y que no permitirá que se destruya o deje de existir, sino que se conserve hasta el día del juicio. Pues el evangelio y la cristiandad han de subsistir hasta el último día, como dice Cristo en Mateo 28: "He aquí, yo estoy con vosotros hasta el fin del mundo"[12]. Pero, ¿por quién será conservado? Bueyes y caballos, perros

---

[7] 2 Co. 5:20.

[8] Lutero se refiere a Jueces 3:9 —se equivoca en la referencia a Joel— y al Salmo 68:12.

[9] Hag. 1:3. En el original dice *Engel*, "ángeles", en el sentido de "enviados de Dios".

[10] Mal. 2:7.

[11] Mt. 11:10, en el original *Engel*.

[12] Mt. 28:20.

y cerdos no lo harán, madera y piedra tampoco. Lo tenemos que hacer nosotros los hombres, puesto que ese ministerio no ha sido encomendado a bueyes y caballos, sino a nosotros los hombres. Mas, ¿de dónde sacaremos hombres para ese fin sino de los que tienen hijos? Si tú no quieres educar a tu hijo para ese oficio, el otro tampoco quiere y, de este modo, ningún padre y ninguna madre querrá entregar a su hijo a nuestro Dios para este fin: ¿dónde irá, pues, a parar el ministerio y el estado eclesiástico? Los viejos que lo desempeñan ahora no vivirán eternamente, están muriéndose día por día y no hay quien los reemplace. ¿Qué dirá Dios al fin? ¿Crees que le agradará que desdeñemos tan ignominiosamente su divino ministerio y que con tanta ingratitud lo dejemos declinar y desaparecer, después de haber sido fundado y comprado a tan alto precio para su alabanza y honra y nuestra salud?

No te ha dado los hijos y además su mantención para que tú sólo tengas solaz en ellos o los eduques para gloria del mundo. Se te ha ordenado seriamente que los eduques para el servicio de Dios o de lo contrario serás arrancado de raíz con hijo y todo, de tal manera que se pierda todo cuanto inviertas en él, como dice el primer mandamiento: "Visito la maldad de los padres sobre los hijos hasta la tercera y cuarta generación de los que me aborrecen" [13]. Pero, ¿cómo los educarás para el servicio de Dios si el ministerio de la predicación y el estado eclesiástico están por el suelo y se han venido a menos? Lo cual es culpa tuya, pues habrías podido contribuir y ayudar para que se mantengan, si hubieses hecho estudiar a tu hijo. Pues puedes hacerlo y tu hijo es capaz y tiene el deseo de estudiar y no lo dejas, sino que se lo impides —¡escúchalo bien!—, entonces tú serás culpable del daño de que decaiga el estado eclesiástico y no quede ni Dios ni palabra divina en el mundo. Pues en cuanto depende de ti, permites que se pierdan. No quieres dar tu hijo; tampoco darías ninguno, aunque tuvieses un mundo lleno de hijos. Así que en cuanto depende de ti, el servicio de Dios simplemente se arruina.

De nada te servirá si dices: "Mi vecino manda a sus hijos a la escuela, luego no es necesario que yo lo haga, etc." Tu vecino puede decir lo mismo, y así sucesivamente todos los vecinos. ¿De dónde sacará Dios gente para su ministerio espiritual? Tú tienes las personas para ello, pero no quieres darlas. Tu vecino tampoco. Así, en cuanto depende de vosotros, el ministerio decae. Y ya que permites que se destruya el ministerio fundado e instituido por Dios, pagado a tan alto precio, y dejas que se arruine con tamaña ingratitud abominable, tú también serás maldecido y experimentarás en tus hijos y en ti mismo pura ignominia y miseria, o a lo menos serás atormentado de

[13] Ex. 20:25.

tal manera que no sólo aquí en la tierra, sino también allá en el infierno, estarás condenado eternamente junto con ellos. De esto no te escaparás, para que aprendas que los hijos no son tan absolutamente tuyos que no debas dar algo a Dios. Él también quiere tener derecho sobre ellos, pues son más de él que tuyos.

Para que no pienses que te hablo con excesiva rudeza en este asunto, te expondré en parte tanto el beneficio como el daño (no es posible mencionarlos todos) que estás causando, a fin de que tú mismo tengas que decirte que perteneces con toda razón al diablo y que con justicia serás condenado eternamente al infierno, si te hallas culpable en este asunto y no te corriges; o, en cambio, que te alegres de todo corazón y te regocijes de haber sido elegido por Dios para educar con tus bienes y trabajo a un hijo que llegue a ser un buen pastor cristiano, predicador o maestro de escuela. Con lo cual habrás educado para el propio Dios un excelente servidor; en efecto, como dije antes, un mensajero de Dios, un verdadero obispo ante él, un salvador de mucha gente, un rey y príncipe en el reino de Cristo y en el pueblo de Dios, un maestro, una luz del mundo. ¿Quién puede mencionar toda la honra y virtud que tiene un verdadero y fiel pastor ante Dios? No hay tesoro más precioso ni cosa más noble en la tierra y en esta vida que un verdadero y fiel pastor o predicador.

Piensa tú mismo: Todo el beneficio que produce el preciado ministerio de la predicación y cura de almas, seguramente lo realizará también tu hijo que ejerce fielmente el oficio. Por ejemplo: todos los días alecciona muchas almas, las convierte, las bautiza, las lleva a Cristo, las salva y las redime de todo pecado, muerte, infierno y diablo; y por él llegan a la justicia eterna, la vida eterna y el cielo, como dice Daniel: "Los entendidos resplandecerán como el resplandor del firmamento; y los que enseñan la justicia a la multitud, como las estrellas a perpetua eternidad" [14]. Pues donde se administran bien la palabra y ministerio de Dios han de suceder sin cesar grandes cosas y ocurrir milagros. Así también tu hijo producirá incesantemente grandes y verdaderos milagros ante Dios, como resucitar muertos, expulsar diablos, hacer que los ciegos vean, los sordos oigan, los leprosos queden limpios, los mudos hablen y los cojos anden. Aunque no ocurra corporalmente, sucede, no obstante, espiritualmente en el alma, lo cual es más importante, como dice Cristo en Juan 14: "El que en mí cree, las obras que yo hago, él las hará también y aún mayores hará" [15]. Si un creyente puede hacer esto en personas individuales, cuánto más lo hará un predicador público con toda una multitud. No es que lo haga él como hombre, sino que lo efectúa su

[14] Dn. 12:3.
[15] Jn. 14:12.

ministerio designado por Dios para este propósito y la palabra de
Dios que él enseña, pues él es el instrumento para eso.

Ahora bien, si realiza estas grandes obras y milagros espiritualmente, se infiere que también los produce corporalmente o por lo menos es un iniciador u origen para ello. ¿Por qué en el día del juicio
los cristianos resucitarán de los muertos, y todos los sordos, ciegos,
cojos y cuantas plagas hubiere en el cuerpo desaparecerán, y sus cuerpos no sólo serán muy hermosos y sanos, sino que incluso resplandecerán tan brillantes y hermosos como el sol, según dice Cristo [16]. ¿No será
porque ya aquí en la tierra por la palabra de Dios fueron converti-
dos, se hicieron creyentes, fueron bautizados e incorporados en Cristo?
Como dice Pablo en Romanos 8: "Dios vivificará nuestros cuerpos
mortales por su Espíritu que mora en nosotros" [17]. ¿Quién conduce
a los hombres a esta fe y principio de resurrección corporal sino el
ministerio de la predicación y de la palabra de Dios que ejerce tu
hijo? ¿No es acaso una obra y milagro inmensamente más grande y
excelso que resucitar corporal y temporalmente a muertos, volviéndolos a esta vida, o ayudar a ciegos, sordos, mudos y leprosos en el mundo y en la vida perecedera?

Si estuvieras seguro de que tu hijo ha de realizar una de estas
obras en un solo hombre, a saber, devolver la vista a un solo ciego,
resucitar a un solo muerto, quitar una alma al diablo, rescatar a un
solo hombre del infierno, cualquiera de éstas que sea, ¿no deberías
acaso arriesgar muy gustoso tu fortuna a fin de que sea educado para
ese ministerio y obra? ¿No deberías saltar de alegría por haber provisto con tu dinero una obra tan grande ante Dios? ¿Qué son todas las
fundaciones y conventos, tal como existen y se acostumbran ahora con
todas sus obras propias, en comparación con tal pastor, predicador o
maestro de escuela? Si bien en tiempos antiguos y en un principio
fueron fundados por reyes y señores piadosos con el precioso fin de
educar en ellos tales predicadores y pastores, en la actualidad han
caído lamentablemente, por obra del diablo, en la calamidad, al punto
de convertirse en cuevas de asesinos y antesala del infierno, para corrupción y perjuicio de la cristiandad.

Pues mira, tu hijo no realiza una sola de estas obras, sino muchas, e incluso todas, y además las hace diariamente, y lo que es más
importante, las hace ante Dios, quien las considera como tales y las
tiene por tan preciosas e importantes, como se ha dicho, aunque los
hombres no las reconozcan ni las aprecien. En efecto, aun cuando el
mundo lo tache de hereje, engañador, mentiroso, revoltoso, tanto mejor, pues indica claramente que es hombre íntegro y parecido a su

[16] Mt. 13:43.
[17] Ro. 8:11.

Señor Cristo, pues éste también fue tildado de revoltoso, asesino y engañador, siendo condenado y crucificado junto con asesinos. ¿Qué me importaría, si fuera predicador, que el mundo me llame diablo, sabiendo que Dios me llama ángel? Que el mundo me tilde de engañador todo lo que le dé la gana. En cambio, Dios me considera fiel servidor y mayordomo; los ángeles, compañero; los santos, su hermano; los creyentes, su padre; las almas desdichadas, su salvador; los ignorante, su luz; y Dios confirma que es así, como también los ángeles y todas las criaturas. ¡Ah, qué bien me ha engañado el mundo, junto con el diablo, con sus calumnias e injurias! ¿Qué han ganado conmigo? ¿Qué gran daño me han hecho? ¡Pobrecito!

Me he referido a las obras y milagros que realiza tu hijo con las almas librándolas del pecado, de la muerte y del diablo. Además de esto, también realiza en favor del mundo obras realmente importantes e influyentes, a saber, alecciona e instruye a las personas en todos los estados sobre cómo conducirse exteriormente en sus oficios y cargos para hacer lo que es justo a los ojos de Dios. Puede consolar a los afligidos, dar consejos, corregir situaciones malas, encauzar conciencias descarriadas, ayudar a mantener la paz, a reconciliarse y vivir en armonía; esto y un sinnúmero de obras semejantes podrá realizar diariamente. Pues un predicador confirma, fortalece y ayuda a mantener toda autoridad y paz temporal, frena a los revoltosos; enseña obediencia, buenas costumbres, disciplina y honor; alecciona respecto al oficio de padre, madre, hijo y criado y en fin, todos los oficios y estados temporales. Bien que éstas son las menos importantes de las buenas obras de un pastor; sin embargo, son tan significativas y nobles que nunca hubo sabio alguno entre todos los paganos que las haya podido conocer y comprender, y mucho menos realizarlas; como tampoco hay jurista, universidad, fundación o convento que conozca tales obras, ni se enseñan en el derecho canónico ni en el derecho civil. A tales oficios seculares no hay nadie que los llame grandes dones o clemente ordenamiento de Dios. Solo la palabra de Dios y el ministerio de la predicación las enaltece y las respeta tanto.

Por consiguiente, a decir verdad, la paz temporal, que es el bien supremo sobre la tierra y en el cual están comprendidos todos los demás bienes temporales, es realmente fruto del verdadero ministerio de la predicación. Cuando éste prospera no hay guerra, pleitos, ni derramamiento de sangre. Mas donde no prospera, no es de extrañar que haya guerra o por lo menos intranquilidad continua, deseos y disposición de guerrear y derramar sangre. Así vemos actualmente que los sofistas [18] no saben hacer otra cosa que reclamar sangre y

---

[18] Los escolásticos, aquí el clero católico, especialmente Alberto de Maguncia, a quien se acusaba del asesinato del predicador Georg Winkler de Halle.

escupir fuego. Derraman la sangre de los inocentes sacerdotes a causa del matrimonio, aun cuando el papa, y su propio derecho canónico, si castigan tal matrimonio severamente, solo destituyen a los curas de su oficio sacerdotal, dejándolos con vida y en posesión de sus bienes y su honor de cristianos; y mucho menos los condenan al infierno, no los tienen por herejes. Así lo atestiguan todos los juristas y todo el mundo, como también se estipuló en la dieta de Nuremberg [19]. Pero estos obcecados sabuesos sanguinarios se han apartado del ministerio de la predicación y se han entregado a las mentiras. Por eso no pueden dejar de asesinar, como lo hace también el diablo, su dios, que según Juan 8 [20] ha sido desde el principio y sigue siendo mentiroso y asesino.

Así es como un verdadero pastor sirve a los hombres en cuerpo y alma, en sus bienes y honra. Mira también cómo sirve a Dios y cuán magníficos son los sacrificios y servicios de Dios que realiza. Merced a su oficio y palabra se conserva el reino de Dios en el mundo, el honor, el nombre y la gloria de Dios, el verdadero conocimiento de Dios; la verdadera fe y comprensión de Cristo, los frutos de la pasión, sangre y muerte de Cristo, los dones, obras y poder del Espíritu Santo; el uso recto y saludable del bautismo y del sacramento; la verdadera doctrina pura del evangelio; el recto modo de castigar y crucificar el cuerpo, y otras cosas más. ¿Quién puede alabar suficientemente una sola de las cosas mencionadas? Y ¿qué más se podría agregar respecto de todo lo que hace al sostener tantas luchas contra el diablo, la sabiduría del mundo y el orgullo carnal, ganando tantas victorias, rebatiendo tantos errores y oponiéndose a tantas herejías? Pues tiene que pelear y luchar contra las puertas del infierno y vencer al diablo; y así lo hace, aunque no él, sino su ministerio y palabra. Estas son todas innumerables e inefables obras y milagros del ministerio de la predicación. En fin, si se quiere alabar al máximo a Dios, también se alabará al máximo su palabra y predicación, porque son ministerio y palabra de Dios.

Aun cuando fueses un rey, no deberías considerarte demasiado digno para arriesgar a tu hijo con todos tus bienes entregándolo y educándolo para ese oficio y obra. ¿Acaso el céntimo o esfuerzo que inviertas en tu hijo no será más apreciado, más bendecido, mejor utilizado y más preferido a los ojos de Dios que todo reino e imperio? De rodillas debería uno llevar tal óbolo hasta los confines del mundo, si se supiera que allí se invertiría tan magnífica y provechosamente. Pero, aquí, tú lo tienes en tu casa y en tu seno, donde puedes invertirlo tan magníficamente. ¡Qué asco, qué vergüenza, qué

[19] Celebrada en 1524.
[20] Jn. 8:44.

ignominia es nuestra ingratitud ciega e infame! No nos damos cuenta de que podríamos ofrecer a Dios un magnífico servicio; que con una obra tan exigua podríamos ser grandes señores delante de Dios con nuestro propio dinero y fortuna.

Los sofistas nos reprochan a los luteranos que no enseñamos buenas obras. ¡Estos buenos compañeros sí que son bastante expertos en buenas obras! ¿No son buenas obras las antes mencionadas? ¿Qué son las obras de todas las fundaciones y conventos en comparación con estos magníficos milagros? Son un graznido de grajos y cuervos, y ni siquiera tan buenos como el graznar de los grajos, porque éstos graznan de buena gana, mientras que ellos profieren su graznido ululando con desgano como los búhos y las lechuzas nocturnas. Anteriormente se estimaban mucho las primeras misas y los nuevos sacerdotes; los padres y todos los parientes estaban contentos de haber educado a un hijo para ser un ocioso, perezoso e inútil cura de misa y olla [21], que deshonraba a Dios con sus blasfemos sacrificios de la misa y sus vanas oraciones, escandalizando y avergonzando al mundo con su vida lasciva. ¿Cuánto más feliz tú podrías ser por haber educado a un hijo para uno de estos oficios, estando seguro de que sirve magníficamente a Dios, ayuda eficazmente a los hombres y lucha contra el diablo como un caballero? Entonces habrás sacrificado genuina y debidamente a tu hijo, de manera que los propios ángeles han de considerarte un hermoso milagro.

Por otra parte, es preciso que sepas también qué perjuicio causas cuando haces lo contrario. Si Dios te ha dado un hijo capaz y apto para este ministerio y no lo educas para ese fin, sino solo te preocupas del estómago y de la manutención temporal, recurre a la lista antes mencionada y recórrela fijándote en las buenas obras y maravillas en ella indicadas, y verás y notarás qué santurrón y qué mala hierba eres. En cuanto depende de ti, le quitas a Dios un ángel, un servidor, un rey y príncipe en su reino, un salvador y consolador de los hombres en cuerpo y alma, en fortuna y honra; un capitán y caballero contra el diablo, haciéndole lugar y fomentando su reino, de modo que mantenga las almas en pecado, muerte e infierno, metiendo allí cada día más y ganando victorias en todas partes, y así el mundo queda en la herejía, el error, la disensión, la guerra y la riña, y cada vez se vuelve peor. Se pierde el reino de Dios, la fe cristiana, el fruto de la pasión y sangre de Cristo, la obra del Espíritu Santo, el evangelio y el servicio divino; y se impone el servicio del diablo y la superstición. Todo esto se habría podido evitar, impedir, y aun mejorar, si tu hijo se hubiera educado y dedicado a ello.

---

[21] En el original *Messpfaffen oder Fresspfaffen*.

Cómo te justificarás cuando en el lecho de muerte o en el día del juicio [22] Dios te pregunte y diga: "Tuve hambre y sed, fui extranjero y estuve desnudo, enfermo y en la cárcel, y tú no me ayudaste. Pues lo que no hiciste por la gente en la tierra, ni por mi reino o evangelio, sino que contribuiste a suprimirlo y a perder las almas, eso lo hiciste por mí; pues bien podrías haber ayudado. Para ese fin te había dado hijos y fortuna; pero tú deliberadamente me dejaste en la indigencia y el sufrimiento a mí, a mi reino y a todas las almas, prestando así un servicio al diablo y a su reino en contra de mí y mi reino. Ahora recibe tu merecido; vete con él al abismo del infierno. No ayudaste a edificar y mejorar mi reino en el cielo y en la tierra, sino que contribuiste a destruirlo y a debilitarlo. En cambio, favoreciste al diablo para construir y aumentar su infierno. Ahora vive con él en la casa que te preparaste, etc."

¿Qué te parece? ¿No te sorprenderán repentinamente, no sólo gotas de pecado, sino verdaderos aguaceros? Ahora no lo adviertes, y andas muy seguro de que haces bien en no educar a tu hijo. Pero entonces tendrás que decir que con razón fuiste condenado al abismo infernal como uno de los hombres más malvados y dañinos que hayan vivido en la tierra. Si pensaras realmente en estas cosas ahora que estás en vida, tendrías que asustarte verdaderamente de ti mismo, puesto que ninguna conciencia puede soportar que se la halle culpable de una de las cosas antes mencionadas. ¿Cuánto menos podrá aguantar que le sobrevengan de súbito todas estas cosas que no pueden enumerarse? Entonces gritará tu corazón que tus pecados son más numerosos que las hojas y hierbas, y más grandes que el cielo y la tierra. Con Manasés, rey de Judá, dirás: "Mis pecados son más que la arena en la costa del mar y mi iniquidad es grande, etc." [23] Pues esto también lo dice la ley natural: Quien puede evitar un daño, y no lo hace, es también culpable de dicho daño, porque él mismo seguramente lo desea y quiere, y él mismo lo provocaría si tuviese motivo u oportunidad. Luego tales personas son tan buenas como el propio diablo, puesto que son tan hostiles a Dios como al mundo, contribuyendo a destruir el cielo y la tierra y sirviendo fielmente al diablo. En fin, si podemos increpar duramente al diablo, también podemos regañar duramente a tales personas que obstaculizan dicha obra y ministerio de Dios, pues son siervos del diablo.

Con esto no pretendo insistir en que todos deben educar a sus hijos para este oficio. Pues no todos los muchachos han de estudiar para ser pastores, predicadores y maestros de escuela. Es bueno saber que los hijos de los gobernantes y grandes señores no se destinan a

---

[22] Véase Mt. 25:42 y sigs.
[23] Oración de Manasés, versículo 9.

esto, porque el mundo necesita también de herederos y gente, no sea que se destruya la autoridad secular. Me refiero a la gente común que anteriormente ya de por sí habrían hecho estudiar a sus hijos por las prebendas y feudos, y que ahora los retienen solo preocupados por el sustento. No necesitan herederos, y sin embargo no mandan a sus hijos a la escuela, aunque sean capaces y aptos para estos oficios, y en los cuales podrían servir a Dios sin privación y abstáculo alguno. A estos muchachos capaces habría que hacerlos estudiar, en especial los hijos de la gente pobre; pues para eso se han establecido las prebendas y tributos de todas las fundaciones y monasterios. Naturalmente, también los otros muchachos, aunque no fuesen tan capaces, deberían aprender por lo menos a entender, escribir y leer latín. No solo se necesitan eruditos doctores y licenciados en la Escritura. También se precisan pastores comunes que difundan el evangelio y el catecismo entre la gente joven e indocta, que bauticen y administren el sacramento, etc. No importa que no sirvan para luchas contra los herejes. Así como en un buen edificio no solo se necesita tener sillares, sino también piedra de relleno, así también es necesario tener sacristanes y otras personas que sirvan y ayuden al oficio de la predicación y de la palabra de Dios.

Aun cuando un muchacho que ha estudiado latín aprenda después una artesanía y sea ciudadano, lo tenemos de reserva para el caso de que se necesite de pastor o para otro servicio de la palabra. Este estudio no le perjudica para ganarse la vida; por el contrario, puede dirigir mejor su casa. Además, está apercibido y preparado para el ministerio de la predicación y del pastorado en el caso de que haga falta. Sobre todo en nuestros tiempos es muy fácil educar personas que enseñen el evangelio y el catecismo; pues actualmente no sólo abunda la Sagrada Escritura, sino también toda suerte de conocimientos, con tantos libros, lectura y predicación (¡gracias a Dios!). En tres años se puede aprender más que anteriormente en veinte; gracias a los libros y sermones en alemán, hasta las mujeres y los niños saben ahora más (digo la verdad) de Dios y Cristo que anteriormente todas las universidades, fundaciones, conventos, todo el papado y todo el mundo. Pero los pastores y predicadores comunes deben saber latín, y no pueden prescindir de él, como tampoco los eruditos pueden prescindir del griego y el hebreo, según dice San Agustín y según lo prescribe el propio derecho canónico.

Tú me dices: "¿Qué hay si todo esto fracasa, y mi hijo se hace hereje o malvado, porque se dice: cuanto más estudiado, más pervertido?, etc." Pues bien, tienes que correr el riesgo; no por eso tu diligencia y esfuerzo estarán perdidos. A pesar de todo, Dios reconocerá tu fiel servicio y lo considerará como si hubiera sido bien aplicado. También en todas las demás cosas corres riesgos. No sabes qué resultará cualquiera sea el fin para el que lo entrenes. ¿Qué le sucedió al buen Abraham a quien también le fracasó su hijo Ismael? ¿Qué le pasó a Isaac con su hijo Esaú? ¿A Adán con su hijo Caín? ¿Habría dejado por eso Abraham de preparar para el servicio de Dios a su hijo Isaac, e Isaac a su hijo Jacob, y Adán a su hijo Abel? ¡Cuántos reyes y hombres malos hubo en Israel, el santo pueblo elegido, que con herejías e idolatrías ocasionaron toda clase de desgracias y mataban a los profetas! No por eso los sacerdotes levitas habrían de abandonar a todo el pueblo sin preparar a nadie para el servicio divino. ¡Cuántos sacerdotes y levitas malos hubo en la tribu de Leví, a la cual Dios mismo había elegido para el ministerio sacerdotal! ¡Cuánta gente tiene Dios en la tierra que abusa de su bondad y de su creación! ¿Debería por eso cesar en su bondad y no dejar vivir a nadie o dejar de hacer el bien?

Para que no te preocupes demasiado por la cuestión de dónde sacará el sustento tu hijo, si se dedica al estudio y a ese ministerio y servicio divino, tampoco en este sentido Dios te ha abnadonado y olvidado, para que no te preocupes y no te quejes. Por medio de San Pablo ha prometido en 1 Corintios 9: "El que sirve al evangelio, que viva del evangelio" [24]. Y Cristo mismo en Mateo 10: "El obrero es digno de su salario"; "Comed y bebed lo que tengan" [25]. Para que no se perdiese el ministerio de la predicación en el Antiguo Testamento, Dios eligió y escogió toda la tribu de Leví, es decir, la duodécima parte de todo el pueblo de Israel y les dio el diezmo de todo el pueblo, además de las primicias de toda clase de sacrificios, y sus propias ciudades, villas, campos, praderas, ganado, y todo lo demás. En la era cristiana, fíjate cómo en tiempos pasados cuán abundantemente los emperadores, reyes, príncipes y señores contribuyeron para ese ministerio, lo cual ahora está en poder de las fundaciones y monasterios, que con esto superan a reyes y príncipes. Dios no abandonará a los que fielmente le sirven. No puede desampararlos, porque se ha obligado por promesas, diciendo en Hebreos 13: "No te desampararé, ni te dejaré" [26].

Calcula también tú mismo cuántas parroquias, púlpitos, escuelas y sacristías hay, los cuales en su mayoría están bastante bien provistos, y en los que día por día se producen vacantes. ¿Qué son sino cocinas y despensas dispuestas por Dios para tu hijo, a fin de que tenga preparado su sustento antes de que lo necesite y sin que deba adquirirlo? Cuando yo era un joven estudiante oí decir que en el principado de Sajonia (si no me equivoco) había alrededor de mil ochocientas parroquias. Si esto es cierto, y a cada parroquia corresponden por lo me-

[24] 1 Co. 9:14.
[25] Mt. 10:10; Lc. 10:8.
[26] He. 13:5.

nos dos personas, a saber, un pastor y un sacristán, entonces —sin contar lo que hay en las ciudades entre predicadores, capellanes, ayudantes, maestros y vicarios— sólo en este principado se necesitan alrededor de cuatro mil personas doctas de las cuales se muere la tercera parte cada diez años. Y apostaría a que en media Alemania actualmente no hay cuatro mil estudiantes. Ahora bien, si supongo que hay ochocientas parroquias apenas en el principado, ¿cuántas habrá en toda Alemania? Quisiera ver de dónde se sacarán en tres años pastores, maestros y sacristanes. Si no cooperamos y si, sobre todo los príncipes, no se empeñan en establecer debidamente escuelas y universidades, se producirá tal carencia de personas instruidas que será necesario encomendar tres o cuatro ciudades a un pastor, y diez aldeas a un capellán, si es que para entonces todavía se consiguen.

Las universidades de Erfurt, Leipzig y otras están desoladas, lo mismo que las escuelas de diferentes lugares, a tal punto que da lástima verlas. Y casi solo el insignificante Wittenberg[27] tiene que producir actualmente lo mejor. Y supongo que también las fundaciones y conventos han de sentir esta carencia. ¡Que les vaya bien! No terminarán de cantar tan alto como empezaron, por recalcitrantes que sean; o tendrán que tolerar y aun reverenciar en sus capítulos a personas por las cuales antes no hubieran querido ser mirados. Por tanto, deja estudiar a tu hijo y no te preocupes. Más bien faltarán hombres que bienes. Si el mundo sigue existiendo y Dios da su bendición, de modo que príncipes y ciudades cooperen, quizá también los bienes de las fundaciones y monasterios vuelvan a usarse para el fin al cual fueron destinados. ¿Por qué preocuparse tanto por el estómago? Ahí está Cristo que dice en Mateo 6: "No os afanéis por lo que comeréis y beberéis. Vuestro Padre celestial bien sabe que tenéis necesidad de todas estas cosas. Mas buscad primeramente el reino de Dios y su justicia, y todas estas cosas os serán añadidas"[28]. Quien no crea esto que siga con sus preocupaciones y se muera de hambre.

Es cierto que hace algunos años muchos pastores sufrieron gran hambre y aún la siguen padeciendo. A la maldad del mundo hay que atribuir que la gente sea tan perversa, desagradecida, avara y además persiga el evangelio; con lo cual Dios prueba si somos genuinos. Debemos considerar todo esto como si fuese el tiempo de los mártires, cuando los maestros piadosos también sufrían grandes penurias y pobreza, como atestigua el propio Pablo[29] y también enuncia Cristo en Mateo 9: "Cuando el esposo sea quitado de ellos, entonces ayunarán"[30].

[27] Entre 1526 y 1530 unos 250 estudiantes asistieron anualmente a la Universidad de Wittenberg, mientras que sólo 44 a la de Erfurt y 175 a la de Leipzig.
[28] Mt. 6:31-33.
[29] 2 Co. 11:27.
[30] Mt. 9:15.

Este es el ayuno verdaderamente evangélico. Pocas veces surgió la palabra de Dios sin que a la vez hubiesen sobrevenido tiempos de carestía. Por ejemplo, en los tiempos de Abraham, Isaac, Jacob, José, Elías y Eliseo hubo una carestía [31] terrible junto a la gran luz de la verdad. Al principio del evangelio hubo gran hambre por toda la tierra habitada [32]. Y entonces pretenden atribuir la culpa al querido evangelio y a la palabra de Dios, no a la anterior iniquidad del mundo y a la actual ingratitud y obstinación. Así, los judíos echaron toda la culpa de sus miserias a las enseñanzas de Jeremías [33]. Cuando los romanos fueron vencidos por los godos, no sabían a quién atribuir la culpa sino al hecho de haberse convertido al cristianismo. Contra esta creencia, San Agustín escribió un gran libro: *De Civitate Dei* [34].

Pero, digan lo que dijeren, el mundo es mundo. Como aquéllos llegaron a ser mentirosos y perecieron, así también éstos serán mentirosos y quedarán aniquilados, para que, a pesar de todo, permanezcan Cristo y su palabra. Él está sentado firme y alto, como está escrito: "El Señor dijo a mi Señor: Siéntate a mi diestra" [35]. Ahí está sentado. Quien lo desee y sea malvado, que lo derribe. Mientras él permanezca allí sentado, subsistiremos nosotros también, ¡no cabe duda! En una palabra, tu hijo se ganará el sustento tan fácilmente en el ministerio de la predicación como en un oficio de artesano, a no ser que aspires a grandes riquezas, y quieras hacer de tu hijo un gran señor ante el mundo, como son los obispos y canónicos. Si piensas así, este discurso no vale para ti. Estoy hablando ahora a los creyentes que honran el ministerio de la predicación y lo estiman más que todas las riquezas, como el supremo tesoro, después de Dios mismo, dado a los hombres, para que sepan cuán grande servicio pueden prestar a Dios con esto, que prefieran participar en esta obra, aunque sea con bienes exiguos antes que tener los bienes del mundo y carecer de lo otro. Éstos comprenderán que el alma vale más que el estómago, y que es fácil satisfacer el estómago y obligarlo a dejar atrás lo que sobrepase lo necesario. Pero los que buscan riquezas, llevarán consigo todos sus bienes sin dejar nada, ¿cómo les puede faltar?

Valga lo dicho como primera parte de este sermón, una rápida y breve consideración sobre el beneficio y el perjuicio espiritual que se deriva del apoyo o desprecio de las escuelas.

La segunda parte tratará del beneficio y perjuicio temporal o secular.

---

[31] Gn. 12:10; Gn. 26:1; Gn. 41:56-57; 1 R. 18:2; 2 R. 4:38.
[32] Hch. 11:28.
[33] Jer. 44:16 y sigs.
[34] "La Ciudad de Dios", obra escrita poco después de la toma de Roma por Alarico, rey de los visigodos, en el año 410.
[35] Sal. 110:1.

En primer lugar, es muy cierto que la autoridad u oficio secular de ningún modo puede compararse con el ministerio espiritual de la predicación, como lo llama San Pablo [36]. Pues no fue adquirido a precio tan alto por la sangre y muerte del Hijo de Dios como el ministerio de la predicación. Por eso tampoco puede hacer milagros y obras tan grandes como el ministerio de la predicación. Todas las obras de ese estado incumben y corresponden sólo a esta vida temporal y perecedera, para preservar el cuerpo, a la mujer, al hijo, la casa, los bienes y el honor, y todo lo que atañe a las necesidades de esta vida. Tanto como la vida eterna supera a la vida temporal, así sobrepasa ampliamente el ministerio de la predicación al oficio temporal; es decir, es como la sombra en comparación con el cuerpo mismo, puesto que el gobierno secular es imagen, sombra y figura del gobierno de Cristo. El ministerio de la predicación —cuando existe como Dios lo ha ordenado— acarrea y otorga justicia, paz y vida eterna, como pondera San Pablo en 2 Corintios 4 [37]. En cambio, el gobierno secular conserva la paz, el derecho y la vida temporal y pasajera.

No obstante, es un magnífico ordenamiento divino y un excelente don de Dios. Él lo creó e instituyó y quiere que se conserve, puesto que de ningún modo podemos prescindir de él. Si no existiese, ningún hombre podría subsistir frente a los demás, uno devoraría al otro, como lo hacen entre sí los animales irracionales. Por eso, así como es función y honra del ministerio de la predicación hacer de pecadores verdaderos santos, de muertos vivos, de condenados salvados, de siervos del diablo hijos de Dios, del mismo modo también es función y honra del oficio secular hacer de animales salvajes hombres y conservarlos así, para que no se vuelvan animales brutos. Le preserva a cada uno el cuerpo para que no lo pueda matar cualquiera; le conserva a cada uno su mujer, para que cualquiera no pueda quitársela y violarla; a su prole, hijo e hija, para que cualquiera no se los pueda quitar o arrancar; le preserva a cada uno la casa y el fundo, para que cualquiera no pueda irrumpir y cometer desmanes en ellos; le preserva a cada uno el campo, el ganado y toda clase de bienes, para que nadie pueda escamotearlos, hurtarlos, robarlos o dañarlos. Todo esto no ocurre entre los animales, y tampoco sucedería entre los hombres si no hubiese un gobierno secular, sino que seguramente los hombres se volverían verdaderos animales. No te parece que si las aves y los animales pudiesen hablar, al observar el gobierno secular entre los hombres, exclamarían: "¡Oh, queridos hombres, no sois hombres, sino verdaderos dioses, en comparación con nosotros! ¡Cuánta seguridad tenéis en vuestra vida y bienes! Ninguno de nosotros, en cambio, está

---

[36] Véase Col. 1:25.
[37] 2 Co. 4:1 y sigs.

seguro frente al otro, ni siquiera una hora, en cuanto a su vida, refugio, y alimento. ¡Ay de vuestra ingratitud, por la que no advertís la magnífica vida que os ha dado el Dios de todos, en comparación con nosotros los animales!"

Por ser seguro que el gobierno secular es creación y ordenanza de Dios, y además una institución y estado necesario para nosotros los hombres en esta vida, del cual no podemos prescindir, como de la vida misma, que sin él no se puede preservar esta vida, es fácil suponer que Dios no lo ordenó e instituyó para que se destruya, sino que desea que se conserve, como dice claramente Pablo en Romanos 13 y 1 Pedro 3 [38], que debe proteger a los buenos y castigar a los malos. ¿Quién lo preservará, sino nosotros los hombres, a quienes Dios lo ha encomendado y quienes ciertamente lo necesitamos? No lo harán los animales salvajes, ni tampoco la madera y las piedras. Pero ¿qué hombres pueden preservarlo? De seguro que no sólo los que quieren gobernar únicamente con el puño, como pretenden muchos actualmente. Pues, cuando solo gobierna el puño, al final indudablemente surge el mundo de lo animal; de modo que si uno supera al otro, se lo mete en la bolsa. ¡A la vista están los ejemplos de lo bueno que logra el puño sin sabiduría o tino!

Por eso dice Salomón en Proverbios 8 que debe gobernar la sabiduría, y no la fuerza; diciendo de la sabiduría: "Conmigo está el consejo y el socorro, la inteligencia y el poder son míos. Por mí reinan los reyes, y los magistrados ejercitan justicia" [39]. Y en Eclesiastés 10: "Mejor es la sabiduría que las armas de guerra" [40]. Y en otra parte afirma: "Mejor es la sabiduría que la fuerza" [41]. En toda la historia la experiencia demuestra que el poder sin razón o sabiduría nunca ha conseguido nada. Así, aun los asesinos y tiranos, si no proceden con prudencia y estipulan algún código, prevención y leyes para sí y entre sí —aunque ellos mismos sean malos— con los cuales orienten y apliquen el puño y su poder, no pueden subsistir, sino que entran en disensión y se destruyen por sí mismos. En síntesis, no debe gobernar el derecho del puño, sino el de la cabeza, no la fuerza, sino la sabiduría o la razón, tanto entre los malos como entre los buenos.

Por consiguiente, ya que nuestro gobierno en Alemania debe guiarse por el derecho imperial romano, siendo éste también la sabiduría y razón de nuestro gobierno dadas por Dios, se sigue que dicho gobierno no puede preservarse, sino que se destruirá, si no se conserva este derecho. ¿Quién, pues, lo conservará? No lo harán el puño y las armas, sino las cabezas y los libros; hay que aprender y

[38] Ro. 13:4; 1 P. 2:14.
[39] Pr. 8:14.
[40] Ec. 9:18.
[41] Ec. 9:16.

conocer el derecho y la sabiduría de nuestro régimen secular. Naturalmente, es muy bueno que un emperador, príncipe o señor sea por naturaleza tan sabio e inteligente que pueda acertar, sin más, lo que es de derecho, como podían hacerlo el duque Federico de Sajonia y el señor Fabián von Feilitz [42], entre los que yo he conocido. (No quiero nombrar a personas vivas.) Pero como éstos son aves raras, y además es peligroso ponerlos como ejemplo a causa de los que por naturaleza no son capaces, es mejor atenerse en un régimen estable al derecho común estipulado en el código, de modo que tenga más reputación y prestigio, y no necesite de cualidades extraordinarias y especiales.

Así pues, en este régimen secular son los juristas y los eruditos quienes preservan este derecho, y por ese medio el régimen secular. Así como en el reino de Cristo a un buen teólogo y auténtico predicador se le llama ángel de Dios, salvador, profeta, sacerdote, servidor y maestro —como dije antes—, en el reino secular del emperador a un buen jurista y fiel erudito bien se lo puede llamar profeta, sacerdote, ángel y salvador.

En cambio, así como en el reino de Cristo un hereje o predicador falso es un diablo, un ladrón, un asesino y un blasfemo, así en la casa o reino del emperador un jurista falso e infiel es ladrón, bribón, traidor, malvado y diablo de todo el imperio. Mas cuando hablo de los juristas, no me refiero sólo a los doctores, sino a todo el gremio: cancilleres, secretarios [43], jueces, abogados, notarios y todos los que tienen que ver con el aspecto jurídico del gobierno. También pienso en los grandes bonetes, que en la corte se llaman consejeros, pues también ellos desempeñan tareas de derecho o función de juristas. Y así como la palabra "Räte" (consejeros) no se distingue mucho de la palabra "Verräter" (traidor) [44], así también ocurre en su acción; a veces asesoran a sus señores con tanta fidelidad que no hay traidor que pudiera traicionarlos tan bien.

Puedes, pues, apreciar cuánto beneficio puede aportar un buen experto en derecho o jurista. En efecto, ¿quién podrá mencionarlo todo? Pues todo lo que es obra y ordenanza de Dios produce siempre tantos y tan grandes frutos que no se pueden enumerar ni comprender. Ante todo, con su libro [45] conserva y ayuda a fomentar —por orden divino— todo el régimen secular: emperadores, príncipes, señores, ciudades, tierras y población —como dije antes— pues todo esto debe preservarse con sabiduría y por el derecho. ¿Pero quién enaltecerá su-

---

[42] Federico el Sabio, príncipe elector de Sajonia, falleció en 1525, y su consejero Fabián von Feilitsch.

[43] Los "secretarios" eran los oficiales de justicia en la ciudad.

[44] Juego de palabras intraducible.

[45] El código.

ficientemente esta obra? Gracias a ella tienes protección y defensa de tu cuerpo y vida contra los vecinos, los enemigos, los asesinos; y además la protección y la paz de tu mujer, hija, hijo, casa, fundo, servidumbre, dinero, bienes, campo, y todo cuanto posees, pues todo ello está comprendido por la ley y protegido como por muros y vallas. No es posible describir en libros la magnitud de todo esto. Pues ¿quién puede expresar la inefable bendición de la amada paz o decir cuánto concede y ahorra en un solo año?

Todas estas grandes obras las puede realizar tu hijo, llegando a ser una persona tan provechosa si lo dedicas a esta carrera y lo haces estudiar; y tú puedes ser partícipe en todo esto, invirtiendo tu dinero provechosamente. ¿Acaso no deberías sentirte alagado y considerar un gran honor que veas a tu hijo como un ángel en el reino y un apóstol del emperador, y además una piedra angular y fundamento de la paz temporal en la tierra, y todo eso en la certeza de que Dios lo ve así y que así es en verdad? Pues, si bien es cierto que estas obras no lo hacen a uno justo ni salvo ante Dios, no obstante es un agradable consuelo que tales obras son tan gratas a Dios, y más aún cuando el que las ejecuta es además creyente y pertenece al reino de Cristo, pues con esto se le agradece sus beneficios y se le ofrece el más hermoso sacrificio de gratitud, el supremo servicio divino.

Tendrías que ser un alcornoque grosero e ingrato, y merecerías que te echasen de entre los hombres a los animales, si vieras que tu hijo podría ser un hombre que ayudase al emperador a conservar su reino, su espada y su corona; al príncipe, a gobernar su país; que pudiese asesorar y ayudar a las ciudades y territorios; que pudiese ayudar a muchos a proteger su cuerpo, su mujer, los hijos, los bienes y el honor, y no quisieras arriesgar lo suficiente para que tu hijo estudie y llegue a ese puesto. Dime ¿qué hacen todas las fundaciones, conventos y demás? Me quedo con la obra de un jurista y escribiente fiel y honrado antes que con la santidad de todos los curas, los monjes y las monjas, aun en su mayor perfección. Si no te incitan estas importantes y buenas obras, al menos debiera incitarte el loor y el beneplácito de Dios, sabiendo que de este modo le agradeces magníficamente y le prestas un importante servicio, como ya se ha dicho. Es un execrable desprecio de Dios que no concedamos a nuestros hijos esta magnífica y divina tarea, poniéndolos sólo al servicio del estómago y de la avaricia, sin enseñarles más que a buscar alimento, como marrana que revuelve el lodo con el hocico, en lugar de educarlos para esa digna función y rango. Ciertamente, o estaríamos locos, o no amaríamos realmente a nuestros hijos.

Pero escucha otra cosa. ¿Y si Dios quiere y te exige a tu hijo para ese oficio? Ciertamente es tu obligación ayudar a tu Dios a preservar ese oficio, en la medida que puedas. Pero no cabe duda de que no se lo podrá preservar si no se hace estudiar a los muchachos y se los manda a la escuela. En este oficio se necesitan hombres más hábiles que en el ministerio de la predicación, por lo cual será menester destinar a él a los mejores muchachos. Pues en el ministerio de la predicación, Cristo lo hace todo, por su Espíritu, pero en el régimen secular se debe actuar basándose en la razón —de donde provienen también las leyes—, pues Dios ha sometido a la razón ese régimen temporal y la existencia corporal (Génesis 2 [46]), y no ha enviado para ese fin al Espíritu Santo desde el cielo. Por eso es también más difícil, porque no puede regir las conciencias, y debe —por así decirlo— actuar en la oscuridad.

Si, pues, tienes un hijo apto para el estudio y puedes hacerlo estudiar, pero no lo haces, sino que sigues tu camino sin preguntar dónde irá a parar el régimen secular, junto con el derecho y la paz, etc., entonces, en cuanto de ti depende, procedes en contra de la autoridad secular, como el turco, más aún, como el propio diablo. Con eso sustraes al imperio, al principado, al país y a la ciudad un salvador, un consolador, una piedra angular, un colaborador, un liberador, y por tu culpa el emperador pierde la espada y la corona; el país pierde la protección y la paz; y tú eres el hombre por cuya culpa (en cuanto de ti depende) nadie puede estar seguro en cuanto a su cuerpo, mujer, hijos, casa, fundo y bienes. Al contrario, todo esto lo entregas libremente al matadero, y das motivo para que todos los hombres se conviertan en meros animales, de modo que al final se devoran unos a otros, y eso es lo que ciertamente haces, máxime si a sabiendas sustraes a tu hijo de este saludable oficio por causa del estómago. ¡Flor de hombre útil eres en el mundo! Todos los días te vales del imperio y su paz, y en agradecimiento le robas a tu hijo y lo metes en la avaricia, procurando así con todo empeño que no haya quien ayude a conservar el imperio, el derecho y la paz, sino que contribuyes a que se destruya todo, a pesar de que, gracias a ese régimen, tienes y conservas tu cuerpo y vida, tus bienes y honor.

¿Qué crees merecer con esto? ¿Eres digno de vivir entre los hombres? ¿Qué dirá Dios, que te concedió hijo y bienes para servirle, y para que conserves a tu hijo en el servicio de Dios? ¿No es acaso servir a Dios que uno ayude a conservar su ordenamiento y régimen secular? Pero tú desechas este servicio, como si no fuera de tu incumbencia, o como si fueras más libre que los demás hombres, como si no tuvieras la obligación de servir a Dios, sino que pudieras hacer con tu hijo y tus bienes lo que te dé la gana, aunque se hundiese en el abismo Dios junto con el régimen secular y espiritual. No obstante, quieres valerte todos los días de la protección del imperio, la paz y

[46] Gn. 2:19.

el derecho, y tener a tu disposición y servicio el ministerio de la predicación y la palabra de Dios. Pretendes que Dios te sirva completamente de balde, tanto con el ministerio de la predicación como con el estado secular, para que mientras tanto tú puedas despreocupadamente apartar de él a tu hijo y enseñarle a servir sólo al dios dinero. ¿No te parece que algún día Dios pronunciará un *benedicite* [47] sobre tu avaricia y tu preocupación por el estómago, de modo que te perderás con tu hijo y todo, tanto aquí como allá? Permíteme, ¿no se asusta tu corazón ante esta horrible abominación de tu idolatría, desprecio de Dios, ingratitud y destrucción de las instituciones y ordenanzas de Dios; en efecto, la ruina y perdición de todos los hombres? Pues bien; creo habértelo dicho y prevenido. Fíjate, se te dice el beneficio y el daño que puedes causar. Haz lo que quieras, y Dios te lo recompensará.

No hablaré aquí del verdadero placer de un hombre por haber estudiado, aunque nunca desempeñe un cargo, pues en su propia casa puede leer por sí mismo toda clase de cosas, hablar y relacionarse con gente erudita, viajar y comerciar en países extranjeros. Este placer quizás sea aliciente para pocos. Pero, ya que procuras tanto el dinero y el sustento, fíjate cuántos y cuán grandes bienes Dios ha puesto a disposición de las escuelas y de los eruditos, de modo que no debes desdeñar el estudio y el conocimiento por causa de la pobreza. Y considera que los emperadores y los reyes necesitan cancilleres y escribientes, consejeros, juristas y personas eruditas. No hay príncipe que no necesite cancilleres, juristas, consejeros, eruditos y escribientes. Lo mismo los condes, señores, ciudades y castillos tienen necesidad de síndicos, secretarios y otras personas doctas. No hay noble que no necesite secretario. Y para hablar también de personas instruidas comunes, están además las empresas mineras, los comerciantes y los mercaderes. Cuenta los reyes, príncipes, condes, señores, ciudades, villas, etc. ¿De dónde se sacarán dentro de tres años personas doctas si ya ahora se insinúa la escasez? Realmente creo que los reyes tendrán que hacerse juristas; los príncipes, cancilleres; los condes y señores, escribientes; los burgomaestres, sacristanes.

Si no se remedia pronto la situación, nos convertiremos en tártaros o turcos, o sucederá otra vez que un preceptor o estudiante indocto [48] sea doctor y consejero en la corte. Por eso sostengo que nunca hubo mejor oportunidad para estudiar que ahora; no sólo porque actualmente se dispone del conocimiento en forma profusa y a precios módicos, sino también por los grandes bienes y honores que han de seguirle. Los que estudian actualmente serán personas muy preciadas,

---

[47] Dará su bendición al fin del oficio divino. Le pondrá fin.
[48] En el original *Locat oder Bachant*. Véase nota 4.

pues dos príncipes y tres ciudades se disputarán un hombre docto. Si miras por encima de ti, y a tu alrededor, advertirás qué incontables funciones esperan a los doctos dentro de los próximos diez años, y que sin embargo hay pocos que se están preparando para ese fin. Y no sólo ha dispuesto Dios tan grandes riquezas para las escuelas y estudiosos, sino que además se trata de una riqueza honorable y divina, pues se obtiene mediante un oficio divino y honorable, por muchas obras espléndidas, buenas y provechosas, que agradan a Dios y constituyen un servicio a él. En cambio, el avaro adquiere su bienes con desprecio —aun cuando no sean obras impías y pecaminosas— y obras odiosas, por las que no puede tener la conciencia tranquila, ni puede decir que sirve a Dios. Por mi parte, preferiría ganar diez ducados en una tarea que sea un servicio a Dios que mil ducados en una tarea que no sea un servicio a Dios, sino que sólo significara lucro y dinero para mí.

Además de bienes honorables también gozan de honores. Los cancilleres, escribientes, juristas y personas que ocupan cargos figuran también en los primeros puestos, ayudan a dirigir y gobernar —como se dijo antes—, y son de hecho señores en la tierra, aunque no lo sean en su persona, por nacimiento y rango. Daniel dice que tuvo que hacer la obra de rey [49], y así es. Un canciller debe realizar tareas o negocios de emperador, rey o príncipe. Un secretario municipal debe llevar a cabo las tareas del concejo y de la ciudad, y todo esto con Dios y con honor. Para ello Dios concede bendición, felicidad y salud. Cuando no están en guerra, sino que gobiernan con el derecho, ¿qué son los propios emperadores, reyes y príncipes, sino meros secretarios o juristas, si hablamos de la tarea que realizan? Pues aplican el derecho, que es tarea de juristas y escribientes. ¿Quién gobierna el país y al pueblo cuando hay paz y no guerra? ¿Acaso los guerreros o los capitanes de campaña? Considero que lo hace la pluma. ¿Qué hace mientras tanto el avaro con su dinero? No alcanza a tales honores, y entre tanto se ensucia con su herrumbrante dinero.

Así exalta el propio emperador Justiniano: *"Oportet majestatem imperatoriam non solum armis decoratam, sed etiam legibus armatam esse, etc."* [50]. "La majestad imperial —dice él— debe estar adornada no sólo con armaduras, sino también protegida o armada con leyes." Fíjate cómo trastrueca este emperador sus palabras de manera extraña: Llama armadura y armas a las leyes; y a las armas las llama su adorno y decoración; pretende constituir a sus secretarios en caballeros y guerreros. Y, en verdad, habla acertadamente. Las leyes son, en

---

[49] Dn. 6:27.
[50] "Constitutio Majestatem Imperatoriam", palabras iniciales del Corpus Juris Civilis de Justiniano, publicado en el año 533.

efecto, la verdadera armadura y armas que preservan y defienden al país y al pueblo, e incluso al imperio y al régimen secular. Como antes expuse sobradamente, la sabiduría es mejor que el poder; y los juristas probos son también los verdaderos caballeros que protegen al emperador y a los príncipes. Se podrían citar al efecto muchas sentencias de poetas e historiadores; pero resultaría demasiado extenso. El propio Salomón destaca en Eclesiastés 9 [51] que un hombre pobre, con su sabiduría, salvó a la ciudad de un rey poderoso.

No es mi propósito terminar con los guerreros, los caballeros y todo lo que se necesita para la lucha; no quiero despreciarlos ni desecharlos. También contribuyen, si son obedientes, a proteger con el puño la paz y todo lo demás. Cada ocupación tiene su honra de Dios, como también su orden y función. Pero también tengo que alabar una vez mi oficio, porque tengo malos vecinos y hay peligro de que lo desprecien. También San Pablo se gloría siempre de su ministerio, a tal punto que algunos creen que se excede y es orgulloso. El que quiera alabar y honrar el puño y a los soldados encontrará suficiente con que alabarlos. Yo también lo he hecho —así espero— adecuada y ampliamente en otro opúsculo [52]. A mí tampoco me gustan los juristas y escribanillos que se alaban tanto que menosprecian y se burlan de otros oficios, como si sólo ellos importaran y nadie en el mundo valiese nada fuera de ellos; como también lo han hecho hasta ahora los tonsurados, junto con todo el papado. Todos los estados y obras de Dios deben ser elogiados cuanto se pueda, sin desdeñar a uno a causa del otro, puesto que está escrito: *Confessio et magnificentia opus eius:* "Lo que Dios hace es bello y excelente" [53]. Además, en el Salmo 104: "Alégrase Dios de sus obras" [54]. En especial, los predicadores deben inculcar tales ideas a la gente; los maestros, a la niñez; los padres, a los hijos desde la niñez, para que aprendan bien qué estado y oficios son de Dios o han sido ordenados por Dios. Y al saberlo, que no desprecien a ninguno, se burlen, ni hablen mal de ninguno, sino que honren a todos y los estimen altamente. Esto agrada a Dios, y contribuye a la paz y unidad. Dios es un gran señor; tiene toda clase de sirvientes.

Hay, sin embargo, también algunos fanfarrones quienes consideran que el nombre "escribiente" apenas es digno de ser pronunciado u oído. Pues bien, no les hagas caso. Piensa que estos buenos muchachos también necesitan su diversión y pasatiempo; deja que sea ésa su diversión. Tú seguirás, no obstante, siendo escribiente ante Dios y el

---

[51] Ec. 9:15.
[52] "¿Es posible ser soldado y cristiano?", Obras de Martín Lutero, Tomo II, Paidós, Buenos Aires, 1974, pág. 163.
[53] Sal. 111:3.
[54] Sal. 104:31.

mundo. Por mucho que fanfarroneen, tú ves no obstante que estiman la pluma en sumo grado, la colocan encima de su sombrero y su yelmo, como si quisiesen reconocer con ese acto que la pluma es lo más alto en el mundo, sin la cual no estarían apercibidos para la lucha ni podrían andar en tiempos de paz y mucho menos fanfarronear con tanta altivez. Pues ellos también se valen de la paz, la cual enseñan y conservan los predicadores y maestros del emperador, los juristas. Como ves, pues, el instrumento de nuestro oficio, la querida pluma, la colocan arriba, como corresponde, mientras que el instrumento de su oficio, la espada, la ciñen a los lomos, donde cuelga apropiadamente y a mano para su tarea; sobre la cabeza quedaría mal; allí debe flotar la pluma. Si han pecado contra ti, pues bien, en esto está su penitencia; y debes perdonarles.

Lo dicho me lleva a la cuestión de que hay muchos de alta alcurnia que aborrecen la escribanía; pues no saben o no se percatan de que es un oficio y obra divina, ni advierten cuán necesario y útil es para el mundo. Si se percatasen —Dios lo quiera— su consentimiento vendría de todos modos demasiado tarde. Por eso, debes hacer lo siguiente: déjalos a éstos, y fíjate en nobles excelentes y piadosos como el finado Conde Georg von Wertheim, el señor Hans von Schwarzenberg y el señor Georg von Frundsberg[55], y otros semejantes, también fallecidos; pues no hablaré de los vivos. Solázate y consuélate en ellos, recordando que, por causa de un solo hombre, Lot, Dios honró a toda la ciudad de Zoar; por causa de un Naamán, a todo el país de Siria; por causa de un José, a todo el reino de Egipto[56]. ¿Por qué no habrías de honrar tú también a toda la nobleza por causa de los muchos nobles honestos, de los cuales sin duda conoces a muchos? Si te fijas en éstos, pensarás que ya no quedan malos. ¿Podría ser acaso que del hermoso árbol de la apreciada nobleza no cayeran también frutos inmaduros, y que algunos estuvieran picados o fueran verrugosos? No por eso el árbol es maldito ni malo. Así sucede con los hijos de Dios. Porque Dios mismo perdona la vida a todo el género humano por causa de un solo hombre, que se llama Jesucristo. Si sólo tuviese que fijarse en los hombres, no habría lugar para otra cosa que ira. Claro que el ministerio de la predicación y la autoridad secular no deben dejar de considerar ni ver lo malo, pues les corresponde castigar a los perversos; aquél, con la palabra; la autoridad, con la espada. Hablo ahora con personas individuales, en cuanto son cristianas, para que aprendan a discernir entre la obra de Dios y la maldad de los hombres. En todos los oficios y estados divinos hay muchas personas malas; sin embargo, el estado sigue siendo bueno, por mucho que la

---

[55] Simpatizantes de la Reforma.
[56] Gn. 19:21; 2 R. 5:1; Gn. 41:47.

gente abuse de él. Hay muchas mujeres malas, muchos sirvientes falsos, sirvientas infieles, y funcionarios y consejeros dañinos. No obstante, a pesar de todo, la condición de mujer, de sirviente, de criado y todos los oficios son institución, obra y ordenanza de Dios. El sol no deja de ser bueno, aunque todo el mundo abuse de él, uno para robar, otro para asesinar, uno para cometer este mal, otro para realizar aquella maldad. ¿Quién podría hacer algo malo si el sol no le alumbrase, si la tierra no le sustentase y lo alimentase, si el aire no lo conservase y Dios mismo no lo cuidase? Sigue siendo verdad que: *"Omnis creatura subjecta est vanitati, sed non volens"*, Romanos 8 [57].

Hay quienes opinan que el oficio de escribiente es sencillo y fácil; pero andar a caballo con armadura puesta, soportar el calor, el frío, el polvo, la sed y otras fatigas les parece un verdadero trabajo. En efecto, se trata de la vieja cantinela de siempre, nadie ve dónde le aprieta el zapato al otro. Cada cual siente solo el infortunio propio, y mira con fruición la fortuna del otro. Es verdad que a mí me resultaría difícil andar a caballo con la armadura puesta. Pero, en cambio, me gustaría ver al jinete que pudiera pasar sentado quieto un día entero mirando un libro, aunque no tuviera que preocuparse de nada, ni imaginar, pensar ni leer nada. Pregúntale a un escribiente de cancillería, a un predicador u orador qué trabajo es escribir y hablar. Pregúntale a un maestro de escuela qué trabajo es educar y enseñar a los niños. La pluma de escribir es liviana, por cierto; y no hay instrumento en ningún oficio más fácil de confeccionar que en el de escribiente. Sólo se necesitan alas de ganso, que se encuentran de balde por todas partes en gran cantidad. Sin embargo, deben intervenir y realizar mayor trabajo la mejor parte del cuerpo humano, que es la cabeza; el miembro más noble, que es la lengua; y la facultad suprema, que es el habla. En otros oficios trabajan solamente o el puño, o los pies, o la espada u otros miembros; y al mismo tiempo pueden cantar alegremente y chancear libremente, cosa que el escribiente, desde luego, no puede hacer. "Tres dedos bastan", se dice de los escribientes; pero colaboran todo el cuerpo y el alma.

He oído decir del benemérito y querido Emperador Maximiliano que, cuando los grandes señores se quejaron porque empleaba demasiados escribientes para embajadas y otros fines, dijo: "¿Qué voy a hacer? Ellos no se prestan para eso; luego tengo que emplear escribientes". Además dijo: "Puedo hacer caballeros, pero no doctores". Así también oí de un buen noble que dijo: "Haré estudiar a mi hijo. No es ninguna arte poner dos piernas sobre un caballo y hacerse jinete;

---

[57] "Todas las criaturas fueron sujetas a vanidad, mas no por propia voluntad" (Ro. 8:20).

eso lo aprenderá pronto". Está muy bien dicho. Pero, reitero que no lo digo en desprecio del rango de caballero, ni de ningún otro estado, sino solamente contra los bravucones inútiles que desprecian todo estudio y conocimiento. No pueden jactarse de otra cosa que de llevar armadura y colgar dos piernas sobre un caballo; si bien tienen que hacerlo pocas veces, y en cambio todo el año gozan ampliamente de comodidad, placer, gozo, honra y riquezas. Es verdad que —como se dice— es fácil cargar ciencia y difícil cargar armadura; pero, por otra parte, se aprende pronto a cargar la armadura, y en cambio no se aprende pronto la ciencia, ni es fácil practicarla ni aplicarla.

Para concluir de una vez con esta charla, sépase que Dios es un Señor extraordinario: Su ocupación consiste en hacer señores de mendigos, así como crea todas las cosas de la nada. Nadie podrá estorbarlo o impedirle esta ocupación. Hace cantar majestuosamente de él en todo el mundo, según el Salmo 112: "¿Quién como el Señor que se sienta en las alturas, y que mira a lo profundo? Levanta del polvo al insignificante, y al pobre lo alza del estiércol, para hacerlo sentar con los príncipes de su pueblo" [58]. Fíjate en las cortes de todos los reyes y príncipes, en las ciudades y parroquias. ¿Acaso no rige este salmo con muchos ejemplos irrefutables? Hallarás juristas, doctores, consejeros, escribientes, predicadores, que por regla general eran pobres y de seguro todos fueron estudiantes, que por la pluma se han encumbrado y levantado vuelo a tal punto que son señores, como dice este salmo, y que —como los príncipes— contribuyen a gobernar a los países y pueblos. Dios no quiere que los que son por nacimiento reyes, príncipes, señores y nobles gobiernen solos y sean amos, quiere que participen también sus mendigos. De no ser así, pensarían que solamente el nacimiento noble hace señores y gobernantes, y no sólo Dios.

Se dice y es cierto que el papa también fue estudiante. Por eso, no desprecies a los muchachos que delante de tu puerta dicen *Panem propter Deum* [59], y cantan coplas por pan; como dice este salmo, oyes cantar a grandes príncipes y señores. Yo también fui un estudiante pordiosero [60] así, y pedía pan en las puertas de las casas, sobre todo en Eisenach, mi querida ciudad; si bien más tarde mi amado padre me mantuvo con todo amor y fidelidad en la universidad de Erfurt y con el sudor de su frente y su trabajo contribuyó para que llegara a ser lo que soy [61]. No obstante, fui alumno mendicante y, según este salmo, logré mediante la pluma llegar tan lejos que ahora no quisiera

[58] Sal. 113:5-8.
[59] "¡Pan, por Dios!"
[60] *Partekenhengst*, término que deriva del griego *paratheke*, que significa lo ofrecido.
[61] Palabras que figuran en el epitafio de agradecimiento a su padre.

estar en el lugar del emperador turco ni tener toda su fortuna con prescindencia de mi conocimiento. En efecto, no aceptaría cambiarlo por los bienes del mundo muchas veces multiplicados. Sin duda, no habría llegado a este punto si no hubiera asistido a la escuela y entrado en el oficio de escribir.

Por consiguiente, haz estudiar a tu hijo con toda confianza. Aunque mientras tanto tenga que mendigar el pan, ofreces a Dios nuestro Señor un buen trozo de madera del cual él puede tallar un señor. Al fin será un hecho que tu hijo y el mío —es decir, hijos de la gente del pueblo— han de gobernar el mundo, tanto en el ámbito espiritual como en el secular, como afirma este salmo. Porque los ricos verrugos no pueden ni quieren hacerlo. Son cartujos y monjes del dios dinero, al cual deben rendir culto día y noche. Los que son príncipes y señores por nacimiento no pueden hacerlo solos; y particularmente no pueden entender nada del ministerio espiritual. Así pues, ambos regímenes sobre la tierra quedarán a cargo de la gente pobre, la clase media y común, y de sus hijos.

No te preocupes de que el verrugo común desdeñe con tanta sorna el conocimiento, diciendo: "Ah, si mi hijo sabe leer y escribir alemán, y sacar cuentas, sabe suficiente; lo dedicaré al comercio". Pronto se amansarán tanto que gustosamente cavarán con los dedos diez varas para sacar de la tierra a un hombre estudiado. El comerciante no seguirá siendo comerciante por mucho tiempo si desaparecen la predicación y el derecho; eso lo tengo por seguro. Nosotros, los teólogos y juristas, seguiremos subsistiendo o irán todos a la ruina con nosotros: no fallará. Si desaparecen los teólogos, desaparece la palabra de Dios y no queda otra cosa que paganos, en efecto, nada más que diablos. Si desaparecen los juristas, desaparece el derecho, junto con la paz, y no queda otra cosa que robo, homicidio, crimen y violencia; en efecto, nada más que animales salvajes. Lo que gane y adquiera el comerciante si desaparece la paz se lo dirá su libro contable; y qué beneficio le reportará toda su fortuna si se pierde la predicación, se lo mostrará claramente su conciencia.

Es particularmente enojoso que estas palabras groseras e indignas de un cristiano sean pronunciadas por quienes pretenden ser muy evangélicos; saben censurar y dominar a todo el mundo con la Escritura, pero no le conceden a Dios mismo ni a sus propios hijos el honor y la fortuna de mandar a éstos a la escuela, para que puedan acceder a estos magníficos cargos divinos y servir así a Dios y al mundo, si bien está a la vista que son cargos instituidos, disponibles, y bien provistos de fortuna y honores. Pero ellos apartan a sus hijos, y los instan al culto del dinero, en que no tienen perspectivas seguras, y además corren el riesgo de perder la vida, los bienes y el alma, y que, amén de eso, no es ni puede ser un servicio a Dios.

También debería mencionar aquí cuántos hombres doctos se necesitan en la medicina y otras artes, sobre lo cual se podría escribir un voluminoso libro y predicar medio año. ¿De dónde se sacarían predicadores, juristas y médicos, si no existiesen la gramática y otras ciencias de la oratoria? Todos deben fluir de esta fuente. Pero este asunto sería muy extenso y complicado. Pero, en síntesis, digo que a un preceptor o maestro diligente y piadoso —o quien sea que eduque y enseñe fielmente a los niños— nunca se le puede retribuir suficientemente ni remunerar con dinero, como también dice el pagano Aristóteles. Sin embargo, entre nosotros esta tarea se menosprecia ignominiosamente como si no fuera nada; pero pretenden ser cristianos. Por mi parte, si pudiera o tuviera que dejar el ministerio de la predicación y otras cosas, antes que cualquier otro oficio preferiría ser maestro o educador de niños, pues sé que, aparte del ministerio de la predicación, esta ocupación es la más útil, la más importante y la mejor; y además, no estoy seguro cuál de las dos es la mejor. Porque es difícil adiestrar perros viejos y amansar viejos bellacos, que es a lo que se dedica el ministerio de la predicación, muy a menudo en vano. En cambio, es más fácil doblar y enderezar los árboles recién plantados, aun cuando algunos se rompan. Amigo mío, admite que una de las virtudes más excelentes sobre la tierra es la de educar fielmente a los hijos ajenos, cosa que muy pocos, casi nadie, hace con los propios.

Salta a la vista que los médicos son señores, y la experiencia nos enseña que no se puede prescindir de ellos. Que se trata de un oficio provechoso, favorable y saludable para el mundo, además de un grato servicio de Dios, creado e instituido por Dios, todo esto no sólo lo demuestra la función en sí, sino que lo atestigua también la Escritura en Eclesiástico 38 [62] que dedica casi todo un capítulo a glorificar a los médicos. Dice: "Honrarás al médico porque no se puede prescindir de él; y Dios es quien lo ha instituido, pues toda medicina proviene de Dios. El arte del médico lo eleva al honor, y será considerado digno por los grandes señores. Dios ha creado de la tierra los medios medicinales, y no hay hombre sensato que los desprecie. Pues así como en los tiempos de Moisés el agua amarga fue endulzada con madera [63], así también en esto ha querido comunicar a los hombres lo que la medicina es capaz de hacer, y por esa razón también ha otorgado a los hombres este conocimiento, a fin de que sus maravillas sean alabadas. Porque con estos medios el médico puede mitigar toda clase de dolores y preparar muchos compuestos dulces y suaves, y hacer ungüentos, con los cuales se curan los enfermos; y estas obras suyas son incontables, etc." Pues bien; esto se está haciendo demasiado exten-

---

[62] Eclesiástico 38:1-7. Lutero traduce muy libremente este pasaje.
[63] Véase Ex. 15:25.

so. Los predicadores pueden exponer con mayor profusión estas cosas e inculcar a la gente los perjuicios y beneficios que pueden reportar al mundo y a nuestros descendientes, mejor de lo que yo puedo escribirlo.

Dejaré aquí el asunto, en la esperanza de haber exhortado y rogado fielmente a todo aquel que pueda contribuir a esta causa. Sólo piensa por ti mismo cuántos bienes te ha dado Dios de balde, y que sigue dándotelos diariamente, como cuerpo y alma, casa, campo, mujer e hijo, además de paz secular, el servicio y uso de todo lo creado en el cielo y en la tierra; y por encima de todo, también el evangelio y el ministerio de la predicación, el bautismo, el sacramento y todo el tesoro de su Hijo y de su Espíritu, no sólo sin tu merecimiento, sino también sin costo ni esfuerzo de tu parte. Pues ahora no tienes que mantener escuelas ni parroquias, como sería tu obligación según el evangelio [64]. ¿Serás un pícaro tan malvado e ingrato que no quieras ofrecer un hijo para que se eduque a fin de conservar esos dones de Dios? ¿Querrás tener todo totalmente de balde sin mostrar un poquito de gratitud? ¿Dejarás perecer el reino de Dios y la salud de las almas, contribuyendo a derribarlos?

¿No debiera airarse Dios por todo esto? ¿No debieran venir tiempos de carestía? ¿No debieran alcanzarnos la peste, la fiebre [65], el morbo gálico y otras plagas? ¿No debieran gobernarnos personas obcecadas, tiranos salvajes y crueles? ¿No debieran suscitarse guerras y contiendas? ¿No debiera surgir un régimen malvado en Alemania? ¿No debieran saquearnos los turcos y tártaros? En efecto, no sería de extrañar que Dios abriese las puertas y ventanas del infierno, e hiciese nevar y granizar sobre nosotros puros diablos, o hiciera llover del cielo azufre y fuego infernal y nos hundiera a todos en el abismo del infierno, como sucedió con Sodoma y Gomorra. Pues si Sodoma y Gomorra hubiesen tenido u oído y visto tanto como nosotros, todavía existirían hoy día; porque no fueron ni la décima parte tan malos como lo es hoy Alemania, por cuanto no disponían de la palabra de Dios ni del ministerio de la predicación, mientras que nosotros gozamos gratuitamente de ambos y procedemos como si deseáramos que se pierdan Dios y su palabra, como también toda disciplina y honor. Por cierto, los fanáticos ya han comenzado a suprimir la palabra de Dios. También la nobleza y los ricos la han atacado para derribar el orden y el honor, de modo que lleguemos a ser la clase de gente que merecemos ser.

¿A quién le debemos, si no a la sangre y al sudor de nuestro Señor, que tengamos evangelio y ministerio de la predicación? Pues

---

[64] Véase Mt. 10:10.
[65] *Schweiss*, sudor, probablemente una enfermedad proveniente de Inglaterra.

él los ha adquirido con su angustioso y cruento sudor, los ha ganado y nos los ha donado por su sangre y cruz; los tenemos de balde, y no hemos hecho ni dado nada a cambio. ¡Oh, Señor Dios! ¡Cuán profundamente amargo y penoso le resultó! Y sin embargo, ¡cuán cariñosa y gustosamente lo hizo! ¡Cuánto sufrieron los amados apóstoles y todos los santos para que llegara hasta nosotros! ¡Cuántos han sido muertos en nuestro tiempo por ese motivo! Y, para gloriarme yo también, muchas veces tuve que sufrir angustias de muerte por esa causa, siendo también para mí profundamente penoso, como todavía lo es, para poder servir de este modo a los alemanes. Pero todo esto no es nada en comparación con lo que ha hecho Cristo, Hijo de Dios, nuestro querido corazón. Y sin embargo no ha conseguido entre nosotros otra cosa que ese precioso ministerio, que él ha obtenido a tan alto precio, sea perseguido, calumniado y maldecido hasta el infierno por algunos; mientras que otros encogen la mano, no sostienen a pastores ni predicadores, ni contribuyen a su manutención; además, apartan a sus hijos del ministerio, de modo que pronto quede desolado, y la sangre y suplicio de Cristo sean en vano. Y, sin embargo, se sienten muy seguros, no tienen escrúpulos de conciencia, ni sienten contrición y pesadumbre por esa ingratitud infernal, y más que infernal, ese pecado y blasfemia inefables. No muestran temor ni intranquilidad por la ira de Dios, ni cariño o amor hacia el querido Salvador por su amargo y penoso suplicio. Sin embargo, pese a esas terribles abominaciones, pretenden ser evangélicos y cristianos.

Si las cosas siguen así en Alemania, lamento haber nacido alemán, y haber hablado y escrito en este idioma; y si pudiera hacerlo con buena conciencia, ayudaría y asistiría para que volviese sobre nosotros el papa con todas sus abominaciones, para que nos oprima, nos ultraje y nos arruine más que nunca antes. En otros tiempos, cuando se servía al diablo y se ultrajaba la sangre de Cristo, todas las bolsas estaban abiertas, y se daba sin medida para iglesias, escuelas y toda clase de abominaciones; entonces sí se podía arrojar, empujar, y meter a los niños en los monasterios, fundaciones, iglesias y escuelas con ingentes gastos, y todo se perdía. Pero ahora que se trata de fundar verdaderas escuelas e iglesias —más bien, no fundar, sino sólo mantener el edificio, pues Dios las ha fundado y nos ha dado lo necesario para mantenerlas—, ahora que sabemos lo que es la palabra de Dios, y que edificar la verdadera iglesia significa honrar la sangre y martirio de Cristo, ahora (—digo—) las bolsas están cerradas con cadenas de hierro; nadie puede contribuir. Y, además, apartan a los hijos y no permiten que sean alimentados por la iglesia —a la cual no contribuimos nada— y que accedan a esos saludables oficios, en los cuales, sin su aporte, tienen el porvenir asegurado aun en lo temporal, para servir a Dios, honrar y preservar la sangre y martirio de Cristo. Prefieren, en cambio, arrojarlos a las fauces de Mamón [66], en tanto que pisotean la sangre de Cristo. Pero pretenden ser buenos cristianos.

Ruego a Dios que me conceda la hora benigna [67] y me saque de aquí, no permitiendo que vea la miseria que habrá de caer sobre Alemania. Pues creo que si hubiera diez Moisés [68] que orasen por nosotros, no lograrían nada. Yo también siento que, cuando quiero orar por mi querida Alemania, mi oración rebota, y no quiere elevarse, como sucede cuando suplico por otras cosas. Pues ocurrirá que Dios salvará a Lot y hundirá a Sodoma. Quiera Dios que yo esté mintiendo y que en esto sea un falso profeta. Eso sucedería si nos enmendásemos y honrásemos, de otra manera que hasta ahora, la palabra de nuestro Señor y su preciosa sangre y muerte, y apoyásemos y educásemos a la juventud para los oficios de Dios, como se ha dicho.

Considero que es un deber de la autoridad obligar a los súbditos que manden a sus hijos a la escuela, particularmente de los que hablé antes. Pues la autoridad realmente tiene el deber de preservar los oficios y estados antes mencionados, para que siga habiendo predicadores, juristas, pastores, escribanos, médicos, maestros y demás, pues no se puede prescindir de ellos. Si pueden obligar a los súbditos aptos a llevar alabardas y arcabuces, trepar los muros y hacer otras cosas cuando hay guerra, con más razón pueden y deben obligar a los súbditos a que manden a sus hijos a la escuela. Porque aquí se trata de una guerra peor contra el maldito diablo, el cual trata de succionar solapadamente las ciudades y principados, vaciándolos de personas capacitadas, hasta extraer el carozo, dejando una cáscara vacía de personas inútiles, a las cuales pueda manejar y embaucar a su antojo. Esto equivale ciertamente a rendir por el hambre a una ciudad o país, que se destruye a sí mismo sin lucha, antes de que nadie se dé cuenta. El turco procede de modo diferente; toma cada tercer hijo en todo su imperio y lo educa para lo que quiere. Con más razón, nuestros señores debieran escoger algunos niños para mandarlos a la escuela, pues con eso no se despoja a los padres de su hijo, sino que se lo educa para su bien y para beneficio de la comunidad, en un oficio en el que tendrá lo suficiente.

Por consiguiente, vigile quien pueda vigilar: La autoridad, cuando vea un muchacho apto, procure que se lo mande a la escuela. Si el padre es pobre, ayúdeselo con bienes de la iglesia. Los ricos debieran contribuir a esta causa en sus testamentos, como lo han hecho quienes instituyeron becas; eso sería consagrar dignamente tu dinero a la iglesia. No se trata de sacar las almas de los difuntos del purgatorio, sino que, mediante la manutención de oficios divinos, contribuyes a que, tanto los que viven actualmente como los que han de nacer en

---

[66] El dios dinero.
[67] La hora de la muerte.
[68] Véase Ex. 17:11.

lo futuro, no vayan al purgatorio, más aún, que sean librados del infierno y suban al cielo; y que los vivos gocen de paz y bienestar. Eso sería un testamento loable y cristiano, que agradaría y complacería a Dios, quien te daría en cambio bendición y honra, de modo que tendrías gozo y placer en él.

Pues bien, queridos alemanes, os he dicho suficiente. Habéis oído a vuestro profeta. Quiera Dios que obedezcamos su palabra, para alabanza y agradecimiento a nuestro querido Señor, por la preciosa sangre derramada tan generosamente por nosotros. Dios nos proteja de la horrible maldad de ser desagradecidos y olvidarnos de sus beneficios. Amén.

II

LUTERO Y LA IGLESIA

ESTUDIO PRELIMINAR

I

¿LUTERO REVOLUCIONARIO?

¿Fue Lutero un revolucionario? Es inevitable plantear esta cuestión en la actualidad. Se trata de una pregunta que surge necesariamente en un contexto en el que aumenta diariamente la tendencia revolucionaria. Es, sin duda, el contexto histórico en que se encuentra el mundo entero en la actualidad.

Nos ha parecido oportuno tomar como punto de partida esta cuestión fundamental de nuestra época. Algunos quizás objeten este método. Antes de analizar los innumerables detalles que conformaron los tres escritos de Lutero que pretendemos presentar con este estudio, es preciso ubicar a Lutero en relación al problema más urgente de nuestra época. Sin una orientación general de esta índole, corremos el riesgo de perdernos muy pronto en una multitud de detalles históricos, sin advertir la contribución de Lutero con respecto a una de las cuestiones de más candente actualidad en nuestra época y en nuestras vidas. En realidad, los tres escritos que se presentan a continuación nos exigen una perspectiva global. Cada uno de ellos trata del papel de la iglesia en el mundo. Abarcan el lapso que va desde 1523 hasta 1539, comprendiendo la mayor parte de la obra y vida del Reformador, y nos ofrecen por consiguiente una base suficientemente amplia para advertir de qué manera este solo hombre pensó y actuó en el período de cambio más radical en los sistemas de valores existentes.

¿Fue Lutero un revolucionario? Se trata de una cuestión que aflora fácilmente a nuestros labios. Casi parece demasiado voluble para ser formulada. Y sin embargo, por curioso que parezca, se trata de una pregunta que no permite un simple "sí" o "no". El contexto histórico en que vivió Lutero se caracterizó por una profunda crisis muy similar a la que asistimos en la actualidad. No hay duda de ello. Pero

¿qué significa eso en cuanto a Lutero? ¿Lo convirtió acaso en un revolucionario? ¿O decidió él, por propia iniciativa, emprender una revolución, modificando las cosas? ¿Fueron circunstancias de su tiempo o la fuerza de su propia personalidad lo que lo fortaleció hasta el punto de arriesgar la ruptura de un sistema establecido con todos sus valores inherentes e incluso arriesgar una ruptura en la comunidad eclesiástica? Son éstos algunos de los problemas con que el lector reflexivo tendrá que esforzarse al tratar de captar la verdad última de la reforma del siglo XVI.

Desde luego, gran parte de la respuesta dependerá de las premisas personales con que partimos en la actualidad. Pero hay algunas pautas objetivas que podrán resultar provechosas. Ante todo, debemos recordar que el concepto de revolución, según la experimentamos actualmente, era desconocido para Lutero. También lo era para sus contemporáneos. Ni siquiera se empleaba la palabra "revolución" en aquellos días como término técnico para indicar un cambio radical y completo de las estructuras en el mundo. En realidad, la palabra "revolución" aparece como término técnico solo tres años antes de la muerte de Lutero, y aun entonces significaba algo muy diferente de lo que se entiende generalmente en la actualidad. En 1543, el término fue usado por Copérnico en su obra acerca del sistema planetario "De revolutionibus orbium coelestium": De las revoluciones de los ciclos celestes. Sin duda, la labor de Copérnico fue en sí altamente revolucionaria. Según sabemos ahora, produjo un cambio total en la visión existente del mundo. Pero ni siquiera este científico radical del siglo dieciséis hizo referencia explícita a las drásticas convulsiones sociales y políticas que imaginamos cuando hoy se habla de revolución. Se trata de nuevos significados que se adhieren al término en una etapa posterior, especialmente durante el siglo XVIII.

Por consiguiente, al lector de las obras de Lutero le queda la pregunta: ¿En qué frecuencia quiere "sintonizar"? ¿en la frecuencia del siglo XVI, cuando la gente no se ocupaba en la idea de una revolución política, y en cambio estaba abocada a la reforma de la iglesia, así como lo intentó Martín Lutero, o con una revolución del sistema planetario, según lo describe Copérnico? ¿O sintonizará en la frecuencia del siglo XVIII, cuando la gente asumió seriamente la tarea de derribar las monarquías establecidas, como lo hicieron las revoluciones francesa y norteamericana? ¿O sintonizará en la frecuencia de nuestro siglo, cuando la gente se encuentra en una lucha desesperada por encontrar nuevas formas de gobierno que contemplen una distribución más equitativa de las riquezas entre todos los seres humanos del mundo entero, un nuevo equilibrio en el poder económico que reemplace el dominio vigente de unos pocos ricos sobre el creciente número de pobres?

Lamentablemente, siempre habrá a quienes les bastará con enterarse de que el Reformador de la iglesia, Martín Lutero, murió en su propio lecho en 1546, para calificarlo como un hombre irremisiblemente atrapado por el "status quo". Su héroe indiscutido será Tomás Münzer, uno de los primeros admiradores de Lutero, quien fue decapitado en 1525 por su violenta defensa de las reivindicaciones políticas del campesinado alemán.

Aparentemente, existen dos actitudes personales diferentes con respecto a la revolución. La primera es una fuerte reacción emocional que se niega a aceptar la realidad, tanto del pasado como del presente. Esta se lanza al futuro como lo totalmente nuevo, con la subyacente suposición de que lo totalmente desconocido tiene que ser bueno por definición o al menos mejor que el pasado y el presente que se conocen. La esperanza, en este caso, es asir en algún lugar lo totalmente nuevo: una salvación que aún no se percibe o comprende claramente. Tal no es el caso de Martín Lutero.

La segunda actitud no es menos un rechazo del presente "status quo". Pero el futuro que se proyecta está vinculado con un pasado definido. Si bien impulsa hacia un nuevo futuro, el pasado no es condenable en su totalidad. Es aquí donde Lutero encaja en el cuadro. Si bien rompe con un sistema eclesiástico establecido, trata de recuperar la fuerza viva que la tradición del pasado tuvo alguna vez y que ahora ha perdido.

En ninguna parte se observa esto con más claridad que en los tres escritos que aparecen a continuación en este volumen. En el primero, *Derechos de una Comunidad Cristiana*, Lutero desarrolla su estrategia destinada a la creación de una estructura de iglesias que sean verdaderas "comunidades de base", comunidades de creyentes, libres e independientes. En el segundo, *Administración de una Caja Comunitaria*, se organiza un fondo comunitario mediante el reencauzamiento de recursos financieros de la iglesia y su distribución. En un plano actual, se trata de una nueva proyección de la responsabilidad de la iglesia para con las necesidades concretas que existen en la comunidad secular más amplia. En el tercer tratado, *Los Concilios y la Iglesia*, Lutero nos presenta el plan completo de reforma de toda la comunidad cristiana por medio de asambleas verdaderamente libres y abiertas. Nos ofrece, no solo un plan técnico de organización, sino también el temario básico que es preciso discutir.

Cualquiera que sea el tema en particular, en todos los casos el Reformador hace uso pleno y creativo del pasado. Los tiempos pasados y sus experiencias personales y colectivas no están muertos para él. Viven en él en un sentido muy vital. Está muy viva en él la experiencia de genuina hermandad en una comunidad monástica, de servicio efectivo a las necesidades concretas de los semejantes en la vasta comunidad de la creación divina, y de una profunda preocupación por todo el cuerpo de Cristo, representado por todos los creyentes del mundo. Por eso es capaz de no rechazar el pasado en su totalidad, sino de reinterpretarlo de una manera nueva y revolucionaria. Al lanzarse a un futuro desconocido, se siente respaldado por los elementos genuinamente vitales de su propia tradición. Aquí tal vez encontremos la clave para la pregunta de por qué su reforma tuvo éxito en tanto que muchos otros fracasaron.

Es prácticamente indiscutible que Lutero se convirtió en un catalista en el proceso histórico que aún estamos viviendo hoy. Para bien o para mal, él dio forma a buena parte de la historia que es la nuestra. No lo hizo con la intención de dominar o manipular el proceso histórico. Al fin tenemos que reconocer que este reformador del siglo XVI no fue un semi-demonio, ni tampoco un semidiós. También él fue tan solo un simple ser humano. Poco a poco se vio arrastrado por un proceso histórico más amplio. A veces lo consintió; en otras ocasiones lo vemos oponiéndose. Pero una y otra vez el proceso histórico pasa sobre él con la fuerza de una ola arrolladora. Una vez que reconoce la inevitabilidad de este poderoso movimiento, Lutero no titubea en tomar rápidamente el siguiente paso necesario con un claro sentido de dirección y propósito. No duda en integrarse totalmente al proceso histórico en el cual le tocó vivir. ¿Lo convierte esto en un revolucionario o no?

II

HECHOS HISTÓRICOS IMPORTANTES

Los tres escritos que aparecen a continuación abarcan el período más productivo de Lutero, extendiéndose de 1523 a 1539. Como podrá advertir muy pronto el lector que los estudie, también muestran los cambios personales que se producen en la vida de un hombre. Los primeros dos tratados se corresponden, y se deben leer como las dos caras inseparables de la misma moneda. "Derechos de una Comunidad Cristiana" y "Administración de una Caja Comunitaria" se originan en el mismo año de 1523 y bajo las mismas necesidades locales concretas de una iglesia parroquial en Leisnig, que Lutero consideraba un proyecto piloto. El tercer tratado, "Los Concilios y la Iglesia", fue escrito en los últimos años del Reformador, en 1539, casi siete años antes de su muerte.

Hay un notable cambio en el lenguaje y en el tono general. En los dos escritos de 1523 nos encontramos con un hombre relativamente joven, de unos cuarenta años. Ciertamente no se trata de un romántico soñador. Si alguna vez lo fue, ya no tenía tal actitud. Había sorteado ya algunos conflictos extremadamente ásperos con la estructura de poder existente. Pero habla con optimismo y con cierta energía de una juvenil vitalidad. No solo está convencido de que todo el conjunto de la iglesia puede ser reformado; obviamente, también tiene la esperanza de que se pueda lograr a corto plazo.

En el extenso tratado de 1539, "Los Concilios y la Iglesia", vemos a un hombre hacia el final de una lucha que abarcó toda su vida. Dolencias físicas le habían afectado durante los últimos años. La defensa de su causa se había prolongado mucho más de lo previsto originalmente. Se había visto forzado a abandonar la esperanza de ver en vida una reforma completa de toda la iglesia. Y sin embargo no es un espíritu pesimista el que nos habla en Lutero. Su sentido de propósito no se ha debilitado. A lo sumo, se expresa con una determinación más inflexible y robusta. Como dice Charles M. Jacobs: "El reformador decepcionado no es el reformador desanimado. Su ánimo es tan elevado y su posición tan inflexible como en los días en que abrigaba la esperanza de que la iglesia romana podía ser reformada" [1]. Con todo, su lenguaje se ha vuelto más rudo, más violento, y a veces realmente ofensivo.

Esperamos que la rudeza del "Lutero viejo" no impedirá que el lector descubra la genuina fuerza que emana de su obra más tardía. Es el mismo Martín Lutero quien nos habla en 1523 y en 1539. La obra posterior reviste especial importancia para nosotros en la actualidad. Revela que Lutero tiene plena conciencia del proceso histórico que está viviendo. Al hacer uso extenso de los Padres de la iglesia y de los concilios de la iglesia primitiva, demuestra que las fuentes más profundas de la lucha en que está empeñado no residen en ciertas nociones personales arbitrarias, sino en un seguro análisis de las fuerzas históricas del momento dado.

A fin de apreciar en toda su amplitud la lucha de Lutero, es preciso recordar que en 1522 tuvo que partir de punto cero, tanto en lo relativo al futuro de su propia vida personal como en la orientación de su obra. En el año anterior se había producido una ruptura radical. Se habían cortado todos sus vínculos con la sociedad existente. En 1521 se había convertido en un proscrito social al ser despojado de sus derechos de ciudadano del imperio, y, casi simultáneamente, excomulgado de la iglesia que lo había bautizado y le había proporcionado su educación

---

[1] "Works of Martin Luther" (Philadelphia Edition) ("Obras de Martín Lutero" - Edición de Filadelfia), Vol. 5, Muhlenberg Press, Filadelfia, 1931, pág. 129.

religiosa. Expulsado por la comunidad de hombres de quienes había recibido el sistema básico de sus valores y creencias, y declarado fuera de la ley por la nación en la cual había nacido, ¿cuál era su lugar ahora? Esta ruptura radical había sido precedida por cuatro años de intensa lucha con las estructuras de poder del mundo de entonces. Después de la publicación de sus polémicas 95 tesis en 1517, había luchado por convencer a las autoridades eclesiásticas y estatales sobre la legitimidad de sus reclamos. Pero sus empeños no tuvieron otro resultado que su marginación como ciudadano y miembro de la iglesia. Los siguientes diez meses los pasó "de incógnito" disfrazado de "Caballero Jorge" en el castillo de Wartburgo del Elector Federico, desde el 4 de mayo de 1521 hasta el 3 de marzo de 1522.

Luego volvió a la vida pública. El 9 de marzo de 1522 ocupó de nuevo el púlpito en Wittenberg, a fin de iniciar la época de Cuaresma de ese año predicando el sermón del domingo de Invocavit. ¿Pero con qué apoyo podía contar al arriesgarse de este modo? Tenía, por cierto, amigos personales y admiradores. Pero su número era incierto y su fuerza desorganizada. El grado de compromiso personal de aquéllos no se podía determinar. Así, pues, no sorprende ver a Lutero tratando de organizar sus fuerzas en 1522, ante todo en Wittenberg. En lugar de atraer masas espectaculares con innovaciones radicales, como las que había efectuado su amigo Karlstadt durante su ausencia. Lutero concentró sus reformas en el centro de la vida religiosa de esta ciudad. Se trataba de la prestigiosa Iglesia de Todos los Santos, también llamada Iglesia del Castillo, porque su patrono era el propio Elector Federico de Sajonia. En esto Lutero no hizo más que seguir el consejo que él mismo había dado años antes a sus estudiantes, "que los predicadores del evangelio ante todo deben censurar a los dirigentes destacados entre los dirigentes"[2]. Trató de aplicar esto en dos aspectos principales: Primero, abolir la profusa colección de reliquias religiosas que el Elector Federico había reunido tan cuidadosamente en la iglesia de su patronato; y, segundo, poner fin a las bien remuneradas misas privadas por parte de sacerdotes célibes que seguían celebrando el diario sacrificio de Cristo, a fin de satisfacer los paladares sedientos de sangre de sus opulentos clientes. Pero el propio Elector Federico, que había ofrecido tan generosa ayuda al proteger a Lutero de todo daño violento, ocultándolo en el castillo de Wartburgo durante diez meses, de pronto se volvió rígidamente inexorable contra cualquier reforma de sus propios placeres religiosos. Ciertamente no estaba preparado para desmantelar una colección de reliquias que le había costado mucho adquirir. Tampoco estaba listo para abandonar aquellas misas privadas en las cuales podía estar seguro de que Cristo era sacrificado una y otra vez para la salvación

[2] WA 56, pág. 175.

de su propia alma, porque para eso pagaba. Esta lucha personal entre
Lutero y Federico de Sajonia se resolvió parcialmente en noviembre
de 1524, cuando el populacho de Wittenberg se sintió impulsado por
un inflamatorio sermón de Lutero a expulsar a los sacerdotes de las
misas sacrificiales de la ciudad, asaltando su residencia y rompiendo
los ventanales [3]. Éste fue el fin del sacrificio de la misa en Wittenberg.
Después de ese hecho violento, el elector cedió en este asunto. La
tensión entre el Reformador y el príncipe terminó finalmente el 5 de
mayo de 1525, cuando el elector Federico murió, tras rehusar el rito
romano de la extremaunción y habiendo recibido el sacramento evangélico de la santa comunión bajo ambas especies.

Mientras la estrategia del Reformador se encontraba en un estan-
camiento temporario en Wittenberg, Lutero dirigió su mirada en 1522
a otra localidad. Se trataba de la comunidad de Leisnig, pequeña aldea
de Sajonia sobre el río Mulde. Es aquí donde entran en escena los
dos primeros escritos que siguen, a saber, "Derechos de una comunidad
Cristiana" y "Administración de una Caja Comunitaria". Son respues-
tas de Lutero a cuestiones específicas surgidas en esta comunidad con
respecto a su estructura directiva y su base de operación financiera.

Desde fines del siglo XII, Leisnig había estado bajo la jurisdicción
eclesiástica ejercida por el abad del monasterio cisterciense de Buch,
situado aproximadamente a una hora de caminata de la aldea. Pero
luego cayó bajo la influencia del movimiento evangélico. Tras repetidas súplicas, Lutero visitó la parroquia el 25 de setiembre de 1522
y dialogó con algunos de sus miembros, a consecuencia de lo cual una
asamblea general de la parroquia en ese mismo año destituyó al sacerdote titular y llamó a dos ministros evangélicos para que fuesen sus
"pastores rectos, verdaderos y fieles, mediante la administración de
los sacramentos cristianos y la proclamación de la palabra de Dios" [4].
Si bien fue un paso decisivo el que había tomado esta comunidad,
quedaron no obstante muchas cuestiones en suspenso. Muchos se sen-
tían aún inseguros y se preguntaban si una comunidad local podía
realmente tener tanto poder. Otra amplia gama de problemas se plan-
teaba por la necesidad de organizar una nueva estructura destinada
a administrar los recursos financieros de la comunidad, que hasta
entonces habían estado bajo la supervisión del abate del monasterio.

A estas inquietudes responden los dos escritos de 1523. De alguna
manera podría decirse que son el resultado de un genuino trabajo de
equipo. En tanto que Lutero elaboró los fundamentos bíblicos para
el reclamo de "Que una congregación o comunidad cristiana tiene
el derecho y la potestad de juzgar toda doctrina y de llamar, instalar

[3] Roland Bainton: "Studies on the Reformation" ("Estudios sobre la Reforma"),
Beacon Press, Boston, 1963, págs. 32 y sig.
[4] WA 12, pág. 4.

y destituir predicadores", la parroquia de Leisnig redactó una constitución que regulaba la delegación de responsabilidades y la distribución y uso de los medios financieros en esta comunidad, a la que denominó "Caja comunitaria". El texto básico de esta constitución, que aparece en este volumen, no fue escrito por Lutero mismo, sino por un grupo de representantes de la parroquia de Leisnig. El 25 de enero de 1523, este reglamento de una caja comunitaria, unánimemente aprobado, fue presentado al Reformador para su aprobación. Lutero escribió un prefacio propio, y lo hizo publicar por su impresor. Se presume que los dos tratados completos acerca del derecho y potestad de una congregación cristiana y acerca de la caja comunitaria salieron de imprenta entre Pascua y Pentecostés, de 1523 [5].

La experiencia de Leisnig fue significativa para el curso de la reforma. Ayudó a crear una nueva conciencia del poder real que pertenece legítimamente a la comunidad local de creyentes. En muchos aspectos es una prefiguración de las "comunidades de base" que van apareciendo en nuestros días. En el siglo XVI su éxito fue, sin embargo, limitado. La nueva estructura para la comunidad religiosa de Leisnig tropezó con una inmediata oposición. El concejo municipal de la localidad no estaba en disposición de tolerar a un grupo de creyentes autónomo dentro de los límites de su municipio. Los magistrados no estaban preparados para enfrentar la competencia de un concejo eclesiástico local libre, que algún día podría llegar a desafiar sus propios reglamentos y decisiones. Sobre todo, los dirigentes del municipio no estaban dispuestos a aceptar que las posesiones y rentas de la iglesia fueran administradas por otros que no fueran ellos mismos. Después de todo, ¿no necesitaban ellos las contribuciones de los fieles para fortificar los muros de la ciudad y las torres de defensa, como también para acumular una adecuada cantidad de armas de fuego, que comenzaban a usarse?

Sobrevino una larga batalla legal. Lutero se enfureció por este despojo de la comunidad religiosa por parte de magistrados sedientos de poder. Repetidas veces apeló al elector en persona; pues para entonces el litigio había llegado a las cortes electorales de justicia. Pero Federico el Sabio demostró ser intransigente. Las protestas del abate cistirciense, que veía su monasterio copado por la ciudad de Leisnig, fueron descartadas en forma bastante poco ceremoniosa. Pero se vio forzado a prestar oídos a las protestas del celoso Reformador. Sin embargo, no hizo nada para desafiar al concejo de la ciudad. Sin decir ni "sí" ni "no", simplemente dejó pasar el tiempo.

Muy pronto todo el asunto se tornó insignificante. El levantamiento de los campesinos alemanes hizo empalidecer el asunto de

5 "Luther's Works" (American Edition) ("Obras de Lutero" - Edición Norteamericana), Vol. 45, Muhlenberg Press, Filadelfia, 1962, pág. 167.

Leisnig en comparación con la violencia ejercida por ambos bandos que se extendió por todo el país. En el mejor de los casos, fue una revolución mal preparada y prematura, carente de una estrategia clara, por nobles que hayan sido sus objetivos éticos últimos. Su fracaso en 1525 incitó a los poderosos a una fuerte "reacción". Ahora podían enriquecerse aún más y ejercer sobre el pueblo un dominio más estricto de lo que se les había permitido antes. En este sentido, la rebelión de los campesinos ayudó indirectamente a los poderes políticos establecidos en su saqueo de las comunidades religiosas y el pillaje del pueblo en general.

Pese a la rebelión de los campesinos y pese a su fracaso, la reforma evangélica continuó. A veces independientemente de Lutero y en otros casos por su directa influencia, se difundió a un círculo mucho más amplio que el electorado de Sajonia. Todo el cuerpo de la iglesia cristiana comenzó a sentir su impacto. Algunos se sintieron atraídos por ella y otros amenazados. Pero los mismos principios básicos que se habían empleado en Leisnig fueron aplicados ahora a toda la iglesia. Ya en la dieta imperial de Espira, en 1526, convocada primordialmente para lograr el apoyo de los príncipes alemanes para la campaña del Emperador Carlos V contra el avance del ejército turco, y que fue dirigida por el hermano del emperador, Ferdinando, tanto los príncipes católicos como los luteranos se unieron en demanda de una asamblea libre y abierta de toda la iglesia, a fin de discutir las diferencias existentes y echar los cimientos para la paz. Las posibilidades de un concilio general se acrecentaron grandemente cuando las tropas imperiales tomaron prisionero al Papa Clemente VII, el 5 de junio de 1527, durante el "saqueo de Roma", forzándolo a asumir el compromiso de convocar a la brevedad un concilio general de toda la iglesia en la tregua suscrita con Carlos V, el 26 de noviembre del mismo año. Hay unas rimas que expresan el sentimiento del pueblo en general en esa época y que aparecieron en un panfleto popular que se vendía en Dresden, Alemania, en setiembre de 1527:

Un oráculo para el Papa:
Ya que nunca a Dios has escuchado,
Y su saludable palabra has desdeñado,
Sobre él con orgullo tremebundo
Te has ensalzado; y los bienes del mundo
Hacia ti has arrastrado y atraído,
Y a cambio tus mentiras nos has vendido,
Te sobreviene ahora esta venganza,
Y sufres desdén, vergüenza y chanza. [6]

[6] Traducción del original en alemán:
  Ein spruech an den Bapst
  Druemb das du Gott nit hast gehort,

No es de asombrarse que el bando luterano haya tenido tantas reservas en presentar sus artículos de fe ante la dieta imperial de Augsburgo en 1530, convocada por Carlos V. Como señala claramente el prefacio de la Confesión de Augsburgo, ellos consideraban que, más allá de la autoridad del emperador, un "concilio general, libre y cristiano" [7] debía ser el foro adecuado para discutir los diferentes puntos de vista en cuestiones relacionadas con la fe de los creyentes. En la conclusión insisten en "que en materia de doctrina y ceremonias nada se ha recibido entre nosotros que esté en desacuerdo con la Sagrada Escritura o con la iglesia católica o con la iglesia romana" [8].

Aún habrían de transcurrir otros largos siete años, llenos de amarga hostilidad y constante amenaza de una guerra civil entre evangélicos y católicos. Entonces pareció que el pontífice romano finalmente cumpliría con su promesa, hecha tan a menudo, de celebrar una asamblea libre y abierta entre todos los cristianos. El Papa Paulo III finalmente había acordado convocar un concilio general el 23 de mayo de 1537 en Mantua. Pero ahora, Lutero se había vuelto escéptico en cuanto a la sinceridad de este propósito. Sin embargo, estaba dispuesto a conceder a la otra parte el beneficio de la duda. En preparación para esta posible ocasión, escribió los "Artículos de Esmalcalda" [9]. En un intento por dejar la puerta abierta a un diálogo eventual, concedió:

> Si los obispos fueran verdaderos obispos y se preocuparan por las iglesias y por el evangelio, entonces podría tolerarse, en bien del amor y la unidad, pero no por necesidad, que nos ordenen y confirmen a nosotros y a nuestros predicadores, dejando no obstante todas las mascaradas y fantasmagorías cuya esencia y pompa no son cristianas [10].

Ja stetz veracht sein heylsams wort,
Dich vber yhn mit stoltzem mutt
Erhaben, all der welde gutt
Zu dyr gerissen vnd gehaufft,
Da fuer Dein luegen vns verkaufft,
Gehet vber dich itzt diese rach
Vnd leydest schaden, schand, vnd schmach.
Véase Hans Schulz en *"Der Sacco di Roma, Karls V. Truppen in Rom, 1527-28"*, ("El Sacco di Roma, Las Tropas de Carlos V en Roma, 1527-28"), Hallesche Abhandlungen zur Neueren Geschichte. (Disertación de Halle acerca de la Historia más reciente), cuaderno 32, G. Groysen, Halle, 1894, pág. 45.

[7] "Die Bekenntnisschriften der evangelisch-lutherischen Kirche" ("Los Escritos Confesionales de la Iglesia Evangélica Luterana"), 2ª edición revisada, Vandenhoeck & Ruprecht, Goettingen, 1952, pág. 48:25 y sigs.

[8] Ibid., pág. 83c:7 y sigs.: "Haec fere suma est doctrinae apud nos, in qua cerni potest nihil inesse, quod discrepet a scripturis vel ab ecclesia catholica vel ab ecclesia Romana..."

[9] Véase "Obras de Martín Lutero", Tomo V, Paidós, Buenos Aires, 1971, págs. 161-196.

[10] Ibid., pág. 191.

Pero aun esta pequeña esperanza se vio frustrada. El anunciado concilio general de toda la iglesia fue postergado hasta el 1 de noviembre de 1537; luego, hasta el 1 de mayo de 1538, cambiando la sede de Mantua a Vicenza. Al fin, fue postergado indefinidamente por la única razón de que Carlos V estaba temporariamente en guerra con el rey de Francia, Francisco I. Fue entonces cuando la paciencia de Lutero se colmó. Abandonó la esperanza de que alguna vez se llevara a cabo un concilio general, o que, si se efectuaba, pudiera ser una asamblea abierta y libre para todos los cristianos en esas circunstancias.

Éste fue el estado de ánimo con que Lutero escribió su tratado "Los Concilios y la Iglesia". Pudo haber iniciado su redacción ya en setiembre de 1538. La muy extensa obra fue publicada definitivamente en forma impresa antes de agosto de 1539.

No cabe duda de que por entonces Lutero se había vuelto un hombre sumamente irritado. Ni pueden haber dudas de que fue este tratado el que evitó que los seguidores de Lutero concurrieran al Concilio de Trento, cuando por último se inició en 1545, lo cual contribuyó aún más para que este concilio fuese un suceso puramente interno de la Iglesia Romana, sin suficiente representación del cuerpo genuinamente católico de Cristo en todo el mundo.

Entretanto han transcurrido siglos. Pero la esperanza y súplica de una asamblea verdaderamente libre y abierta de todos los cristianos, expresada por Lutero, no ha desaparecido. Si se quiere, se ha fortalecido en nuestros días. El Concilio Vaticano II nos ha acercado mucho más a la concreción de esta esperanza. Su realización final, empero, está en nuestras manos. Muchos de los puntos planteados por Lutero en 1539 tendrán que recibir reconocimiento en el orden del día de una asamblea de esa índole. El Espíritu anhela la reunión de todos los creyentes en libertad y en apertura a la verdad. Ojalá este día no esté lejos, a fin de que pueda haber paz en el mundo.

MANFRED K. BAHMANN

III

DERECHOS DE UNA COMUNIDAD CRISTIANA

1523

DERECHOS DE UNA COMUNIDAD CRISTIANA [1]

Ante todo, es preciso saber dónde hay comunidad cristiana [2] y quiénes la forman, para que los hombres no traten asuntos humanos bajo el nombre de comunidad cristiana, como ha sido costumbre siempre entre los no cristianos. La segura señal de comunidad cristiana es la predicación del evangelio puro. Pues, así como por el estandarte de un ejército, como signo seguro, se reconoce qué señor y qué ejército está en el campo de batalla, así también se reconoce por el evangelio con seguridad dónde acampa Cristo y su ejército. Tenemos para eso una segura promesa de Dios en Isaías 55: "Mi palabra (dice Dios) que sale de mi boca no volverá a mí vacía, sino que, como la lluvia que cae del cielo sobre la tierra y la hace fértil, así mi palabra realizará aquello para lo cual la envié" [3]. Por eso estamos seguros de que es imposible que no haya cristianos donde esté en acción el evangelio, por muy pocos y muy pecadores y débiles que sean; también es imposible que haya cristianos y no solo paganos donde no esté en acción el evangelio e imperen doctrinas humanas, por muchos que sean o por santa y honorable que sea su conducta.

---

[1] Título original en alemán: "*Dass eine christliche Versammlung oder Gemeinde Recht und Macht habe, alle Lehre zu urtheilen und Lehrer zu berufen, ein- und abzusetzen: Grund und Ursache aus der Schrift*" — Que una asamblea o comunidad cristiana tiene derecho y potestad de juzgar toda doctrina y de llamar, designar y destituir predicadores: Fundamento y razones de la Escritura.

[2] El término alemán "Gemeinde", que se usa aquí, como también en el título, se traduce por comunidad en el sentido de la tercera acepción que ofrece la Real Academia Española: "Junta o congregación de personas que viven unidas bajo ciertas constituciones y reglas"; para el caso de Lutero "que viven bajo el evangelio". Si bien entre los protestantes se emplea usualmente el término "congregación" para referirse a un grupo de cristianos que viven unidos en su vida religiosa, es preciso advertir que al hablar de la potestad de la "Gemeinde", Lutero se refiere a la comunidad entera considerada como entidad religiosa. El término "Gemeinde" significa "la comunidad", tanto como "la congregación" en el sentido que se emplea en círculos protestantes.

[3] Is. 55:10-11.

De lo dicho se deduce incontrastablemente que los obispos, capítulos, conventos y gente semejante distan mucho de haber sido cristianos y comunidad cristiana, aunque se hayan arrogado este nombre para sí solos. Pues quien conoce el evangelio puede ver, oír y comprender que aun en la actualidad se basan en enseñanzas humanas y que han ahuyentado y todavía siguen ahuyentando el evangelio. Por lo tanto, todo lo que esa gente hace y propone debe considerarse pagano y mundano.

En segundo lugar, cuando se trata de juzgar doctrina, designar maestros y pastores, no se debe recurrir de ninguna manera a leyes, decretos, tradición antigua, usos, costumbres, etc., de hombres, aun cuando hayan sido establecidos por el papa o el emperador, por príncipes u obispos, aunque hayan sido observados por medio mundo o por el mundo entero o que hayan perdurado uno o mil años. Pues el alma humana es una cosa eterna, y está por encima de todo lo temporal; por lo tanto, debe ser dirigida y enmarcada solo por la palabra eterna. En efecto, es oprobioso gobernar las conciencias, en relación a Dios, con leyes humanas y costumbres añosas. Por consiguiente, en este asunto debe procederse de acuerdo con la Escritura y la palabra de Dios. Porque la palabra de Dios y la doctrina humana, cuando ésta pretende gobernar el alma, inevitablemente entran en pugna. Vamos a demostrarlo claramente en el asunto que nos ocupa. La palabra y doctrina humana han decretado y prescrito que solo a los obispos, eruditos y concilios incumbe juzgar la doctrina. Lo que ellos resuelven debe ser aceptado por todo el mundo como correcto y artículo de fe; lo cual se demuestra por su cotidiana jactancia acerca del derecho canónico del papa. Apenas se oye de ellos otra cosa que esa jactancia de que en ellos reside la facultad y el derecho de juzgar lo que es cristiano o herético. El cristiano común debe esperar su fallo y atenerse a él. He aquí como esta pretensión, con la cual han intimidado a todo el mundo y que es su máximo baluarte y defensa, se opone insolente y neciamente a la ley y palabra de Dios.

Cristo estipula lo diametralmente opuesto. Despoja a los obispos, a los eruditos y a los concilios tanto del derecho como de la potestad de juzgar la doctrina y los concede a toda persona y a todos los cristianos en general, cuando dice en Juan 10: "Mis ovejas conocen mi voz". Así también: "Mas al extraño no seguirán, antes huirán de él; porque no conocen la voz de los extraños". De igual manera: "Todos los que han venido, son ladrones y asesinos; mas las ovejas no los oyeron" [4]. Aquí adviertes claramente quién tiene el derecho de juzgar la doctrina. El obispo, el papa, los eruditos y toda persona tienen la potestad de enseñar; pero las ovejas deberán juzgar si lo que enseñan es la voz

---

[4] Jn. 10:27; 5; 8.

de Cristo o la voz de extraños. ¿Qué pueden replicar las burbujas de agua [5] que alborotan diciendo: "¡Concilios!, ¡concilios! ¡Hay que escuchar a los eruditos, a los obispos, a la gran mayoría; es preciso respetar los antiguos usos y costumbres!"? ¿Acaso la palabra de Dios ha de ceder frente al uso antiguo, las costumbres y los obispos? ¡Nunca! Por eso dejamos que los obispos y concilios resuelvan y estipulen lo que quieran. Pero, si tenemos de nuestro lado la palabra de Dios, decidiremos nosotros, y no ellos, si es correcto o incorrecto, y ellos tendrán que ceder ante nosotros y obedecer nuestra palabra.

Supongo que puedes apreciar con suficiente claridad cuánto son de confiar los que tratan las almas con la palabra humana. ¿Quién no advierte que todos los obispos, fundaciones, conventos y universidades, con todo lo que hay en ellos, se oponen furiosamente a la clara palabra de Cristo, despojando descaradamente a las ovejas del juicio de la doctrina y arrogándoselo ellos mismos por su propia decisión proterva? Por eso, ciertamente deben ser considerados asesinos y ladrones, lobos y cristianos apóstatas, públicamente convictos, no solo de negar la palabra de Dios, sino también de oponerse y actuar contra ella; como corresponde al anticristo y a su reino, según la profecía de San Pablo en 2 Tesalonicenses 2 [6].

Por otra parte, Cristo dice en Mateo 7: "Y guardaos de los falsos profetas que vienen a vosotros vestidos de ovejas, mas por dentro son lobos rapaces" [7]. Obsérvese que aquí Cristo concede el derecho de juzgar, no a los profetas y maestros, sino a los discípulos y ovejas. ¿Cómo habríamos de cuidarnos de los falsos profetas si no pudiéramos examinar, sopesar y juzgar su doctrina? Pues nunca podrá haber algún falso profeta entre los oyentes, sino solo entre los predicadores. Por lo tanto, es necesario y preciso que todos los predicadores estén sujetos con su doctrina al juicio de sus oyentes.

El tercer texto es el de San Pablo en 1 Tesalonicenses 5: "Examinadlo todo; retened lo bueno" [8]. Obsérvese que San Pablo no quiere que se guarde ninguna doctrina ni proposición a no ser que la comunidad receptora las examine y las considere buenas. Pues este juicio no corresponde a los predicadores, sino que ellos deben manifestar previamente lo que se ha de examinar. Por lo tanto, también en este pasaje se priva a los predicadores de la facultad de juzgar, cosa que entre los cristianos ha sido concedida a los discípulos, por lo cual hay una gran diferencia entre los cristianos y el mundo. En el mundo, los señores ordenan lo que quieren y sus súbditos lo aceptan; "pero

---

[5] La locución alemana *Wasser Blasen* es una referencia irónica de Lutero a las bulas papales. También se aplica a personas que hablan presuntuosa y vacíamente.
[6] 2 Ts. 2:3-4.
[7] Mt. 7:15.
[8] 1 Ts. 5:21.

entre vosotros no será así", dice Cristo [9]. Entre los cristianos, cada uno es juez del otro, y a su vez también está sujeto al otro. A despecho de esto, los tiranos eclesiásticos han convertido el cristianismo en una potestad secular.

El cuarto pasaje es, una vez más, de Cristo, Mateo 24: "Mirad que nadie os engañe; porque vendrán muchos en mi nombre, diciendo: Yo soy el Cristo; y a muchos engañarán" [10]. En fin, ¿hay necesidad de aducir más textos? Todas las advertencias de San Pablo en Romanos 16; 1 Corintios 10; Gálatas 3, 4, 5; Colosenses 2 [11], y otros pasajes, además de las palabras de todos los profetas con que enseñan evitar las doctrinas de hombres, no hacen otra cosa que privar a los predicadores del derecho y la potestad de juzgar toda doctrina, encomendándolo con exigente mandato, so pena de perder el alma, a los oyentes. De modo que éstos no solo tienen el poder y el derecho de juzgar todo cuanto se predica, sino que tienen la obligación de juzgar, so pena de la ira de la Majestad divina. Se ve, pues, que los tiranos han procedido con nosotros de una manera anticristiana al privarnos de este derecho y mandato, atribuyéndoselo a sí mismos. Por este solo motivo han hecho méritos para ser expulsados y espantados de la cristiandad, como lobos, ladrones y asesinos que nos dirigen y adoctrinan en contra de la palabra de Dios.

Llegamos, pues, a la conclusión de que, donde hay comunidad cristiana que tiene el evangelio, ésta no solo tiene el derecho y la potestad, sino también la obligación —por la salvación de las almas y por el compromiso contraído con Cristo en el bautismo— de evitar, eludir, destituir y sustraerse de la autoridad que ejercen los actuales obispos, abates, monasterios, fundaciones y sus semejantes; porque es evidente que enseñan y gobiernan en oposición a Dios y su palabra. Por lo tanto, nuestro primer punto está segura y sólidamente fundamentado, y se puede confiar plenamente en que destituir y eludir a esos obispos, abates, monasterios y regímenes semejantes es derecho divino y necesario para la salvación de las almas.

En segundo lugar, sin embargo, puesto que una comunidad cristiana no debe ni puede estar sin la palabra de Dios, se deduce de lo antedicho con suficiente peso que debe disponer de maestros y predicadores que promuevan la palabra y, en vista de que en estos malditos últimos tiempos, los obispos y el falso régimen eclesiástico no son ni quieren ser tales predicadores, y además no quieren dárnoslos ni permitírnoslos, y como tampoco se debe tentar a Dios para que nos mande nuevos predicadores del cielo, debemos pues atenernos a la Es-

[9] Mt. 20:26.
[10] Mt. 24:4-5.
[11] Ro. 16:13, 18; 1 Co. 10:14; Gá. 3:4; Col. 2:8.

critura y llamar de entre nosotros mismos e instalar a los que sean competentes para ese fin e iluminados por Dios con inteligencia y adornados con los talentos necesarios.

No se puede negar que cada cristiano tiene la palabra de Dios, ha sido enseñado y ungido por Dios para ser sacerdote, como dice Cristo en Juan 6: "Todos serán enseñados por Dios" [12]; y el Salmo 44: "Te ungió Dios con óleo de alegría, más que a todos tus compañeros" [13]. Estos compañeros son los cristianos, los hermanos de Cristo, ordenados sacerdotes junto con él, como también dice San Pedro en 1 Pedro 2: "Vosotros sois el sacerdocio real, para que anunciéis la virtud de aquel que os ha llamado a su luz admirable" [14].

Si tienen la palabra de Dios y han sido ungidos por él, también están obligados a confesarla, enseñarla y difundirla, como dice Pablo en 2 Corintios 4: "Tenemos también el mismo espíritu de fe, por lo cual también hablamos" [15]. Como dice el profeta, en el Salmo 115: "Creí, por tanto hablo" [16]. Y en el Salmo 50 dice de todos los cristianos: "Enseñaré a los impíos tus caminos, a fin de que los pecadores vuelvan a ti" [17]. Así pues, una vez más es evidente que el cristiano no solo tiene el derecho y la potestad de enseñar la palabra de Dios, sino que está obligado a hacerlo, so pena de perder su alma y la gracia de Dios.

Tú me dices: "Pero si no ha sido llamado, no debe predicar, como tú mismo has enseñado muchas veces". Contesto: En este asunto debes considerar al cristiano desde dos puntos de vista. Primero, si se encuentra en un lugar donde no hay cristianos, no necesita otro llamado que el de ser cristiano, llamado y ungido interiormente por Dios. En este caso está obligado, por el deber de amor cristiano, a predicar a los errabundos paganos y no cristianos, y enseñarles el evangelio, aunque nadie lo llame para ello. Así lo hizo San Esteban en Hechos 6 y 7 [18]; los apóstoles no le habían encargado ningún oficio de predicador, y sin embargo predicaba y hacía grandes milagros entre el pueblo. Lo mismo hizo también el diácono Felipe, compañero de Esteban, Hechos 8 [19], al cual tampoco se le había encomendado el oficio de la predicación. Lo mismo hizo también Apolos, Hechos 18 [20]. En este caso un cristiano, por amor fraternal, mira la miseria de las pobres almas corrompidas y no espera órdenes o cartas de un príncipe

[12] Jn. 6:45.
[13] Véase Sal. 45:7.
[14] 1 P. 2:9.
[15] Véase 2 Co. 4:13.
[16] Véase Sal. 116:10.
[17] Véase Sal. 51:13.
[18] Hch. 6:8, 10; 7:2 y sigs.
[19] Hch. 8:5.
[20] Hch. 18:24-26, 28.

u obispo. Pues la necesidad quebranta todas las leyes, y no admite leyes. El amor, pues, está obligado a ayudar cuando no hay otro que pueda ayudar.

En segundo lugar, cuando se encuentra en un sitio donde hay cristianos que tienen el mismo poder y el mismo derecho que él, no debe tratar de anteponerse a los demás, sino hacerse llamar y proponer para predicar y enseñar en lugar y por mandato de los otros. En efecto, un cristiano tiene tanto poder que, sin ser llamado por hombres, puede y debe levantarse y predicar, aun en medio de los cristianos, cuando advierte que el predicador yerra, siempre que se proceda con decoro y respetuosidad. Esto lo ha descrito claramente San Pablo en 1 Corintios 14, donde dice: "Si a otro que estuviera sentado le fuera revelado algo, calle el primero"[21]. Nótese lo que San Pablo hace: Ordena, entre los cristianos, callar y retirarse al que enseña y levantarse al que escucha, aunque no sea llamado; porque la necesidad no admite ley.

Si, pues, San Pablo manda que, en caso de necesidad, se levante cualquiera entre los cristianos, aun sin ser llamado, llamándolo por virtud de esta palabra de Dios, y hace retirar al otro, destituyéndolo en virtud de estas palabras, ¡cuánto más justo es que toda una comunidad llame a alguien para ese oficio cuando hay necesidad, como la hay siempre y especialmente ahora! Pues en el mismo pasaje, San Pablo concede a todo cristiano el poder de enseñar entre los cristianos en caso necesario, diciendo: "Podéis todos profetizar uno por uno, para que todos aprendan y sean exhortados"[22]; y del mismo modo: "Procurad profetizar; y no impidáis hablar en lenguas; pero hágase todo en orden y decentemente"[23]. Considera este pasaje como fundamento seguro que concede a la comunidad cristiana más que suficiente autoridad de predicar, hacer predicar y llamar. Principalmente en caso de necesidad, este pasaje llama a cada uno en particular, aun sin ser llamado por hombres, para que no tengamos dudas de que la comunidad que tiene el evangelio puede y debe elegir de entre sí a quien predique la palabra en su lugar.

Pero, tú dices: "San Pablo ordenó a Timoteo y Tito que designaran sacerdotes; y también leemos en Hechos 14[24] que San Pablo y Bernabé ordenaron sacerdotes en las comunidades. Por eso, entre los cristianos la comunidad no puede llamar a alguien, ni nadie puede adelantarse a predicar, sino que es preciso tener autorización y orden de los obispos, abades u otros prelados que ocupan el lugar de los apóstoles". Respondo: Si nuestros obispos, abades, etc., ocupasen el

[21] 1 Co. 14:30.
[22] 1 Co. 14:31.
[23] 1 Co. 14:39-40.
[24] Hch. 14:23.

lugar de los apóstoles, como se jactan, sería aceptable dejarlos hacer lo que hacían Tito, Timoteo, Pablo y Bernabé al designar sacerdotes, etc. Pero, como ocupan el lugar del diablo, y son lobos que no enseñan el evangelio ni quieren tolerarlo, la provisión para el ministerio de la predicación y la asistencia espiritual entre los cristianos les incumbe tanto como a los turcos y los judíos. ¡Debieran conducir burros y guiar perros!

Además, aun cuando fuesen verdaderos obispos, quisiesen tener el evangelio y designar auténticos predicadores, no podrían ni deberían hacerlo sin el consentimiento, elección y llamado de la comunidad, a no ser por fuerza de la necesidad, para que las almas no se pierdan por falta de la palabra divina. Pues ya has oído que, en tal necesidad, no sólo puede cualquiera procurar un predicador, ya sea por ruego personal o a través del poder de la autoridad secular, sino que también él mismo, si sabe hacerlo, debe acudir, presentarse y enseñar. Pues la necesidad es necesidad y no tiene límites; como cuando estalla un incendio en una ciudad, cada cual debe acudir y actuar sin esperar que se le ruegue.

En otros casos, cuando no existe tal necesidad, y se dispone de personas que tienen el derecho, la potestad y el don de enseñar, ningún obispo debe designar a alguien sin la elección, consentimiento y llamado de la comunidad; antes bien, debe confirmar al que haya sido elegido y llamado por la comunidad. Si no lo hace, el electo queda no obstante confirmado por el solo llamado de la comunidad. Pues, ni Tito, ni Timoteo, ni Pablo nunca instalaron a un sacerdote sin la elección y el llamado de la comunidad. Esto lo demuestra claramente Tito 1 y 1 Timoteo 3 [25], donde dice que un obispo o sacerdote debe ser irreprensible. Asimismo: "Los diáconos deben ser examinados previamente" [26]. Ahora bien, Tito no podía haber sabido quiénes eran irreprensibles; este informe debe provenir de la comunidad, la cual ha de proponer a alguien. También leemos en Hechos 6 [27] que, en una función de menor importancia, los apóstoles mismos no podían designar personas para diáconos sin el conocimiento y consentimiento de la comunidad, sino que la comunidad eligió y llamó a los siete diáconos, y los apóstoles los confirmaron. Si para esta función, en la que se trata solo de la distribución de alimento temporal, los apóstoles no podían designar por su propia autoridad, ¿cómo se habrían atrevido a investir a alguien con el supremo oficio de predicar, por su propia autoridad, sin conocimiento y consentimiento y llamado de la comunidad?

Ahora bien; como en nuestros tiempos existe la necesidad y no

[25] Tit. 1:7; 1 Ti. 3:2, 10.
[26] 1 Ti. 3:10.
[27] Véase Hch. 6:2 y sigs.

hay obispos que procuren predicadores evangélicos, no se aplica aquí el ejemplo de Tito y Timoteo. Al contrario, hay que llamarlos de entre la comunidad, ya sea que Tito los confirme o no. De la misma manera habrían procedido o habrían debido proceder los que estaban bajo el cuidado de Tito, si él no hubiera querido confirmarlos, o si no hubiera habido quien designara predicadores. Así pues, nuestros tiempos son muy diferentes que la época de Tito cuando gobernaban los apóstoles y querían tener verdaderos predicadores. Ahora, en cambio, nuestros déspotas no quieren sino lobos y ladrones.

¿Y por qué nos condenan los déspotas furiosos por elegir y llamar de esta manera? Ellos mismos proceden así, y no pueden hacerlo de otra manera. Entre ellos, nunca se designa a nadie papa u obispo por autoridad de una persona, sino que es elegido y llamado por el capítulo, y después confirmado por otros; los obispos por el papa, como su superior; pero el propio papa por el cardenal de Ostia, como su inferior[28]. Y si ocurriese que alguno no fuera confirmado, sin embargo es obispo y papa. Ahora pregunto a los estimados tiranos: Si la elección y el llamado de su comunidad lo hace a uno obispo, y si el papa es papa sin confirmación de otra autoridad por el solo hecho de la elección, ¿por qué una comunidad cristiana no hará predicador a uno por el solo llamado? Y esto por considerar ellos el oficio de obispo y de papa superior al oficio de la predicación. ¿Quién le ha concedido a ellos este derecho y nos lo ha quitado a nosotros? Especialmente por cuanto nuestro llamado tiene a su favor la Escritura; mientras que el llamado de ellos es una pura fábula humana, sin apoyo de la Escritura, con la cual pretenden despojarnos de nuestro derecho. Son tiranos malvados que nos tratan como es de esperar de los apóstoles del diablo.

Por la misma razón se ha hecho costumbre en algunos lugares que las autoridades seculares, por ejemplo concejales y príncipes, designen y empleen sus propios predicadores en sus ciudades y castillos, según su propia elección, sin permiso ni mandato de los obispos y papas, a lo cual nadie se ha opuesto. Me temo, sin embargo, que no lo han hecho por entender los derechos cristianos, sino porque los déspotas eclesiásticos aborrecían y despreciaban el oficio de la predicación, considerándolo muy alejado del régimen eclesiástico. En realidad, es el oficio más elevado, del cual dependen y se originan todos los demás. En cambio, donde no hay oficio de la predicación, no sigue ningún

---

28 El Cardenal de Ostia, que es el deán de los cardenales, después de que el Papa ha recibido los dos tercios del cónclave, tiene la obligación de preguntarle si acepta la elección y por qué nombre desea ser conocido. Si el nuevo Papa resultase no ser obispo, es consagrado inmediatamente por el cardenal como obispo de Ostia; si ya es obispo, se realiza la solemne *benedictio*.

otro. En efecto, San Juan, en el capítulo 4 [29], dice que Cristo no bautizaba, sino que solamente predicaba, y Pablo en 1 Corintios 1 [30] se gloría de no haber sido enviado a bautizar, sino a predicar.

Por consiguiente, al que se le encomienda el oficio de la predicación se le encomienda el oficio más elevado en la cristiandad. Podrá también bautizar, celebrar misa, y ocuparse en toda clase de asistencia espiritual. O, si prefiere, puede limitarse a predicar, dejando los bautismos y demás oficios menores a otros, como hicieron Cristo y Pablo, y todos los apóstoles, Hechos 6 [31]. De todo esto se puede advertir que nuestros actuales obispos y prelados son ídolos y no obispos; porque entregan el supremo oficio de la palabra, que es propiamente suyo, a los más inferiores, capellanes, monjes y limosneros; al igual que los oficios menores, como el bautismo y otra índole de asistencia espiritual. Mientras tanto, ellos administran la confirmación y bendicen campanas, altares e iglesias, lo cual no es obra cristiana ni obispal, sino invento de ellos. ¡Son fantasmas simulados y enmascarados, verdaderos obispos de niños! [32]

---

[29] Jn. 4:2.
[30] 1 Co. 1:17.
[31] Hch. 6:4.
[32] *Kinderbischöfe*, también llamados *Niklasbischöfe*; se refiere a los obispos imaginarios que elegían de entre sí los niños en la escuela para los juegos o representaciones que se realizaban en Alemania en el día de San Nicolás (6 de diciembre).

IV

ADMINISTRACIÓN DE UNA CAJA COMUNITARIA

1523

ADMINISTRACIÓN DE UNA CAJA COMUNITARIA

PREFACIO

CONSEJO ACERCA DE CÓMO HAN DE ADMINISTRARSE LOS BIENES ESPIRITUALES
Martín Lutero, Ecclesiastés - MDXXIII [1]

Martín Lutero, Ecclesiastés [predicador], a todos los cristianos de la comunidad [2] en Leisnig, mis estimados señores y hermanos en Cristo: Gracia y paz de Dios el Padre y de nuestro Salvador Jesucristo.

Siendo que el Padre de toda misericordia os ha llamado a la comunión del evangelio a vosotros [3], estimados señores y hermanos, junto con otros, y ha hecho que su Hijo Jesucristo arroje luz a vuestros corazones; y siendo además que esta riqueza del conocimiento de Cristo es entre vosotros tan poderosa y activa que habéis implantado

---

[1] *Ordenung eyns gemeynen Kastens. Radschlag wie de geystlichen gutter zu handeln sind. Martinus Luther MDXXIII.* Tal es el título de las copias que Lutero hizo imprimir ya en los primeros meses de 1523. Existe aún un original manuscrito que lleva como fecha el 1 de mayo de 1523, posterior por lo tanto a las ediciones impresas. Esto, junto con el hecho de que dicho manuscrito incluye la dedicatoria que precede a la publicación impresa de Lutero, hace suponer que el manuscrito en cuestión es a su vez copia de un original anterior redactado en Leisnig. El título del manuscrito es: *"Bruderliche voreinigunge des gemeinen kasten gantzer eingepfarrten vorsamlunge zu leisneck".* Acuerdo fraternal [acerca] de la caja común de toda la asamblea parroquial en Leisneck (que también se escribe Leysneck, Leisnick, o más comúnmente Leisnig).

Los bienes espirituales, *die geystlichen gutter,* son aquí más propiamente los bienes materiales que posee la iglesia.

[2] En el original "gemeyne" = los miembros de la iglesia local ("mis estimados hermanos en Cristo").

[3] En Belgern, ciudad perteneciente a la misma jurisdicción eclesiástica que Leisnig, ya en el verano de 1522 el grueso de la población se había plegado a la causa de los reformadores, y Lutero les había enviado un predicador evangélico.

un nuevo orden del culto [4] y una comunidad de bienes según el ejemplo de los apóstoles:

Estimé que este vuestro Orden bien merece ser publicado en forma impresa, en la esperanza de que Dios lo acompañe con su bondadosa bendición para que llegue a ser un ejemplo general, imitado también por muchas otras comunidades, y así podamos hacer extensivo también a vosotros aquel elogio que San Pablo tributa a los cristianos de Corinto de que el celo de ellos ha estimulado a muchos [5]. Pero esto sí: tenéis que contar con el hecho —y tomarlo muy en cuenta— de que si lo que ahora emprendéis, procede de Dios, inevitablemente sufrirá fuertes ataques, porque el malvado Satanás no descansará ni se dará tregua.

Esperamos, pues, que este vuestro ejemplo prospere y cunda, y que de ello siga un gran desmedro de las anteriores fundaciones, conventos, capillas y de la asquerosa sentina que hasta ahora, pretextando servir a Dios, se llenó con las riquezas de todo el mundo. A ese desmedro contribuye también poderosamente el santo evangelio que vuelve a surgir con vigor y que detalla y saca a la luz tales servicios a Dios blasfemos y condenables. Además, los clérigos mismos se comportan de una manera tal que ya ninguna persona honrada [6] ha permanecido con ellos ni quiere ingresar en su estado; en todas partes las cosas han tomado un cariz como si Dios y el mundo estuvieran hartos de monaquismo y abusos clericales [7], y urgiera un cambio fundamental. Sin embargo, precisamente a raíz de todo esto debe tenerse buen cuidado de que los bienes de tales fundaciones vacantes no se conviertan en objetos de rapiña, y cada cual se apropie lo que pueda arrebatar.

Por esto pensé anticiparme con tiempo hasta donde me corresponde e incumbe, con exhortación y consejo cristianos. Pues si de todos modos tendré que ser yo el culpable si los conventos y fundaciones quedan vacantes, si disminuye el número de monjes y monjas y ocurre cualquier otra cosa que resulta en detrimento y disminución del estado clerical, tampoco quiero cargar con la culpa en caso de que algunos vientres avaros se apoderen de tales bienes eclesiásticos pretextando que yo les haya dado motivo para ello.

Pues si bien temo que, cuando este caso se produzca, pocos seguirán mi consejo —en efecto, la avaricia es mal siervo, desobediente

[4] Ya en la primera mitad del año 1522 se habían operado en Leisnig importantes cambios en el culto católico; se habían abolido fiestas conmemorativas, semanas de indulgencias, iluminaciones, toques de campana, etc.

[5] 2 Co. 9:2.

[6] En el original: neutro "nichts redlichs" = nada honrado.

[7] "Müncherey und geysterey", despectivos formados de "münch" monje, y "geyst" espíritu (con diversos derivados, p. ej. los "geystliche", clérigos, al comienzo de esta misma oración).

e incrédulo— sin embargo quiero hacer lo que esté de mi parte y descargar mi conciencia, y en cambio cargar la de ellos, a fin de que nadie pueda decir que yo haya permanecido mudo, o que haya tardado demasiado en hacerme oír. Acepte pues mi fiel consejo o desdéñelo quien quiera —yo soy inocente. Advierto empero de antemano con toda fidelidad, y ruego amigablemente, que este mi consejo no lo obedezca ni siga nadie a menos que a base del evangelio sepa y entienda bien y a fondo que el monaquismo y los abusos clericales, tal como se venían practicando desde hace unos cuatrocientos años, no traen provecho alguno sino que son puro error y engaño perjudicial; porque una tarea de tanta importancia [8] hay que encararla con una conciencia limpia, bien asegurada y cristiana. De lo contrario, el mal se agravará, y en el lecho de muerte le sobrevendrá a uno un terrible arrepentimiento.

En primer lugar, bueno sería que no se hubiera fundado en parte alguna ningún convento rural [9], como los de los cistercienses, celestinos [10] y otros similares. Mas una vez existentes, lo mejor es dejar que se extingan [por falta de adeptos] o, donde se ofrece alguna oportunidad para ello, contribuir a que sean eliminados totalmente. Esto puede hacerse de las siguientes dos maneras: una, que se deje librado a la voluntad individual de los habitantes de un convento el abandonarlo si así lo desean, tal como el evangelio lo permite. La otra, que toda autoridad haga con los conventos bajo su jurisdicción un acuerdo en el sentido de que no admitan a ninguna persona más; y si ya tienen dentro de sus muros un número excesivo, que los envíen a otra parte, y dejen a los restantes extinguirse de muerte natural.

Pero como a nadie se le debe obligar a la fuerza a aceptar la fe y el evangelio, tampoco se debe expulsar o tratar de una manera poco amable a las personas restantes que por razones de su avanzada edad o de subsistencia [11] o de conciencia permanezcan aún en los conventos. Antes bien, mientras vivan debe asegurárseles lo suficiente para su sostén, tal como antes lo tuvieron; pues el evangelio enseña hacer bien también a los que no lo merecen, así como el Padre celestial hace llover y brillar el sol sobre buenos y malos. Además debe tenerse aquí en cuenta que tales personas llegaron a ingresar en ese

---

[8] Quiere decir, la administración etc. de los bienes eclesiásticos.

[9] Los "conventos rurales" de los benedictinos y otras órdenes afines constituyen el contraste con los conventos urbanos de las órdenes mendicantes. (L).

[10] Cistercienses (de Cister, en francés Citeaux, aldea cerca de Nuits, Francia): comunidad religiosa emanada de la orden de San Benito. Su auge asombroso (al comienzo del siglo XIV: más de 700 conventos ante todo en Francia, Alemania e Inglaterra) se debió más que nada a su virtual fundador, S. Bernardo de Claraval. Destacados colonizadores. Celestinos: religiosos de una orden fundada en 1251 por Pedro Anguelier, quien más tarde fue Papa con el nombre Celestino V.

[11] "bauchs... halben" — literalmente, por razones del vientre.

estado por una muy común ceguedad y error, y que no aprendieron nada con que pudieran ganarse la vida.

Mi consejo empero es que la autoridad confisque los bienes de tales conventos y los invierta en el sostén de los que aún permanezcan dentro, hasta su natural extinción; y que incluso los sostenga con más generosidad y bondad de lo que quizás se los haya sostenido antes, para que se note claramente que aquí opera no la avaricia, enemiga de los bienes eclesiásticos, sino la fe cristiana, enemiga de los abusos originados con la creación de conventos [12]. Y no existe motivo para solicitar previamente la autorización papal o episcopal, o para temer excomunión o maldición; pues también lo que aquí escribo, lo escribo sólo para aquellos que entienden el evangelio, y que tienen las debidas atribuciones para proceder así en sus países, ciudades y dominios [13].

En segundo lugar: los bienes de tales conventos confiscados por las autoridades debieran ser empleados en las siguientes tres formas: primero, en sostener a las personas que aún permanezcan en los conventos, como ya queda dicho. Segundo, en dar a las personas que abandonen los conventos una suma respetable como capital inicial para poder integrarse a algún estado [de la vida secular] aunque hayan entrado en el convento con las manos vacías. Pues sea como fuere: al salir abandonan lo que durante toda su vida fue su sostén, y se ven ahora engañados; mientras estuvieron en el convento, bien podrían haber aprendido otra cosa. A aquellos en cambio que hicieron un aporte [al tomar el hábito], es justo ante Dios que se les restituya una parte por cabeza; porque aquí debe juzgar el amor cristiano, y no el rigor de leyes humanas; y si alguien debe experimentar daño o pérdida, debe ser el convento y no las personas, porque el convento es causa del error que estas personas han cometido.

Pero la mejor forma es esta tercera: que todo lo restante se haga ingresar, como bien común, a una caja común de cuyos fondos se pueda dar y prestar, conforme al amor cristiano, a todos los indigentes del país, sean nobles o [simples] ciudadanos, para así cumplir también con el testamento y voluntad de los donadores [14] que, si bien erraron y fueron engañados al hacer legados a los conventos, sin embargo lo hicieron con intención de dar esos legados para la gloria y en el servicio de Dios, habiendo errado así sólo en la forma. En efecto, no hay mayor servicio a Dios que el amor cristiano que ayuda y sirve a los necesitados, como Cristo mismo lo reconocerá en su juicio

---

[12] En el original, lo que aquí se traduce con "abusos originados con la creación de conventos" es "klöstereyen" (algo así como "conventeríos").

[13] "Oebrikeytten", comúnmente "autoridades".

[14] Es decir, las personas que en su testamento legaron ciertos bienes a los conventos.

del postrer día, Mateo 25 [15]. Es por esto también que en tiempos antiguos, los bienes eclesiásticos se llamaban bona Ecclesie [16], es decir, bienes comunes, como una caja común, para todos los indigentes de entre los cristianos.

Pero también esto es justo y está en acuerdo con el amor cristiano: que si los herederos de los donadores hubieren empobrecido y se vieren en necesidad, las donaciones les sean revertidas, a cada uno una buena parte, y la totalidad de lo donado en caso de ser tan grande la necesidad. Pues por supuesto, la intención de sus padres [17] no era, ni tampoco debía ser, la de quitar a sus hijos y herederos el pan de la boca y darle algún otro destino. Y aun cuando ésta haya sido su intención, es una intención equivocada y nada cristiana; pues el primer deber de los padres es proveer a las necesidades de sus hijos. Esto es el máximo servicio que pueden prestar a Dios con los bienes materiales. Mas si los herederos no se vieren en necesidad e indigencia, no debieran volver a apropiarse estas donaciones de sus padres, sino dejarlas para la caja común.

Podrías objetar aquí: "El agujero es demasiado grande; así la caja común no conseguirá mucho. Pues cada cual retirará todo y dirá que justamente tanto es lo que él necesita, etc." Respuesta: por esto dije que aquí debe juzgar y actuar el amor cristiano, estas cosas no pueden codificarse mediante leyes y artículos; además, este consejo lo escribo sólo conforme al amor cristiano para cristianos. Hay que tener en cuenta también que la avaricia no permanecerá del todo ausente. ¿Qué habría de hacerse? No por eso se debiera desistir de actuar. Con todo, es preferible que la avaricia se apropie demasiado dentro de los límites de un procedimiento ordenado, a que todo se convierta en rapiña, como ocurrió en Bohemia [18]. Examine cada cual su propia situación [19], [y determine entonces] cuánto debe tomar para cubrir sus propias necesidades, y cuánto debe dejar para la caja común.

En tercer lugar: esta forma de proceder debe aplicarse también a los obispados, fundaciones y cabildos [20] que tengan dominio sobre territorios y ciudades y otros bienes; pues tales obispos y fundaciones no son obispos ni son fundaciones. Son, de hecho y en verdad, seño-

---

[15] Mt. 25:40.

[16] bona Ecclesi(a)e: bienes de la iglesia, en contraste con los bienes personales de cada uno.

[17] Esto es, la intención de quienes hicieron la donación. (L).

[18] Probablemente una alusión a los desmanes cometidos por los husitas en la guerra que a partir de 1420 sostuvieron en Bohemia y otras regiones para dar fuerza a sus exigencias político-religiosas.

[19] En el original: Eyn iglicher prüffe sich selbs — literalmente: examínese cada cual a sí mismo.

[20] "capitel" — cuerpo de eclesiásticos capitulares de una iglesia.

res seculares con nombre clerical. Por esto, o se los debe convertir realmente en señores seculares, o se deben repartir los bienes a los herederos y parientes pobres y a la caja común. Aquellos bienes en cambio que son prebendas y feudos, debieran quedar en manos de sus actuales usufructuarios, y después de muertos éstos, no se debiera otorgarlos a ningún otro, sino distribuirlos entre los herederos pobres y la caja común.

En cuarto lugar: parte de los bienes de los conventos y fundaciones, y una gran cantidad de prebendas, son producto de ese tipo de usura que actualmente todo el mundo llama readquisición [21] y que en contados años devoró al mundo entero. Tales bienes habría que separarlos de antemano, como la lepra, de los bienes donados en calidad de legados. Pues lo que aconsejé en lo que precede, lo dije sola y exclusivamente respecto de aquellas donaciones que, sin readquisición, proceden de bienes hereditarios legítimos e incuestionables. En cambio, las donaciones hechas a condición de readquisición, bien pueden considerarse usura; pues jamás he tenido conocimiento de ninguna legítima compra de intereses [22] con opción a readquisición. De modo que aquí sería preciso extirpar [23] primeramente la usura y restituir a cada uno lo suyo, antes de depositarlo en la caja común; pues Dios dice: "Aborrezco la ofrenda que proviene del latrocinio" [24]. Distinto es el caso si no se puede individualizar a los que fueron perjudicados por la readquisición; tales bienes sí pueden ingresar a la caja común.

[21] En el original "widderkauff", un volver a comprar lo que se había vendido.

[22] Trad. literal del original "zinskauff". Lo que se entiende por zinskauff lo explica Lutero mismo en su "Sermón acerca de la usura" (WA VI, 1 sigs.) del año 1519: "Digamos que yo tenga 100 gulden. Haciendo con ellos algún negocio, podría ganar al cabo de un año otros cinco, seis o más gulden, con mi trabajo y riesgo propios. Bien: estos cien gulden los paso a otro que tiene un negocio lucrativo, para que él, y no yo, trabaje con ese dinero en dicho negocio. A cambio de ello cobro de él los cinco gulden que yo podría haber ganado, y de este modo él me vende los intereses, cinco gulden por los cien; yo soy comprador, y él, vendedor". Se ve, pues, que el "zinskauff" es lo que hoy día llamamos "inversión a rédito"; o dar dinero en hipoteca. Y se ve además que Lutero mantiene el principio de que cobrar intereses por un capital prestado a otro, sin compartir el trabajo y el riesgo, es pecado y "usura", a diferencia de la Iglesia Católica que aprobaba el "zinskauff", especialmente el invertir dinero a rédito en establecimientos agrícolas. (L).

[23] El término que usa Lutero, "büssen", puede traducirse también con "castigar", "arrepentirse de". Dietz, pág. 363, 366.

[24] Is. 61:8. (En su vastísima obra literaria, el genial traductor Lutero crea, para las citas bíblicas que emplea, formulaciones siempre nuevas, que en buena parte difieren de su traducción "oficial" de la Biblia, no en el contenido, pero sí en la forma. P. ej.: El texto aquí citado: "Ich byn feind dem opffer, das vom raube kompt" se lee en la (algo actualizada) Biblia de Lutero así: (ich) hasse räuberische Brandopfer: aborrezco holocaustos de cosas robadas.

Sería demasiado prolijo relatar aquí en qué sentido es correcta e incorrecta la compra de intereses. Hice una descripción lo suficientemente detallada de ello en el Sermón acerca de la usura[25]; allí se puede buscar información respecto de qué parte de esas prebendas y fundaciones deben restituirse a los censatarios[26]. Pues sin duda alguna, gran número de prebendas han amortizado hace mucho el capital invertido en ellas[27], y pese a ello no cesan de chupar el sudor y la sangre de los censatarios, al extremo de que este asunto es uno de los que casi más necesidad tiene de que emperadores y reyes, príncipes y señores y el pueblo en general se ocupe en ellas.

En quinto lugar: de los conventos urbanos de los monjes mendicantes se podría volver a hacer lo que habían sido antaño: buenas escuelas para varones y niñas. Los restantes conventos en cambio se podrían convertir en casas, si la ciudad tuviera necesidad de ellas. Y no sería óbice para ello la bendición por parte de los obispos, porque de esto Dios no sabe nada. Mas si este mi consejo se pusiese en práctica cristianamente, las soluciones se ofrecerían y se aprenderían por sí solo, más de lo que ahora se puede proponer con palabras; porque se producirían casos de índole muy variada y extraña, casos en que nadie sino el amor cristiano podría llegar a una decisión correcta.

Si Dios concediera que este consejo prosperase, no sólo se tendría una bien provista caja común para atender a toda necesidad, sino que desaparecerían y cesarían tres grandes males. Primero: los mendigos, mediante los cuales se ocasiona mucho daño al país y a la gente, en el alma y los bienes. Segundo: el abominable abuso que se comete con la excomunión, la cual casi no hace otra cosa que torturar a la gente por causa de los bienes de clérigos y monjes; no existiendo ya los bienes, no habría necesidad de tal excomunión.

Tercero: la enojosa compra de intereses, la más grande usura en la tierra, cuyo carácter de procedimiento correcto se ponderaba hasta ahora especialmente al ser aplicada en bienes eclesiásticos.

Mas si alguien no quisiere seguir este consejo, o quisiere satisfacer con él su propia avaricia[28], ¡allá él! Ya sé que pocos lo aceptarán; me basta también con que sólo uno o dos me sigan, o al menos quieran seguirme. El mundo tiene que seguir siendo mundo, y Satanás el príncipe del mundo. Yo he hecho lo que puedo y lo que es mi obli-

---

[25] WA VI, pág. 1 y sigs.; pág. 33 y sigs.; especialmente pág. 6 y 51 y sigs.
[26] Censatario (zinsmann) = el obligado a pagar los réditos de un censo; en otras palabras, aquel a quien se le "compraron los intereses" en un "zinskauff", el que tomó dinero a intereses.
[27] Mediante los intereses pagados por el censatario.
[28] "Seynem geytz darynnen büssen". Por este significado de büssen véase Dietz pág. 365, "büszen" 3. acep.

gación hacer. Dios nos ayude a todos a que procedamos correctamente y permanezcamos constantes. Amén.

ACUERDO FRATERNAL ACERCA DE LA CAJA COMÚN DE TODA LA ASAMBLEA PARROQUIAL EN LEISNIG *

En el nombre de la santa, indivisa Trinidad. Amén.

Nos, los nobles, concejales, presidentes [prohombres] de los cuatro gremios [29], notables y habitantes comunes de la ciudad de Leisnig y de las aldeas que constituyen la asamblea parroquial y el distrito eclesiástico de Leisnig, habiendo recibido por la gracia del omnipotente Dios, mediante la revelación de la Escritura cristiana evangélica, no sólo una firme fe sino también un bien fundado y exacto conocimiento de que todos los recursos interiores y exteriores de los que creen en Cristo han de servir y contribuir a la gloria de Dios y al amor hacia el prójimo cristiano, conforme a lo ordenado y expuesto en la verdad divina, y no conforme al parecer humano:

confesamos y declaramos en presencia [de todos] que tras haber sido aconsejados a tiempo por los doctores de las Divinas Escrituras [30], hemos establecido y aprobado por resolución el siguiente acuerdo fraternal a observarse fiel e inconmoviblemente entre nuestra comunidad de ahora y [también] la de lo por venir, a saber:

Nombramiento para ejercer el sagrado ministerio

En lo relativo al nombramiento para nuestro común oficio del sagrado ministerio, nombramiento que incluye llamado, elección, instalación y destitución de nuestros clérigos, a los efectos exclusivos de la proclamación de la palabra de Dios y la administración de los sacramentos, en todo tiempo queremos y debemos practicar, ejercer y usar nuestra libertad cristiana sola y únicamente conforme a lo expuesto y decretado en las divinas Escrituras bíblicas. Y en tal empresa enteramente espiritual queremos, mediante la gracia de Dios, sujetarnos y obedecer en verdadera humildad, gente pobre y simple

---

* Lo que sigue a partir de aquí no es de la pluma de Lutero, si bien él le dio su aprobación y lo hizo publicar.

En la edición de Wittenberg no aparece título ninguno en este lugar. Por consiguiente, hemos incorporado el título que aparece en la portada de una copia original manuscrita muy antigua, que aún existe en Leisnig, y que en la Edición de Weimar se identifica como "L". Véase nota 1, pág. 111.

29 "Viertellmeister" — presidentes de los cuatro gremios de los pañeros, panaderos, zapateros· y toneleros. (L).

30 En setiembre de 1522, Lutero había ido a Leisnig, para asesorar a la gente de allí respecto de la creación de una caja común y la designación de pastores y predicadores. Este será el "consejo" a que se alude aquí.

que somos, a las instrucciones y los consejos probados y bien fundados de los doctores de las Escrituras divinas, respecto de lo cual tenemos bajo nuestra común custodia un claro testimonio que ha de
ser preservado sin alteraciones.

Acerca del oír la palabra divina

Por amor cristiano queremos y debemos obligarnos a poner serio
empeño en escuchar con fidelidad la saludable y consoladora palabra
de Dios y grabarla en nuestro corazón para nuestra corrección, en los
días y las horas señalados para ese fin, y en la medida en que Dios
nos concede su gracia para ello. Y a esto nos comprometemos cada
amo y ama de casa en nuestra parroquia en cuanto a sí mismo, así
como también sus hijos y servidumbre.

La actitud para con la gloria y los mandamientos de Dios

Nosotros, los amos y amas de casa, queremos y debemos mantener firmemente en alto la gloria de Dios cada uno en su casa, personalmente y asimismo los hijos y la servidumbre en la medida en que
podamos hacerlo mediante la gracia que Dios nos otorga; y con serio
empeño queremos y debemos evitar, prevenir e impedir blasfemias pú-
blicas, exceso en el beber, fornicación, juegos tramposos de dados y
otros pecados y vicios que contravienen directamente y a sabiendas
los mandamientos divinos. Y si en algún miembro de nuestra comunidad se nota negligencia o desidia en este sentido, toda la asamblea
parroquial tendrá la autoridad y el poder de tomar intervención en el
caso para lograr un adecuado castigo y un beneficioso mejoramiento,
con medios apropiados, mediante su ayuda, y con asistencia de las
autoridades.

Haberes, reservas e ingresos de la caja común

A los efectos de que nuestra fe cristiana, en la cual conseguimos
y por la cual nos son comunicados de parte del eterno Dios, todos los
bienes tanto temporales como eternos, de pura gracia y misericordia
y mediante nuestro Señor y Salvador Cristo, a los efectos, pues, de
que esta fe llegue a producir y sea conducida a producir apropiados
frutos del amor cristiano, y para que ese amor llegue a y sea condu-
cido a [conocer] la verdad y [practicar] las obras de caridad y beneficencia: nosotros, la antes mencionada asamblea general de la parroquia,
ordenamos, instalamos y establecimos en perfecta unanimidad una
caja común para nosotros y nuestros descendientes; y por el presente

documento y en virtud de este nuestro acuerdo fraternal ordenamos, instalamos y establecemos dicha caja común para el propósito, de la manera y en la forma [31] que a continuación se detalla.

Como haberes y reservas deben ser acumulados, colectados y depositados en la caja común, las partidas, ventas, bienes, derechos [32], dineros y propiedades que a continuación se especifican, y allí deben quedar, como destinados e incorporados a esta caja para siempre.

Ingresos provenientes de bienes y derechos parroquiales

[Pertenecen a esto] Todos los bienes y derechos, feudos hereditarios, intereses sobre herencias, rentas a condominio [33], rentas de feudos sujetos a jurisdicción civil, casas, fincas, jardines, campos de cultivo y de pastoreo, provisiones y bienes muebles, sin excluir nada, que en una u otra forma hayan sido dados y asignados aquí en nuestro medio [como sostén] al oficio de pastor y cuidador de almas por los donadores primitivos y los que posteriormente agregaron algo, y que en tiempos anteriores pertenecían a este oficio y eran usados por él; sin perjuicio de las reclamaciones que nosotros, la asamblea parroquial, tengamos o podamos tener respecto de estos bienes y derechos por virtud de nuestro común oficio del sagrado ministerio, y con la reserva de que en todo tiempo podamos hacer valer dichas reclamaciones, conforme a lo actuado y resuelto al respecto entre el abad de Buch [34] y nosotros en la cancillería electoral de nuestro clementísimo señor el elector de Sajonia, etc., de lo cual existe documentación en nuestra caja común. A esta caja ha de ingresar asimismo todo lo perteneciente a la escuela y sacristía.

---

[31] "massze und gestalt" — (podría traducirse también "medida y forma") redundancia que se halla también en obras del propio Lutero; véase Dietz, "Gestalt" 2. acep., pág. 105.

[32] En el original "gerechtigkeiten": derecho (hereditario o enajenable) al usufructo de bienes raíces, p. ej. el derecho a la explotación de minas, etcétera.

[33] "gatter zinsse", literalmente: "renta por la verja"; un interés adicional que debía pagarse al dueño de una propiedad, etc., que éste poseía en condominio con un copropietario. Era costumbre frecuente que este interés debía ir a cobrarlo el propietario personalmente; de ahí "gatter-zinsse": renta que se entrega por encima de la verja.

[34] El convento cisterciense de Buch, fundado a fines del siglo XII y distante aproximadamente una hora de camino de Leisnig, había ejercido durante largo tiempo el señorío feudal sobre la ciudad; más tarde había conservado al menos el patronato sobre la iglesia parroquial de Leisnig. Fue secularizado en 1526 al morir el que entonces era su abad. (L).

Ingresos provenientes de los bienes y derechos de la casa de Dios [iglesia]

Todos los bienes y derechos, feudos hereditarios, intereses sobre herencias, rentas a condominio, peaje [35], dinero en efectivo, objetos de plata, joyas, bienes muebles, y todas las demás entradas fijas o eventuales que pertenezcan a nuestra casa de Dios, deben ser incluidos en su totalidad en la caja común, ahora y en lo futuro, así como también las escrituras, inventarios y registros pertinentes.

Ingresos de las donaciones para los cuatro altares [36] y de otras donaciones de bienes y derechos

Cuando hayan muerto los sacerdotes que actualmente usufructúan las donaciones para los cuatro altares de nuestra casa de Dios, o cuando dichas donaciones queden vacantes de alguna otra manera, en lo sucesivo no se las ha de otorgar a otro; sino que las cuatro casas junto con los bienes, ventas, entradas, utilidades, joyas, provisiones y bienes muebles como así también las escrituras, inventarios y registros correspondientes, deben ser puestos en la caja común. Además deben agregarse a la caja común todas las donaciones en concepto de celebraciones, misas de aniversario, semanas de indulgencias u octavas [37] y otras donaciones y limosnas especiales [38] para el hospital o algún otro fin.

Ingresos de cofradías

El dinero en efectivo, los intereses comprados [39], joyas, objetos de plata, provisiones y bienes muebles recaudados hasta ahora para las afamadas cofradías de los Hermanos Calendarios, los de Santa

---

[35] La Iglesia de S. Mateo de Leisnig era propietaria del puente sobre el río Mulde; era responsable por la conservación del puente y cobraba el peaje. Disponía también de donaciones especiales para reparaciones del puente. Estas donaciones, y el deber de conservación, debían transferirse ahora a la caja común. Sólo en 1847, el puente pasó a ser propiedad del estado. (L)

[36] Estas donaciones se refieren a los altares de Corporis Christi, Annuntiationis Mariae, Conceptionis Mariae, y Crucis. A cada uno de estos altares estaba afectado un clérigo que vivía en una casa donada ad hoc; la donación incluía también la prebenda. El altar mejor dotado era el de Corporis Christi: producía algo más de 32 gulden al año. (L)

[37] "Octaven" — donaciones con la estipulación de que periódicamente se hagan durante ocho días oraciones por el difunto para así conseguirle indulgencia. (L)

[38] En el original "einlitzige" = donaciones que entran en uso una vez al año. (L)

[39] Ver nota 22.

Ana y los Zapateros [40] y pertenecientes a ellos, juntamente con las escrituras, inventarios y registros, deben ser puestos todos en esta caja común, y queda ordenado que permanezcan allí.

Ingresos de ofrendas a Dios de parte de organizaciones de artesanos y campesinos

Los aportes y derechos gremiales, reclamaciones, indemnizaciones, castigos y multas que se hayan acumulado hasta ahora y se acumularán en los años venideros como ofrendas a Dios, así dentro de la ciudad, entre los gremios de artesanos, como también fuera de ella, entre las organizaciones de campesinos en las aldeas pertenecientes a nuestra parroquia general, son y deben ser depositados e incluidos en su totalidad en la caja común.

Ingresos de comestibles y dinero para la caja de limosna y el arca de ofrendas

En nuestra casa de Dios están instalados y deben estar instalados en todo tiempo, e invariablemente, dos barriles o cajones redondos en que se pueda poner pan, queso, huevos, carne y otros comestibles y provisiones, y además una o dos arcas para poner las ofrendas; ambos, los comestibles y el dinero, para la caja común. Así también las limosnas y ofrendas caritativas para socorrer a los pobres, solicitadas de cada uno en particular por dos personas designadas por nosotros, toda vez que nuestra parroquia se reúne en la casa de Dios, inmediatamente deben ser puestas en estas arcas y ser asignadas a ellas. La parte perecedera de las provisiones debe ser repartida sin demora como ayuda a los pobres, por las personas designadas al efecto, y conforme a sus órdenes, como se detallará más adelante. En cambio, lo que es conservable hasta el domingo próximo, debe guardarse y usarse entonces, para bien y comodidad de los pobres [41].

---

[40] Los Hermanos Calendarios (del latín fratres calendarii) llevan este nombre porque originalmente se reunían cada primer día del mes (lat. "calendae"). Eran una asociación de clérigos, más tarde también de laicos, con el objeto de practicar la beneficencia y socorrer a sus miembros difuntos mediante solemnes funerales y misas en sufragio de su alma. El altar "Annuntiationis Mariae" en Leisnig era donación de ellos. También la cofradía de los zapateros era una organización religiosa con fines de beneficencia. (L)

[41] Si corremos la coma en el texto original, puede traducirse también: "En cambio, lo que es conservable, debe guardarse hasta el domingo próximo, y usarse entonces..."

*Ingresos de donativos hechos en estado de salud, y de
testamentos hechos en el lecho mortuorio*

Otros donativos espontáneos, hechos en estado de salud o mediante testamento en el lecho mortuorio, donados en devoción cristiana para gloria de Dios y por amor al prójimo, ya sean bienes, dinero en efectivo, joyas, provisiones o bienes muebles, deben ser puestos íntegramente en esta caja común y permanecer allí. [Para que así
ocurra] también se han de dar fieles amonestaciones por parte de
nuestros clérigos, en el púlpito y en otros lugares, y en el momento
oportuno, quiere decir mientras los que yacen en el lecho mortuorio
estén aún en su cabal juicio, y con el consentimiento de los que serán sus herederos.

Disposiciones respecto de la administración de la caja común

La administración de la caja común debe disponerse y efectuarse
de la siguiente manera: Una vez cada año, el domingo después de la
octava de Epifanía [42], aproximadamente a las 11 horas, la asamblea
general parroquial debe reunirse aquí en el ayuntamiento para elegir
ahí mismo mediante la gracia de Dios, en verdadera fe cristiana, unánimemente, diez mayordomos [43] o administradores para la caja común.
[Y estos diez han de elegirse] de entre todos los presentes, los más aptos,
sin acepción de persona, a saber, dos [miembros] de la nobleza, dos
del magistrado en ejercicio, tres de entre los ciudadanos en general, y
tres de entre los campesinos de la zona rural. Acto seguido, las diez
personas así elegidas deben asumir y encarar de buen grado la carga
de esta administración y mayordomía, por amor de Dios y para el
bien común, con buena conciencia cristiana, sin reparar en favor, envidia, beneficio, temor o algún otro motivo improcedente, y con la obligación y mandato de hacerse cargo, según su leal saber y entender,
fielmente y sin perjuicio [para nadie], de la administración, cobros y
pagos, conforme a este nuestro presente acuerdo.

Aseguramiento de la caja con cuatro cerraduras especiales

Esta caja o arca debe guardarse en nuestra casa de Dios, en el
lugar donde esté más segura, y debe estar cerrada con cuatro cerraduras y llaves diferentes y separadas, de suerte que una de estas llaves
la tengan en su poder los nobles, otra el magistrado, otra la comunidad urbana, y otra los campesinos de la zona rural.

---

[42] "Sontag nach dem achten der heiligen drey konige tag"; la octava de Epifanía
(Octava Trium Regum) es el 13 de enero; el domingo después será, pues, el segundo domingo de Epifanía.
[43] En el original "furmunden", tutores.

Los administradores deben reunirse cada domingo

Cada domingo del año, desde las once horas hasta las dos de la tarde, los diez administradores deben estar reunidos en nuestra común casa parroquial o en el ayuntamiento, y desempeñar allí con toda diligencia las funciones de su mayordomía, deliberando y actuando todos en común, a fin de que el glorificar a Dios y el amar al prójimo cristiano sea mantenido en constante ejercicio y promovido todo lo posible. Y lo tratado en sus reuniones debe guardarse en secreto honesta y sinceramente, y no debe ser revelado en una forma que no corresponda. En caso de que algunos de los miembros no puedan asistir siempre y se vean impedidos por motivos justificados, la mayoría [presente] tendrá no obstante facultad de deliberar y actuar.

Tres libros: para anotar todos los bienes y derechos y todo lo actuado

Para cada domingo, los diez administradores deben tener a mano tres libros o registros, a saber:

El libro principal, en el que se ha de detallar, ahora y en lo futuro, este nuestro fraternal acuerdo tal como está guardado, debidamente sellado, en la caja; además todas las escrituras, documentos de donaciones, inventario y registros respecto de todos los bienes y derechos que de la manera antes descrita han sido destinados en una forma u otra a la caja común y depositados en ella, y que serán depositados en y destinados a ella en lo futuro.

El libro de actas; en éste deben anotarse y registrarse fielmente todas las actuaciones, deliberaciones, resoluciones, informaciones, investigaciones y conclusiones habidas, efectuadas y llevadas a término en y concerniente a la administración de los ingresos y egresos de la caja común, para que de allí se pueda obtener en todo momento la información que se necesite.

El registro anual de cuentas; en éste debe asentarse en primer lugar una lista e inventario completo de todas las partidas de las provisiones, bienes muebles, joyas, objetos de plata y dinero en efectivo, todo con definición exacta del peso, cantidad y medida; y cada año, cuando los arriba mencionados diez administradores asuman su cargo, todo esto, pieza por pieza, les será encomendado como su haber, haciéndose al mismo tiempo un recuento. En este libro debe asentarse también domingo tras domingo [44] toda y cada una de las

---

[44] En el original: "alle Sontage wochentlich" = todos los domingos semanalmente.

entradas y salidas de la semana, todo ello conforme a un sistema común de contabilidad acerca del cual la asamblea entera se pone de acuerdo, o, de exigirlo así las circunstancias, tendrá que ponerse de acuerdo más adelante. Para cada día de elecciones, los administradores salientes compondrán un registro completo y escrito de [lo asentado en] este libro, puesto en orden con los necesarios rubros, y lo entregarán a los diez administradores entrantes, a fin de prevenir perniciosos errores y omisiones. E inmediatamente después de que estos tres libros hayan sido usados en la forma arriba descrita, debe encerrárselos nuevamente en la caja común.

Cobranza de todas las entradas y deudas

Los diez administradores deben reclamar con asiduidad todos los intereses, recaudaciones, entradas y deudas, tanto fijos como eventuales, y depositarlos en la caja común, y velar además por que todo esto se mantenga invariablemente [al día] hasta donde sea posible sin resultar opresivo para los pobres.

Cargo de dos arquitectos [45]

Los diez administradores deben designar a dos de entre ellos para la función de arquitectos. Estos dos, con el asesoramiento y conocimiento de los ocho restantes, deben velar por el buen estado de los edificios, [a saber:] la casa de Dios, el puente, la casa parroquial, la escuela, la sacristía y el hospital. Además, cada vez que nuestra asamblea parroquial asista a la casa de Dios, estos dos, provistos de sendas bolsitas o bandejas, levantarán las ofrendas para el sostén de los pobres, e inmediata y públicamente las depositarán en las dos arcas destinadas a ese efecto, cuyas llaves han de guardarse en la caja común. El dinero contenido en estas dos arcas debe ser sacado cada domingo por los diez administradores en conjunto, depositado en la caja común, y anotado debidamente en el registro de cuentas. Por su parte, los donativos de comestibles y provisiones perecederos deben ser repartidos diariamente a los pobres; previa resolución de los diez administradores en pleno, quienes cada domingo determinarán cuáles son las necesidades, y cuál la mejor forma de satisfacerlas. En cambio, los artículos no perecederos deben sacarse del cajón de limosnas [46] y guardarse en lugares apropiados en la casa de Dios, siempre hasta un día domingo, y luego distribuirse entre los pobres, a criterio de los diez administradores.

---

[45] "Bawhmeister" en el original. Se trata, más que de arquitectos, de un comité que tenía a su cargo el cuidado de los edificios pertenecientes a la parroquia (semejante a los "ediles" entre los antiguos romanos).

[46] Véase pág. 122: "ingresos de comestibles..."

Abolición de cargas foráneas

Considerando que nosotros, los nobles, concejales, presidentes de los cuatro gremios, notables y habitantes comunes de la ciudad y de las aldeas de nuestra parroquia, en virtud de este nuestro acuerdo hemos llegado a una resolución para nosotros y nuestros descendientes, y, asesorados por los doctores de las Sagradas Escrituras, hemos alejado de nosotros y abolido esa manifiesta carga con que estaba gravada en exceso toda la asamblea general, a causa de los pobres y holgazanes foráneos, fingidos, que no padecían necesidad real, carga que nos sumía aún más en nuestra propia pobreza —por tanto, aquello debe estar y quedar alejado y abolido. A saber:

Abolición de las casas de mendicantes [47]

Ninguna orden monástica, cualquiera que fuere, podrá tener en lo sucesivo su apeadero en nuestra parroquia, ni en la ciudad ni en las aldeas. Por esto, hecha la debida valuación, se les pagará [a las órdenes en cuestión] una indemnización por las tres casas de mendicantes, con fondos de la caja común y en beneficio de ella [48].

Abolición de la mendicidad monacal: de los que mendigan con reliquias, y los que medigan para la construcción de una iglesia [49]

A ningún monje, sea que mendigue con reliquias o para la construcción de alguna iglesia, se le ha de dar permiso o asignar una zona para ejercer o hacer ejercer la mendicidad en nuestra parroquia, ni en la ciudad ni en las aldeas.

Abolición de la mendicidad de estudiantes foráneos

A ningún estudiante de afuera se le ha de dar el permiso de mendigar en nuestra parroquia, ni en la ciudad ni tampoco en las aldeas. Mas si alguien quisiere asistir a una de nuestras escuelas, consígase hospedaje y comida por su propia cuenta.

---

[47] "Termineyen". La "Terminey" era el apeadero (o "estación terminal") instalado en una ciudad por monjes mendicantes provenientes de otra zona que querían ejercer la mendicidad en dicha ciudad. En Leisnig poseían tales casas, propias los franciscanos de Oschatz, los dominicos de Freiberg y los agustinos de Waldheim. (L)

[48] Quiere decir, que estas casas se administrarían en lo futuro en beneficio de la caja común. En efecto, consta en actas que las casas de mendicantes en Leisnig fueron compradas a las órdenes y convertidas, la de Freiberg en habitación para el diácono (1529), la de Oschatz en archidiaconato. (Comp. Nobbe, Mitt. 7:41; Hingst, Mitt. 8:30 S.).

[49] En el original: stationirer und kirchenbitter.

Abolición de la mendicidad masculina y femenina

Ningún mendigo ni mendiga debe ser tolerado en nuestra parroquia, ni en la ciudad ni en las aldeas; pues los que no estuvieren agobiados por la edad o por enfermedad deben trabajar, o de lo contrario ser expulsados de nuestra parroquia, tanto de la ciudad como de las aldeas, aun con ayuda de las autoridades [si fuera necesario]. Aquellos en cambio que en nuestro medio caigan en pobreza a causa de alguna desgracia, o que no puedan trabajar por enfermedad o por su edad avanzada, deben ser mantenidos adecuadamente de la caja común, por intermedio de los diez [administradores] designados, y en la forma que a continuación se detalla.

Asignaciones y subsidios [50] de la caja común

Por lo tanto, de aquí en adelante nosotros, la asamblea parroquial y nuestros descendientes, queremos y debemos dar, proveer y mantener subsidios de nuestra caja común por intermedio de nuestros diez administradores electos, hasta donde con la gracia de Dios alcancen nuestras posibilidades, y hacer las asignaciones según las necesidades del caso, del modo siguiente:

Asignación para los que desempeñan el sagrado ministerio

Nuestro común cuidador de almas o pastor, llamado y electo, así como nuestro predicador, llamado por nosotros para asistir al pastor (el cual [predicador] debe sin embargo poseer también por su parte la capacidad y el conocimiento necesario para desempeñar el ministerio y la predicación de la palabra junto con otros quehaceres pertinentes) y en caso necesario también un ayudante subalterno [51], deben ser provistos, por los diez administradores y mediante resolución unánime de toda la asamblea, de una determinada suma de dinero, de cierta cantidad de comestibles y del usufructo de terrenos y bienes [en posesión de la iglesia] para cubrir apropiadamente sus necesidades y sostén. Estas provisiones deben entregarse anualmente en cuatro cuotas, en la semana de témporas [52] de cada trimestre, contra el corres-

---

[50] "Verschunge"; puede traducirse también con "provisiones", "mantención".
[51] "ein Cappellan": propiamente un clérigo que oficia el culto en una capilla.
[52] "uff eine quatember und viertell Jares". 'Quatember', usualmente días de vencimiento de pagos, etc., eran los miércoles de la semana de ayuno ("semana de témporas") con que comenzaba cada trimestre; vale decir, miércoles antes de Reminíscere, antes de Trinidad, después del día de la Exaltación de la Sta. Cruz (14 de sept.) y Sta. Lucía (13 de dic.). (L)

pondiente recibo, y deben tomarse de la caja común. Con este salario anual, provisiones y usufructo para su sostén, deben darse por satisfechos, sin solicitar ni aceptar bajo ningún concepto otra cosa más de parte de las personas pertenecientes a esta parroquia, salvo que fuesen obsequios y donativos no solicitados, hechos libre y espontáneamente. Antes bien, en esto como también en la administración del oficio común del sagrado ministerio, deben atenerse a las disposiciones e instrucciones enseñadas en las Escrituras Divinas, disposiciones que cada domingo deben ser conferidas y promovidas diligentemente por los diez administradores, a fin de que el sagrado ministerio no sufra desmedro.

Asignación para la sacristía

El portero de la iglesia o sacristán, que por orden de la asamblea tiene el encargo de cerrar la casa de Dios y efectuar los demás quehaceres pertinentes, recibirá trimestralmente un salario determinado más cierta cantidad de comestibles y usufructos, a pagar de la caja común por los diez administradores, tal como lo ha resuelto la asamblea y como está incluido en la precedente reglamentación respecto del común oficio del ministerio, que rige también para los servicios del sacristán.

Asignación para la escuela

En nombre de nuestra asamblea parroquial general, los diez administradores designados tendrán el poder y encargo de llamar, instalar y deponer a un maestro para los muchachos [53] conforme al consejo y visto bueno de nuestro pastor electo y del antes mencionado predicador [54] y otros doctores de las Escrituras Divinas, a fin de que al frente de un oficio tan altamente necesario como lo es la educación e instrucción cristiana, honrosa y honorable de la juventud, sea puesto un hombre piadoso, irreprochable y bien instruido. Este maestro estará obligado a orientar su educación, instrucción, vida y gobierno según el tenor de la antes mencionada reglamentación de nuestro común oficio del sagrado ministerio, guardada en nuestra caja, y de atenerse a ella invariablemente. Como pago y compensación por estos servicios, dicho maestro recibirá trimestralmente de la caja común un salario determinado y algunas provisiones, [de manos] de los diez administradores y conforme a lo que resuelva la asamblea general;

---

[53] En 1529, la escuela de Leisnig contaba con 45 alumnos.
[54] Véase el párrafo referente a la asignación para el ministerio.

y fuera de las cuatro cuotas arriba indicadas, no deberá solicitar ni aceptar nada de parte de nuestra asamblea parroquial. En cambio, de estudiantes de afuera —que serán tolerados aquí sólo si ellos mismos corren con sus gastos, pero no si recurren a la mendicidad—, el maestro puede aceptar una remuneración adecuada, a criterio del pastor, del predicador y de los diez administradores, a fin de que también a aquellos foráneos les sea impartida una educación e instrucción cristiana. Este oficio de la educación y gobierno de la juventud debe mantenerse bajo constante y cuidadosa supervisión por parte de nuestro pastor, predicador y los diez administradores; todos los domingos deben efectuar las necesarias consultas y deliberaciones al respecto, y tratar [todo este asunto] con la mayor seriedad. Igualmente, de nuestra caja común y por intermedio de los diez administradores se pasará un salario anual y alguna provisión a una señora honesta, ya de cierta edad e irreprochable, para que instruya a las niñas menores de doce años en la verdadera, cristiana disciplina, honor y virtud, y para que conforme a las disposiciones de nuestro oficio del sagrado ministerio les enseñe a escribir y leer en alemán durante un número determinado de horas, a la luz del día y en un lugar respetable y no sospechoso; más de lo estipulado no solicitará ni aceptará de parte de nuestra asamblea. En cambio dicha señora puede aceptar una adecuada [55] remuneración, conforme al criterio de los diez administradores, [por parte de padres] de niñas foráneas enviadas desde otros puntos a la escuela de alemán en nuestra ciudad. Y los diez administradores deben velar en todo tiempo y con todo empeño por la disciplina y gobierno de esta escuela de alemán y sus alumnas, a fin de que se mantenga inconmoviblemente la disciplina, honor y virtud cristianos.

Asignación para los inválidos y ancianos indigentes

Las personas que en el ámbito de nuestra asamblea parroquial y [residentes] entre nosotros cayeran en pobreza a causa de alguna desgracia, y fueran dejados en el desamparo por sus parientes si es que tienen algunos que podrían socorrerlos; y también las que por enfermedad o edad avanzada no puedan trabajar y se hallen en pobreza apremiante, deben ser mantenidas y provistas de lo necesario [con fondos] de nuestra caja común, por intermedio de los diez administradores. Ello debe hacerse semanalmente los días domingo y también en otros días cuando se presente la ocasión, y debe tener como fin evitar, por amor cristiano y para gloria y alabanza de Dios, que estas personas sigan siendo perjudicadas y debilitadas en su cuerpo, y que

---

[55] El original dice "mogliche belonung", remuneración posible, quiere decir, ajustada a la situación económica de los padres. (L)

su vida sea acortada, por falta de vivienda adecuada, vestido, alimento y cuidado. Y tales artículos de diaria necesidad jamás debe solicitarlos, pedirlos con lamentos o mendigarlos públicamente ningún pobre de entre nuestra asamblea; por lo tanto los diez administradores deben informarse y hacer averiguaciones diligente y constantemente, y tener conocimiento exacto y bien fundado acerca de todos los pobres que se hallen en la situación antes descrita, tanto en la ciudad como en las aldeas, dentro de todo el ámbito de nuestra parroquia. Cada domingo deben tratar en sesión este particular; y los nombres de esos pobres a quienes se llegó a conocer como tales [a raíz de estas investigaciones] y a quienes se resolvió dar ayuda, deben ser anotados con claridad en el libro de actas, junto con lo resuelto respecto de ellos, a fin de que los haberes de nuestra caja común sean distribuidos en forma adecuada.

Asignación para el sostén de huérfanos y niños pobres

Los huérfanos pobres y desamparados en la ciudad y en las aldeas de nuestra parroquia entera, deben ser provistos por los administradores —según se ofrezca la ocasión y con fondos de la caja común— de educación y lo necesario para la vida, hasta que puedan ganarse el pan con su propio trabajo. Si entre tales huérfanos e hijos de gente sin recursos se descubren muchachos con aptitudes para el estudio y las artes liberales [56] y letras, los administradores han de facilitar mantención y provisión de la caja común, aparte de lo que se destina a los demás pobres. Los otros muchachos por su parte deben ser instados a aplicarse al trabajo y a dedicarse a oficios y negocios apropiados. Las jóvenes de entre tales huérfanos desamparados, y asimismo las hijas de gente pobre, recibirán en el caso de casarse una ayuda adecuada de la caja común, que les será entregada por los administradores.

Asignación para el socorro a personas
carentes de domicilio

A artesanos y otras personas carentes de domicilio, casados o viudos, que vivan en la ciudad y en las aldeas de nuestra parroquia y que carezcan de recursos propios y de ayuda ajena para practicar y ejercer en la forma debida su oficio, sea como artesanos en la ciudad o como

---

[56] Las "artes liberales" (freye kunst) eran en la antigüedad los conocimientos dignos de un hombre libre (Gramática, Retórica, Dialéctica, Aritmética, Geografía, Música y Astronomía), a diferencia de las "artes mecánicas" con que tenían que ganarse el sustento los artesanos, etc.

campesinos, se les adelantará de la caja común, por intermedio de los administradores, una suma apropiada, que deberán reintegrar dentro de un término razonable. A aquellos empero que pese a su fiel trabajo y diligencia no estén en condiciones de restituir este empréstito, la deuda les será condonada por amor de Dios y para que puedan cubrir sus necesidades. Será obligación de los administradores investigar estos casos minuciosamente.

Asignación para el socorro a trabajadores transeúntes

A personas venidas de afuera, cualquiera que sea su estado [civil], hombres o mujeres, que tengan hacia nuestra asamblea común [o general] una confianza cristiana y fraternal y que deseen ganarse el sostén en nuestra ciudad o en las aldeas de nuestra parroquia, trabajando laboriosa y diligentemente, los diez administradores deben prestarles fiel apoyo, y socorrerlos también adecuadamente con préstamos y donativos de la caja común según el caso, a fin de que tampoco los forasteros queden sin consuelo y amparo, y para que sean preservados del oprobio y de pecados manifiestos.

Asignación para la conservación y
construcción de edificios

La constante mantención y mejora de los edificios ya existentes o nuevos cuya ubicación se detalla a continuación y que son de competencia de la caja común, a saber: la casa de Dios, el puente sobre el río Mulde, la casa parroquial, la escuela, la sacristía, el hospital, debe ser discutida, dispuesta, llevada a efecto y ejecutada con toda diligencia y circunspección por los diez administradores, con el asesoramiento de expertos en construcciones y de gente del oficio de reconocida capacidad. Los diez administradores deben hacer también, en forma apropiada, las necesarias provisiones y efectuar los pagos de la caja común, y además, conseguir por intermedio de sus dos arquitectos [el personal necesario para] el transporte de materiales y otros trabajos manuales, especialmente los relacionados con el puente, mediante el tradicional sistema de tandas reclutadas entre la población urbana y rural.

Asignación para la adquisición de una
reserva de cereales para uso público

Para el beneficio general de nuestra asamblea parroquial, los diez administradores deben adquirir con fondos de la caja común, en adición a los subsidios de la tesorería municipal que facilita el magistrado,

una apreciable cantidad y medida de cereales y arvejas en calidad de
reserva para los graneros pertenecientes al magistrado y la parroquia
general; y deben velar por que estas provisiones no sean tocadas en
años en que se puedan comprar cereales a bajo precio, sino que constantemente sean aumentadas y engrosadas, a fin de que cuando se
avecinen tiempos de penuria los habitantes de la asamblea parroquial
general, tanto los de la ciudad como los de las aldeas, tengan por
la gracia de Dios la posibilidad de recurrir a estas reservas y obtener
lo necesario para la vida, sea mediante compra, préstamo o donación,
tal como los diez administradores lo consideren conveniente y apropiado. También aquel cereal que para beneficio común haya sido donado o legado testamentariamente por terratenientes [57] de la ciudad
o agricultores del campo, y que haya quedado como excedente después
de socorridos los pobres en la forma antes descrita, debe ser agregado
a esa reserva común y destinado a servir de ayuda a toda la asamblea
parroquial en casos de necesidad, conforme a lo ya dicho.

Aportes anuales que se harán a la caja común

En caso de que los antes especificados intereses, recaudaciones,
ingresos y [demás] aportes a los haberes y reservas de nuestra caja
común no fuesen suficientes para mantener y proveer de lo necesario
a nuestra casa parroquial, la sacristía, la escuela, los edificios públicos,
y para socorrer a los pobres indigentes, tal como lo hemos detallado
claramente y punto por punto: nosotros, los nobles, concejales, presidentes de los cuatro gremios, notables y habitantes comunes de la
ciudad y de las aldeas de toda nuestra parroquia, hemos resuelto y
convenido unánimemente, para nosotros y nuestros descendientes, y
en virtud de este nuestro acuerdo fraternal, que cada noble, ciudadano
y campesino residente en el ámbito parroquial haga para sí, su mujer
e hijos un aporte anual en proporción a sus posibilidades, a los efectos
de que se junte y alcance en su totalidad el capital que la asamblea
parroquial general reconoció y estimó necesario y suficiente en su
estudio y discusión del presupuesto anual. Igualmente, todos los inqui-
linos en toda la extensión de nuestra parroquia, la servidumbre, los
peones de artesanos y otras personas que no tienen domicilio propio
y sin embargo gozan y hacen uso de nuestros derechos parroquiales,
deben aportar cada uno una moneda de plata [58] como contribución
anual, quiere decir, en la semana de témporas de cada trimestre [59] tres

---

[57] "Ackerleutten" — personas que poseen tierras de cultivo.
[58] En alemán "Groschen", del latín "grossus", grueso. Moneda de amplia cir-
culación en Francia, Alemania, Países Bajos, Dinamarca, Inglaterra y también Italia
y España (el "gros" de Navarra). Generalmente de plata, pesaba alrededor de 4 gr.
[59] Ver nota 52.

nuevos peniques [60], o sea la cuarta parte de una moneda de plata, suma que todo amo o ama de casa debe recaudar regularmente y entregar luego a los diez administradores cada semana de témpora. Y ningún miembro de la parroquia debiera o deberá quejarse ahora o más tarde a causa de esta modesta contribución y ayuda anual ofrecida para la gloria de Dios y por amor al prójimo cristiano, considerando que hasta hace poco y durante una eternidad de años, tanto los residentes como los no-residentes en nuestra parroquia entera han sido cargados en exceso y exprimidos incesantemente a través de todo el año con desmedidos e intolerables gravámenes y descuentos, de la más diversa manera y con toda suerte de artimañas. Pero ahora, mediante la gracia de Dios, todas estas cosas volvieron a ser colocadas bajo la libertad del espíritu cristiano; y es deber de todo cristiano poner sumo empeño en evitar que esa libertad cristiana sea empleada en forma abusiva para encubrir la vergonzosa avaricia.

Asamblea general tres veces al año

Tres veces al año, a saber, el domingo después de la octava de Epifanía [61], el domingo después de San Urbano y el domingo después de San Miguel [62], a las once horas, ha de reunirse en el ayuntamiento la asamblea general parroquial en sesión plenaria, y ha de permanecer allí por lo menos hasta las dos horas de la tarde. Los puntos a tratar serán los siguientes: En primer lugar se leerá y escuchará públicamente este nuestro acuerdo fraternal; luego se discutirá y someterá a consideración de todos la administración, ingresos y egresos de nuestra caja común así como también las necesidades que hubiere y la manera apropiada de satisfacerlas, todo ello de acuerdo con los informes que nuestros diez administradores presenten a base de sus libros de actas y de cuentas; y finalmente se tomarán mediante la gracia de Dios las resoluciones pertinentes, para que [lo estipulado en] este acuerdo fraternal sea conservado en la medida de las posibilidades y recursos de todos, sin sufrir desmedro. Y aunque alguno de entre la asamblea general parroquial no pudiera estar presente en estos tres días determinados —si bien nadie debiera faltar a no ser que tuviera un motivo que lo justifique plenamente—, sin embargo la asamblea debe proceder en la forma reglamentaria arriba mencionada.

---

[60] El "Groschen" tenía por lo tanto 12 peniques (Pfennig), como el chelín inglés en la actualidad. El Pfennig era la moneda de menor valor en aquel entonces.
[61] Ver nota 42.
[62] Día de San Urbano: 25 de mayo; día de San Miguel Arcángel: 29 de setiembre.

Obligación de los Administradores de presentar un informe anual
acerca de todas sus actividades

Cada año, el domingo después de la octava de Epifanía y días siguientes, nuestros diez administradores designados presentarán y rendirán un informe anual completo y detallado acerca de la administración, ingresos y egresos de nuestra caja común. Dicho informe lo presentarán públicamente ante nuestra asamblea general, o bien ante un apreciable número de miembros constituidos en representantes de la asamblea general, tal como lo requieran las circunstancias; y estará basado [el informe] tanto en los libros de actas y de cuentas como también en información adicional oral. Una vez que la asamblea haya aprobado unánimemente tanto el informe anual mismo como también las aclaraciones —cosa que como ya se indicó, se hará el primer día de sesiones— se lo devolverá o remitirá a los administradores; y después que éstos hayan dado su visto bueno y aprobación al informe presentado, se les expresará el debido agradecimiento [por los servicios prestados] y se los declarará descargados, desligados y libres de toda obligación para con la asamblea. Acto seguido transferirán y entregarán a los nuevos diez administradores electos la caja común junto con todas las escrituras, inventarios y registros, así como también los tres libros, [a saber] el libro principal, el libro de actas y los registros anuales de cuentas hasta donde hayan sido llevados; además les pondrán a entera disposición todas las partidas que de acuerdo con el inventario hayan quedado en depósito y como remanente después de cerrado el balance, esto es cereales, provisión de comestibles, bienes muebles, joyas, objetos de plata, dinero en efectivo y toda clase de materiales de construcción, todo ello definido exactamente según peso, cantidad y medida. Y lo así transferido será anotado punto por punto en un inventario y registro aparte por los nuevos administradores, sellado en nombre de la asamblea por los nobles, concejales y cuatro gremios, y depositado en la caja común para ser usado como base para futuros informes de caja.

Consulta de los administradores anteriores por parte
de los nuevos

Además [63], los administradores nuevos podrán consultar con los anteriores toda vez que tengan necesidad de ello; y los administradores viejos no deben sentirse molestos por tales consultas, sino que para gloria de Dios y beneficio de todos deben comunicar fielmente sus informaciones y consejos [a sus sucesores].

---

[63] Por el "además" se vincula este último artículo con el penúltimo.

En testimonio y garantía de que la asamblea parroquial de Leisnig en todo tiempo ejecutará, usará y administrará fielmente y sin
desmedro este nuestro acuerdo fraternal en todos sus antes especificados artículos, párrafos y puntos, sola y exclusivamente para la gloria
de Dios y por amor al prójimo cristiano, por ende para el bien común; y a causa y solicitud de todos los habitantes de la ciudad y de
las aldeas de nuestra parroquia, hemos aplicado al presente documento
nuestros sellos, públicamente y con plena responsabilidad, por nosotros mismos y para la asamblea parroquial que nos sucediere: nosotros los nobles de nombre Baltasar von Arras, Bastian von Kot-
teritzsch [64] y Sigmundt von Laussk, [hemos aplicado] el sello tradicional de nuestras respectivas familias; nosotros los concejales, el sello
privado de nuestra ciudad; y nosotros los presidentes jurados de los
cuatro gremios, a saber, pañeros, panaderos, zapateros y toneleros, los
sellos usuales de nuestros gremios. Hecho y dado en Leisnig, en el
año mil quinientos veintitrés después del nacimiento de Cristo, nuestro amado Señor.

---

[64] Sebastián von Kötteritzsch y Fr. Salbach habían visitado a Lutero en enero
de 1523 para deliberar con él acerca de este Reglamento para la caja común. (L)

V

LOS CONCILIOS Y LA IGLESIA

1539

LOS CONCILIOS Y LA IGLESIA

Muchas veces tuve que reírme, igual que otros, al ver que a los perros les ofrecían, en la punta de un cuchillo, un pedazo de pan, y cuando los canes intentaban atraparlo, los golpeaban con el mango en el hocico, de modo que los pobres perros sufrían no sólo el daño, sino también por añadidura, los dolores; en verdad, una broma muy divertida. Pero en aquel tiempo no se me ocurrió que el diablo hacía la misma burla a nosotros los hombres y nos tomaba por semejantes perros, hasta que me hizo caer en la cuenta de ello el santísimo padre, el papa, que con sus bulas, libros y prácticas diarias hace con la cristiandad la misma chanza perruna. ¡Dios mío, cuánto daño causa a las almas, y qué escarnio a la Majestad Divina! Precisamente lo mismo es lo que hace ahora respecto del concilio. Todo el mundo ha clamado por un tal concilio, y ha estado a la espera de él. Nuestro excelente emperador y el imperio entero han luchado casi veinte años para hacerlo efectivo. Mas el papa los entretuvo con vanas promesas y demoró el concilio una vez tras otra, ofreciendo al emperador, como a un perro, un pedazo de pan, hasta que vio llegado el momento oportuno: entonces le golpea en las narices y se mofa de él como si fuera su bufón y un muñeco.

En efecto: ahora convoca el concilio por tercera vez [1]. Pero antes envía a los países sus emisarios [2] y hace prestar a reyes y príncipes una declaración jurada de que permanecerán fieles a la doctrina del papa. A esto se adhieren los obispos con sus sacerdotes, no cediendo nada en absoluto ni admitiendo reforma alguna. Por tanto, el concilio ya ha concluido antes de comenzar, es decir, no se reformará nada sino que se conservará en todos los puntos la práctica que actualmente está en

---

[1] El 2 de junio de 1536, el concilio fue convocado a Mantua para el 23 de mayo de 1537; el 20 de abril de 1537 se lo postergó para el 1 de noviembre de 1537; el 8 de octubre de 1537 se lo convocó a Vicenza, para mayo de 1538.

[2] 1533 Rangone; 1535 Vergerio; 1537 van der Vorst; 1537 Morone, Aleandro y Mignanelli.

uso. ¿No es éste un concilio admirable? Todavía no ha empezado, y ya ha realizado todo lo que tenía que hacer en caso de iniciarse. Esto significa golpear al emperador en las narices, y hasta aventajar al Espíritu Santo adelantándose a él. Esto mismo es lo que yo he temido, y así lo he expresado más de una vez, por escrito y en palabras: que no celebrarían un concilio ni podrían celebrarlo si antes no hubiesen apresado al emperador, a los reyes y los príncipes, teniéndolos bajo control a fin de que ellos mismos tuvieran completa libertad para disponer lo que quisieran con el objeto de fortalecer su tiranía y oprimir a la cristiandad con mayores cargas que antes.

En el nombre de Dios, si a vosotros, señores, emperadores, reyes y príncipes, os gusta que estos hombres malvados y malditos os pateen en la boca y os den mojicones, no podemos remediarlo; más aún, debemos recordar que anteriormente hacían cosas peores, cuando deponían a reyes y emperadores, los anatematizaban, desterraban, traicionaban, asesinaban y se mofaban de ellos con descaro diabólico, como lo atestigua la historia, y como piensan hacerlo hoy día. A pesar de todo, Cristo sabrá hallar y conservar a su cristiandad, también contra las puertas del infierno[3], aunque el emperador y los reyes no pudieran ni quisieran prestarle apoyo; es más fácil para Cristo prescindir de la ayuda de los príncipes que para éstos prescindir de la ayuda de Cristo. ¿Cómo procedió antes de haber nacido reyes y emperadores, y qué haría si actualmente no existiera ni emperador ni reyes, aunque el mundo lleno de diablos se enfureciera contra él? Está acostumbrado a los platos picantes, y a su vez sabe preparar platos mucho más picantes aún. ¡Ay de los que deben comerlos!

Nosotros empero, cristianos pobres y débiles, que somos llamados herejes por tales santurrones, debemos estar alegres y alabar a Dios el Padre de toda misericordia, y agradecerle de buen ánimo por cuanto nos cuida tan entrañablemente, y hiere a nuestros asesinos y tiranos sanguinarios con tal ceguera egipcia y locura judía que no pueden menos que proponerse no ceder en ningún punto. Prefieren que se hunda la cristiandad antes de abolir la menor idolatría de la cual están más que llenos. De esto se glorían, y también lo cumplen. Digo que hemos de estar alegres. Con ello fomentan nuestra causa más de lo que podríamos desear jamás, y en cambio perjudican su propia causa más de lo que pueden imaginarse. Saben y confiesan que en muchos sentidos no tienen razón, sino que las Escrituras y Dios están contra ellos. No obstante, a todo trance quieren imponer su voluntad contra la voluntad de Dios. A sabiendas defienden el error como si fuese lo correcto. Consolándose con ello, un pobre cristiano debiera tomar el sacramento aun sin confesarse y arriesgar cien vidas, si las

_____
[3] Mt. 16:18.

tuviera, cuando ve y siente tan palpablemente que aquí está reinando Dios y allá el diablo.

Tenemos pues ahora la resolución definitiva del futuro concilio de Vicenza y el veredicto severo del (como es de suponer) último concilio: todo el mundo debe desesperar respecto a la reforma de la iglesia, y no puede admitirse discusión alguna. Ellos prefieren jactanciosamente que se pierda la cristiandad, es decir, tienen al diablo mismo por Dios y Señor antes que a Cristo, y no quieren ceder un ápice de su idolatría. Y no suficiente con ello, quieren obligarnos a los pobres cristianos, bajo amenaza con la espada, a que también adoremos a sabiendas al diablo y blasfememos juntamente con ellos a Cristo. Semejante terquedad no se ha leído ni se ha visto en la historia. Otros tiranos al menos tienen el dudoso honor de crucificar inconscientemente al Señor de la Majestad, como los turcos, gentiles y judíos. Pero aquí hay cristianos que bajo el nombre de Cristo y pretendiendo ser los cristianos supremos se disponen a luchar contra Cristo y dicen: Sabemos que las palabras y acciones de Cristo las tenemos en contra de nosotros. Sin embargo, no queremos admitir su palabra ni ceder, sino que él ha de someterse a nosotros y avenirse a nuestra idolatría. No obstante, quieren ser cristianos y llamarse tales.

Ya que el papa y sus partidarios se niegan a llevar a cabo un concilio y se resisten a reformar la iglesia y no prestan ayuda ni auxilio para ello, sino que defienden descaradamente su tiranía y quieren hundir la iglesia, nosotros, tan lamentablemente abandonados por el papa, no tenemos otra alternativa que buscar ayuda y auxilio en otra parte. Ante todo inquirimos y pedimos una reforma a nuestro Señor Cristo. Por la malignidad de estos tiranos malvados que nos obligan a sepultar toda esperanza respecto de un concilio y una reforma, no debemos desesperar también de Cristo o dejar a la iglesia sin ayuda y auxilio, sino que hemos de hacer lo que podamos y dejar que ellos se vayan al diablo como es su deseo.

Y con ello testifican a gritos, en perjuicio de ellos mismos, que son los verdaderos anticristos y autocatacríticos[4] que se condenan a sí mismos y corren tercamente hacia su propia perdición. Por tanto, se excluyen a sí mismos de la iglesia y se glorían públicamente de que son los enemigos más encarnizados de ella y quieren seguir siéndolo. Pues quien declara preferir la ruina de la iglesia antes de corregirse él, o ceder en parte alguna, manifiesta con ello clara y públicamente que no sólo desea no ser cristiano ni pertenecer a la iglesia (la cual bien puede perderse con tal que él se salve y no perezca juntamente con ella) sino que quiere coadyuvar para que se pierda. Así lo comprueban no sólo con sus palabras, sino con su actitud funesta

---

4 Del griego 'autokatakrítikos', el que se condena a sí mismo. Comp. Tit. 3:11.

al dejar vacantes tantos cientos de parroquias y al hacer que las iglesias se pierdan por carecer de pastores, sermón y sacramento.

En tiempos anteriores, los obispos y hasta cada cristiano se dejaban martirizar (como sucede también ahora) y morían por la amada iglesia con alegría y agradecimiento, y Cristo mismo murió por ella, para que permaneciese y se conservara. Pero el papa y los suyos dicen jactanciosamente que la iglesia debe hundirse en provecho de ellos a fin de que ellos puedan mantenerse con su tiranía, idolatría, bribonadas y toda clase de maldades. ¿Qué opinas de estos hombres? Para que ellos puedan permanecer, la iglesia ha de arruinarse. ¿En qué quedamos? Para que la iglesia se extinga, ha de fenecer antes Cristo sobre el cual ha sido edificada como sobre una roca contra las puertas del infierno [5]. Para que Cristo sucumba, ha de caer antes Dios que puso esta roca por fundamento. ¿Quién hubiera creído que esos señores tenían un poder tan grande que ante sus amenazas la iglesia se hundiría tan fácilmente con Cristo y con Dios mismo? Han de ser muchísimo más poderosos que las puertas del infierno y todos los diablos pese a los cuales la iglesia ha permanecido y deberá permanecer.

Con esto, digo, dan de sí mismos el testimonio elocuente de que no quieren ser la iglesia ni estar en ella sino ser sus peores enemigos y coadyuvar a que se hunda. Sin embargo, hasta ahora nos han fastidiado hasta el cansancio con la palabra iglesia, iglesia, y sin fin ni medida gritaron y bufaron que se los tenga por la iglesia y nos culpaban de miserables herejes; nos maldecían y asesinaban porque no los escuchábamos como a la iglesia. Ahora creo en verdad que estamos absueltos en toda forma e inequívocamente, de modo que ellos ya no quieren ni pueden llamarnos herejes, puesto que no desean ya ser considerados iglesia sino que como enemigos de ella desean arruinarla y ayudar a suprimirla. Pues no es congruente que ellos puedan ser a la vez la iglesia, y, no obstante, querer que se hunda, antes de perderse ellos, y hasta de ceder un palmo. Ahora está a la vista. A esto viene bien el pasaje: *"Ex ore tuo te iudico, serve nequam."* [6]

Si el día del juicio final no fuese inminente, no sería extraño que se derrumbase el cielo y la tierra por semejante blasfemia. Pero ya que Dios tolera esto, el día aquel no debe estar lejos. Ellos empero se ríen de todo esto no pensando que Dios los hizo ciegos, locos, necios e insensatos, sino que lo consideran como gran sabiduría y hombría. También yo estaría seguro como ellos, si sólo fuese cuestión de observarlos en su altivo furor; mas la gran ira divina que se muestra en ellos me aterra sobremanera. Sería una urgente necesidad que todos

---

[5] Mt. 16:18.
[6] Lc. 19:22: Mal siervo, por tu propia boca te juzgo.

llorásemos y orásemos con seriedad, como lo hizo Cristo por Jerusalén
prohibiendo a las mujeres llorar por él y aconsejándoles hacerlo por
sus propios hijos [7]. Pues ellos no creen que haya llegado la hora de
la tribulación. No quieren creerlo, aunque lo están viendo, oyendo,
olfateando, gustando, tocando y sintiendo.

¿Cómo hemos de obrar en adelante, ya que el papa no quiere
concedernos el concilio solicitado ni admitir reforma alguna sino que
él y los suyos prefieren que la iglesia se pierda, y ya que él mismo se
separó de la iglesia para conservar su posición y para no hundirse
con ella misma? Al papa hay que descartarlo, pues, porque ha dado
las espaldas a la iglesia. Y repito: ¿cómo hemos de proceder, y qué
debemos emprender, ya que no tenemos papa? Pues nosotros somos la iglesia, o estamos en ella —esta iglesia que los papistas quieren arruinar para sobrevivir ellos. Sin embargo, nosotros deseamos
permanecer también en el futuro y no pensamos ir tan lamentablemente a la destrucción con nuestro Señor Cristo y su Padre, el Dios
de todos nosotros, sólo por la obcecación de los papistas. Por nuestra
parte opinamos que es necesario un concilio o una reforma en la
iglesia, porque observamos abusos tan graves que aunque fuésemos
bueyes y asnos, por no hablar de hombres o cristianos, y no pudiéramos advertir estos abusos con los ojos u oídos, tendríamos que sen-
tirlos con las patas y las pezuñas y tropezar con ellos. ¿Y qué si nosotros, la iglesia destinada a perecer, convocáramos un concilio contra
los señores permanentes, sin el papa y contra su voluntad, y empren-
diésemos una reforma que a los nobles señores les parecería muy perecedera y que, no obstante, tendrían que admitir? [8] Pero iremos al
grano; ya que hemos perdido ahora a la santísima cabeza, el papa,
hemos de arreglarnos nosotros mismos con lo que nos da nuestro
Señor.

Hace algunos años, muchos papistas se ocuparon en los concilios
y en los padres hasta reunir lo tratado por todos los concilios en un
solo tomo. Este trabajo me satisface bastante, ya que antes no tuve
una visión en conjunto de los concilios [9]. Creo que entre ellos hay
algunos corazones buenos y piadosos que quisieron ver reformada la
iglesia por el modo y según la manera y la norma de estos mismos
concilios o padres. Pues también ellos están conmovidos porque el
estado actual de la iglesia bajo el papado se ajusta tan mal, como
es evidente, al proceder de los concilios y los padres. Pero en este
caso, la de ellos es una intención buena, pero completamente vana.
Sin duda su idea es que el papa con sus partidarios entraría o debiera
entrar en esta reforma. Mas esta esperanza carece de fundamento.

---

[7] Lc. 23:28.
[8] El príncipe elector Juan Federico de Sajonia había sugerido este plan.
[9] Lutero se refiere a la obra de Pedro Crabbe, aparecida en Colonia en 1538.

Ahí está el papa con sus señores inamovibles, oponiéndose obstinadamente tanto a esta gente bienintencionada como a nosotros mismos. Prefieren que se hunda la iglesia antes de ceder un palmo. Esto significa que optan por sacrificar también a los concilios y los padres antes de doblegarse un poco ante ellos. Porque cuando se sigue a los concilios y los padres, ¡por Dios!, ¿dónde quedarán el papa y los obispos actuales? Tendrían que ser la iglesia perecedera y no señores inamovibles.

Pasaré en silencio los años pretéritos, el período de mil o mil cuatrocientos años después del nacimiento de Cristo. No hace más de cien años, el papa comenzó la santa práctica de dar a un solo sacerdote dos beneficios, p. ej. canonicatos o parroquias, sobre lo cual los teólogos de París y sus asociados escribieron y murmuraron muchísimas cosas terribles. Aún no tengo sesenta años; no obstante, sé que durante mi tiempo se ha generalizado la costumbre de otorgar a un obispo más de una diócesis. Mientras tanto el papa lo acaparó todo, robó las anatas y todo lo demás y repartió las diócesis de a tres, monasterios y beneficios de a diez y veinte. ¿Cómo puede devolver todo esto y destruir su cancillería a causa de los padres y los concilios? Sí, dices, es un abuso. Muy bien, sigue los antiguos concilios y padres y reforma todo esto; porque las cosas eran muy distintas hace cien años, y aun hace sesenta años, antes de que tú nacieras.

¿Qué vale entonces tu reforma al estilo de los padres y los concilios? Acabas de oír que el papa y los obispos no dan su consentimiento. Si no pueden tolerar el estado de la iglesia de hace cincuenta años, cuando tú y yo éramos niños, ¿cómo querrán y podrán permitir que los reformemos volviéndolos al estado de la iglesia de hace seiscientos, mil, mil cuatrocientos años? Es una empresa completamente irrealizable, pues que el papa defiende sus posesiones y no quiere saber nada de reformas. Por ello debemos descartar los concilios y padres en estos asuntos, junto con todo lo que nosotros podamos pensar o hablar al respecto. Pues el papa está por encima de los concilios, de los padres, de los reyes, de Dios y de los ángeles. ¡A ver si tú puedes derribarlo y sujetarlo a los padres y concilios! Si lo logras, con mucho gusto te aplaudiré y te apoyaré. Mientras esto no acontezca, ¿qué valor tiene todo lo que habláis y escribís de padres y concilios? No hay nadie que se lo tome a pechos. Mientras el papa no quiera participar de la reforma y con nosotros someterse a los concilios y padres junto con sus inamovibles señores cardenales y obispos, etc., un concilio es inútil y no se puede esperar de él reforma alguna. De todos modos lo tira todo al suelo y nos hace callar.

Pero si desean que nosotros junto con ellos nos dejemos reformar de acuerdo con los concilios y los padres, y ayudemos a la iglesia aun cuando el papa y los suyos no quieran hacerlo ni permitirlo, yo doy una doble respuesta: o son hostiles, venenosos y malos y tienen intenciones ruines, o son de buen corazón y sus propósitos son rectos en cuanto les sea posible. A los primeros les digo que antes se tomen de la nariz y se saquen la viga del ojo [10] junto con el papa y los cardenales o también sin ellos, se amisten con los concilios y con los padres y se atengan a ellos. Si sucede esto, nosotros según tan noble ejemplo inmediatamente haremos otro tanto y seremos aún mucho mejores que ellos. No somos gente tan maldita (a Dios sea loa y gratitud) que queramos que la iglesia se arruine antes de ceder, también en asuntos importantes, siempre que no sea contra Dios, sino que estamos dispuestos a ceder hasta la autodestrucción, en lo que depende de nuestro saber y entender, antes de que la iglesia sufra un mal o detrimento.

Pero ya que ellos mismos no respetan a los padres y los concilios y no obstante quieren obligarnos a nosotros a que lo hagamos: esto es el colmo, y tendríamos que decir: *"Medice, cura teipsum"* [11], y como dice Cristo: "Echan sobre los hombros de los hombres cargas insoportables; pero ellos ni con un dedo quieren moverlas" [12]. Esto no sirve, y nosotros tenemos motivos abundantes para negarnos. Sobre todo porque insisten tanto en la grandísima santidad de los padres y concilios, santidad que nosotros no admitimos y que ellos mismos observan sólo con palabras y sobre el papel y nos la ponen ante los ojos. Pues nosotros confesamos y debemos declararlo que somos cristianos muy imperfectos y débiles, y esto en muchos sentidos.

Primero: Tenemos tanto que hacer con cosas relacionadas con la fe, día y noche, con leer, pensar, escribir, enseñar, exhortar, consolar tanto a nosotros mismos como a otros, que en verdad no nos queda tiempo ni espacio para pensar si existieron jamás concilios o padres, ni qué hablar de que podamos ocuparnos en cosas tan importantes como tonsuras, casullas, largas vestimentas y su eximia santidad. Si ellos han llegado al grado de lo angelical y tienen una fe tan abundante que el diablo tiene que dejarlos en paz, y no puede originar error alguno entre ellos ni aterrar conciencias tímidas: esto no lo hemos conseguido aún, pobres cristianos que somos, y también tememos que no lo alcanzaremos jamás en esta tierra. Por tanto, tendrían motivo para ser indulgentes y misericordiosos y no condenarnos porque no podemos ser iguales a ellos en santidad. Pues si renunciásemos a nuestro trabajo que tenemos en asuntos de la fe, y siendo débiles osáramos tener su robusta santidad de vestimentas y comidas, abandonaríamos nuestra débil santidad sin conseguir la fuerte santidad de ellos y así nos sentaríamos entre dos sillas.

[10] Mt. 7:3 y sigs.
[11] Médico, cúrate a ti mismo. Lc. 4:23.
[12] Mt. 23:4.

Pero si no quieren ser benignos y misericordiosos con nosotros, hemos de dejarlos ser ángeles y danzar en un mar de flores en el paraíso, ya que han dejado atrás la fe hace mucho, y en su santidad celestial no sufren tentación alguna ni por parte del diablo ni de la carne ni del mundo. Nosotros en cambio tenemos que trabajar rudamente y nos revolcamos en el fango y lodo, puesto que somos pobres alumnos de primeras letras y principiantes en la fe y no podemos ser en ella tan grandes doctores y maestros. Pues si tuviésemos tanta fe como ellos se imaginan tener, llevaríamos y conservaríamos mucho más fácilmente que ellos tonsuras, casullas, concilios y padres. Mas como esto no es así, ellos lo llevan todo con facilidad (no llevar nada es carga fácil de portar), y mientras tanto declaran que nosotros no queremos sobrellevar estas cargas.

Igualmente, nosotros pobres cristianos tenemos tanto trabajo con los mandamientos de Dios que no podemos atender las otras obras que ellos consideran espirituales, conciliares y propias de los santos padres. Pues con gran diligencia e insistentemente nos ejercitamos a nosotros y a los nuestros en amar a Dios sobre todas las cosas y a nuestro prójimo como a nosotros mismos, y en ser humildes y pacientes, misericordiosos y clementes, castos y sobrios, no avaros ni envidiosos, y en cumplir con todos los demás mandatos de Dios. Quisiéramos por supuesto que no existieran soberbia, avaricia, usura, envidia, borrachera, glotonería, adulterio o lujuria entre los nuestros. Pero hay tanta debilidad e imperfección que sólo podemos inducir a unos pocos hombres a tales obras buenas. El gran montón queda tal cual y se hace cada día peor. Figúrate ahora: ya que cumplimos tan imperfectamente con las obras necesarias que Dios ordenó, ¿cómo podemos descuidarlas y dedicarnos a las obras eminentes, pujantes e innecesarias de las que ellos nos hablan? Si hubiésemos realizado estas obras divinas, insignificantes, despreciables, o, como ellos las llaman despectivamente: civiles, empezaríamos a observar, si Dios quiere, también las obras espirituales y eclesiásticas, como el comer o no comer carne, usar ciertas vestimentas, observar determinados días, etc., que ellos tanto recomiendan.

La verdad es que a ellos no les cuesta nada, porque han cumplido los mandatos de Dios en todo sentido. Aman a Dios sobre todas las cosas, no se conoce en sus filas ni avaricia, ni usura, ni ningún adúltero ni fornicario, ni bebedores, ni borrachos, ni orgullo ni envidia, etc., sino que realizan todas estas obras insignificantes, buenas y divinas con tal habilidad que están prácticamente ociosos. Por ello, es natural que emprendan, más allá de nuestras obras civiles, otras obras más enjundiosas y eminentes de acuerdo con la obediencia de la iglesia o de los padres, ya que son demasiado fuertes como para practicar tales buenas obras insignificantes como nosotros. Han saltado por encima de ellas y nos han aventajado. Pero al menos, según su grande y fuerte misericordia y de acuerdo con la doctrina de San Pablo debieran tener compasión de nosotros débiles y pobres cristianos y no condenar o escarnecernos porque aprendemos a caminar apoyándonos en las sillas o a chapalear por el fango. No podemos con pies y piernas tan ligeros brincar y bailar por encima de los mandatos de Dios y fuera de los mismos, como lo hacen ellos, héroes y gigantes fuertes. Son capaces de emprender obras mayores y de más categoría que las de amar a Dios sobre todas las cosas y al prójimo como a sí mismo, lo cual San Pablo llama el cumplimiento de la ley, Romanos 13 [13]. Y Cristo dice lo mismo, en el capítulo 5 de Mateo [14].

Pero si no tienen compasión de nosotros, pedimos sin embargo un plazo y término hasta que hayamos cumplido los mandamientos de Dios y efectuado las obras infantiles, insignificantes. Después, junto con ellos, emprenderemos sus obras sublimes, espirituales, caballerescas, varoniles. Pues ¿de qué sirve obligar a un niño a correr y actuar como un hombre fuerte? No da resultado; el niño no es capaz de ello. Lo mismo sucede con nosotros, cristianos pobres y débiles. Tenemos que caminar en los mandatos de Dios y sus buenas obras insignificantes como los niños que se apoyan en las sillas. A veces apenas gateamos y también nos arrastramos por el suelo y Cristo tiene que llevarnos de la mano como lo hace una madre o niñera con un niño. De ninguna manera podemos caminar y actuar a la par del caminar fuerte y varonil de esos eximios señores. Además, ¡Dios nos libre y guarde de esto! Por consiguiente, esperaremos con la santidad eclesiástica y conciliar (como ellos la llaman) hasta no tener ya nada que hacer en los mandamientos de Dios y las obras divinas. No admitiremos tal reforma ni podemos permitirla. Esto es lo que contestamos por esta vez a los que con mala intención quieren que nos sometamos a una reforma.

A los otros que son bien intencionados y esperan, aunque en vano, que quizás se pueda realizar una reforma efectiva, como creen siguiendo a los padres y los concilios, aunque el papa no lo quiere y aun trata de impedirlo, contestaré a mi vez también con buena intención que la considero una tarea imposible y en verdad no sé cómo emprenderla. Yo también he leído a los padres antes de oponerme tan resueltamente al papa. Los he estudiado con mayor detención que los que, basándose en ellos, se comportan ante mí en forma tan petulante y orgullosa. Sé que ninguno de ellos ha tratado de leer en la universidad un libro de las Sagradas Escrituras ni de usar los escritos de los padres como ayuda, como yo lo hice. Que lean un libro

[13] Ro. 13:10.
[14] Mt. 5:19.

de las Sagradas Escrituras buscando glosas en los escritos de los padres, y experimentarán lo mismo que yo cuando estudiaba la Epístola a los Hebreos con las explicaciones de San Crisóstomo, y Tito y los Gálatas con ayuda de San Jerónimo, el Génesis con auxilio de San Ambrosio y Agustín, el Salterio con todos los escritores que tuve a mano. He leído más de lo que ellos creen y así he estudiado todos los libros, de modo que son demasiado osados los que se imaginan que no he leído a los padres y quieren recomendarme como algo precioso lo que yo hace veinte años tuve que considerar de escaso valor cuando tenía que explicar las Escrituras.

San Bernardo declara que sus conocimientos los había adquirido de los árboles, como por ejemplo robles y abetos; éstos habían sido sus maestros. Esto significa que concibió sus ideas sobre las Escrituras bajo los árboles. Agrega también que, si bien estima a los santos padres, no aprecia todo lo que han dicho. La causa la explica con la siguiente parábola: Prefería tomar agua de la fuente misma y no del arroyo. Pues así lo hacen todos los hombres: cuando pueden tomar de la fuente, se olvidan de los arroyos a no ser que usen el arroyito con provecho para llegar a la fuente. Así las Escrituras han de ser maestro y árbitro. Cuando seguimos en exceso a los arroyos, nos alejan demasiado de la fuente y pierden el gusto y la fuerza hasta que fluyen y se diluyen en el salobre mar como ha sucedido bajo el papado.

Pero basta con esto. Indicaremos las causas por las cuales es una empresa irrealizable. En primer lugar es manifiesto que los concilios no sólo son de importancia desigual sino que a veces se contradicen entre sí. Lo mismo vale para los padres. Si los quisiéramos hacer concordar, se suscitaría una controversia y disputa aún mayor que la que existe ahora, de la cual nunca podríamos salir. Pues ya que son muy desiguales en estos asuntos, y frecuentemente contradictorios entre sí, tendríamos primeramente que proponernos la tarea de elegir lo mejor dejando a un lado lo demás. Entonces se produciría la discusión: Uno diría: "Si los seguimos, los aceptaremos íntegramente o nada". Otro manifestaría: "Vosotros elegís lo que os gusta dejando aparte lo que no os agrada". ¿Quién querrá ser aquí el árbitro?

Fíjate en el decreto en que Graciano emprendió precisamente este mismo cometido, por lo cual el libro en cuestión también se llama *Concordantia Discordantiarum* [15], esto es, quiso concertar las sentencias discordantes de los padres y concilios, reconciliando las contradicciones y eligiendo lo mejor; pero las cosas le salieron al revés. A menudo desechó lo mejor, conservando lo peor. No obstante, no arregló ni armonizó nada. Los juristas mismos dicen que la obra de Graciano

[15] Graciano hizo alrededor de 1140 una recopilación de los decretos de los papas y concilios.

huele a ambición y avaricia y que un canonista es un simple asno. ¡Cuánto peor estaríamos nosotros si tratáramos de armonizar las sentencias y el proceder de todos los padres y concilios! Sería una molestia y un trabajo perdido, y el mal se agravaría. No entraré en discusión porque sé que no terminaría nunca y al fin daríamos con cosas enteramente vanas teniendo que sufrir el daño del trabajo y tiempo inútilmente perdidos. Son demasiado verdes los jóvenes escritorzuelos y demasiado inexpertos. Opinan que lo que leen e imaginan debe ser verdad y todo el mundo ha de adorarlo. No obstante, aún no conocen lo más elemental de las Escrituras ni están versados en concilios y padres. Vociferan descaradamente, pero no saben lo que dicen o escriben.

No quiero entrar en más detalles acerca de Graciano. San Agustín escribe a Januario [16] lamentando que la iglesia, ya en sus días, es decir, trescientos años después del nacimiento de Cristo (en este año 1539 han transcurrido mil ciento dos años de su muerte), haya estado apremiada tanto con disposiciones de los obispos de todos lados que ni siquiera la situación de los judíos era menos intolerable. Dice con palabras claras y directas: *Innumerabilibus servilibus oneribus premunt Ecclesiam*, lo que quiere decir: Con cargas innumerables apremian a la iglesia, mientras los judíos tienen que llevar el yugo de Dios solamente, no el de los hombres, etc. Además manifiesta en el mismo escrito que Cristo quiso cargar a su iglesia con pocas y livianas ceremonias, a saber, con bautismo y sacramento, y no indica más que estos dos, de lo cual todos pueden cerciorarse. Los libros están a disposición, de modo que nadie puede culparme de que esté inventando cosas.

Pero en el mismo pasaje, Agustín resta también bastante importancia a estas cargas diciendo: *Hoc genus habet liberas observationes*, lo que significa: Nadie está obligado a observar todo esto, sino que puede omitirlo sin cometer pecado. Si al decir esto San Agustín no es un hereje, yo no lo seré jamás por tirar al fuego las disposiciones de tantos obispos e iglesias e insistir sólo en el bautismo y el sacramento. Considero que Cristo no ha querido cargar a la iglesia con ningún otro gravamen más, si es que queremos llamar gravamen a lo que es puro consuelo y gracia, como él mismo afirma: "Mi yugo es leve, y mi carga placentera" [17]. Este mi yugo es paz, y mi carga, gozo.

El hombre excelente y sensato rinde a los concilios grandes, o como los llaman, concilios universales o principales, el honor de separarlos de todos los demás y de las ordenanzas de todos los obispos. Recomienda estimarlos, y escribe en el mismo lugar que se deben

[16] Ad inquisitiones Januarii, Migne P.L. 33,221.
[17] Mt. 11:30.

observar los decretos de tales concilios grandes, puesto que son importantes. Uso sus palabras textuales: *"Saluberrima autoritas"* [18], lo que significa que es sumamente útil estimarlos mucho. Mas él no vio ninguno de estos concilios grandes ni estuvo en ellos. De no ser así, habría escrito sobre ellos de otra manera, o más extensamente. Pues no hay más de cuatro concilios principales, muy célebres y conocidos en todos los libros, al punto de que los obispos romanos los parangonan con los cuatro evangelios, como sostienen en sus decretos [19]. El primero es el concilio niceno. Se realizó en Nicea, Asia Menor, a los quince años del gobierno de Constantino el Grande, casi 35 años antes del nacimiento de Agustín [20].

El segundo concilio se celebró en Constantinopla, en el tercer año de los emperadores Graciano y Teodosio I, que gobernaron juntos. En este tiempo Agustín era todavía pagano y no cristiano, hombre de alrededor de 26 años, de modo que no pudo haberse ocupado en todas estas cosas [21]. Ya no vivía cuando se llevó a cabo el tercer concilio en Éfeso y menos aún el cuarto en Calcedonia [22]. Todo esto se comprueba por la historia y la computación de los años, de modo que es cosa segura.

Debo exponer estos pormenores a causa de las palabras de San Agustín de que se han de estimar mucho los grandes concilios ecuménicos por ser de gran importancia, para que no se entienda mal su opinión, a saber: él habla sólo de dos concilios celebrados en Nicea y Constantinopla respectivamente, aunque no los vio en persona sino que los conocía por referencias escritas. En estos tiempos ningún obispo era superior al otro. Los obispos, ni los romanos ni otros, jamás habrían podido reunir tales concilios si los emperadores no los hubiesen convocado. Así lo indican claramente los concilios particulares o pequeños que los obispos efectuaban entre sí, acá y acullá, sin convocatoria de parte de los emperadores. Y juzgo, en mi necedad, que los concilios grandes o universales llevan su nombre por haber sido convocados los obispos de todos los países por el monarca, el jefe grande o universal.

Pues esto me lo tendrá que testificar la historia, aunque todos los papistas se volviesen locos, que Silvestre [23], el obispo de Roma, habría dejado sin convocar el primer concilio de Nicea, en cuanto de él dependía, si el emperador Constantino no lo hubiese hecho. ¿Y qué

[18] Migne, P.L. 33, 200.
[19] Decretum Gratiani 1, dist. 15, cap. 2. Comp. también Gregorio el Grande. Migne 187, 71 - 79.
[20] Agustín, 354-430.
[21] Concilio de Constantinopla, 381.
[22] Concilio de Éfeso, 431; de Calcedonia, 451.
[23] Silvestre I, papa, 314-335.

quería hacer el pobre obispo de Roma, al no estar bajo su mando
los obispos de Asia y Grecia? Y si él hubiese podido hacerlo sin el
poder del emperador Constantino, no lo habría ubicado en Nicea de
Asia, tan lejos allende el mar, donde, como bien sabía y lo había experimentado, nadie reconocía su autoridad, sino en Italia o Roma o
sus cercanías, y habría obligado al emperador a ir a dicho lugar. Lo
mismo digo también de los otros tres grandes concilios que he nombrado antes: Si los emperadores Graciano, Teodosio I, Teodosio II y
Marciano [24] no hubieran convocado los tres grandes concilios nombra-
dos, no se habrían reunido jamás pese al obispo de Roma y todos los
obispos, puesto que los obispos de otros países respetaban al obispo
de Roma sólo en la medida —o quizás en medida aún menor— como
ahora reconocen recíprocamente su autoridad los obispos de Maguncia, Tréveris y Colonia.

   No obstante, se sabe por la historia que también antes los obispos romanos siempre han tenido el morboso afán de reinar sobre
todos los obispos. Mas por los monarcas no podían lograrlo. Pues
también antes del concilio niceno escribieron muchas cartas tanto a
África como a Asia en el sentido de que no se debía ordenar públicamente nada sin la intervención de la sede romana. Pero en aquel
tiempo nadie les hacía caso y los obispos de África, Asia y Egipto
simulaban no oír al de Roma, aunque le trataban con deferencia y
humildad, pero sin concederle nada. Esto lo encontrarás al leer las
historias y cotejándolas entre sí con diligencia. Mas no debes tomar
en cuenta el clamor hipócrita de estos obispos, sino que has de tener
fijos los ojos en lo que reflejan el texto y la historia.

   Una vez que la palabra "concilio" gozaba de mucho renombre
entre los cristianos de todo el mundo (también por el tratado de San
Agustín antes mencionado), y estos monarcas o emperadores excelentes
habían muerto, los obispos romanos siempre trataban de apoderarse
del nombre "concilio" para que toda la cristiandad creyera lo que
ellos decían, y de esta manera tan sutil y clandestina ellos mismos se
hicieron monarcas. Estoy seguro de que con esto acierto la verdad y
toco su propia conciencia, si es que la tienen. Y así sucedió. En su
morboso afán llegaron a convertirse en Constantino, Graciano, Teodosio y Marciano, y aún más que estos cuatro monarcas con sus cuatro
grandes concilios ecuménicos, puesto que los concilios dicen ahora:
Sic voto, sic iubeo, sit pro ratione voluntas [25]. Pero no en todo el
mundo ocurrió así ni en la cristiandad entera, sino en la parte del
imperio romano que gobernaba Carlomagno [26]. Con el apoyo de éste

[24] Graciano, 375-383; Teodosio I, 379-395; Teodosio II, 408-450; Marciano, 450-457.
[25] Juvenal, Sátiras 6, 223: Así lo quiero, así lo mando; en lugar de la razón
figure mi voluntad.
[26] Carlomagno, 768-814.

obtuvieron y realizaron muchísimo hasta que, poseídos por todos los diablos, asesinaron ignominiosamente a algunos emperadores, los pisotearon y los traicionaron de muchas maneras, como lo hacen todavía hoy si pueden.

Pero con esto basta con lo que San Agustín escribe de los concilios. Vamos a ver lo que piensa sobre los padres. Respecto a esto dice en la carta a San Jerónimo citada por Graciano, dist. 9: "He aprendido también que sólo la Sagrada Escritura está exenta de errores. Los demás escritos los leo, aunque sean tan santos y doctos como puedan, con la reserva de que no considero cierta su enseñanza si no la comprueban por la Escritura o la razón" [27]. Igualmente, en el mismo pasaje del decreto de Graciano, figura también la sentencia de San Agustín del prefacio de los libros sobre la Trinidad [28]: "Amigo, no aceptes mis escritos como la Sagrada Escritura, sino que cuando halles en la Sagrada Escritura algo que hasta entonces no creías, lo debes aceptar sin dudar. Pero en mis escritos no tengas por cierto lo que antes te parecía dudoso, a no ser que yo te lo compruebe como verdad".

Muchas más sentencias de esta naturaleza se hallan en otros escritos. Por ejemplo: "Como leo los libros de los demás, deseo también que sean leídos los míos, etc." Omitiré por ahora las demás sentencias de esta índole. Los papistas bien saben que tales pasajes se encuentran frecuentemente en Agustín por acá y acullá. Algunos de ellos han sido incorporados en el *decretum*. No obstante, proceden contra su conciencia al pasar por alto o suprimir tales pasajes, poniendo por encima de todo a los padres, los concilios y hasta los obispos de Roma que eran por lo general muy indoctos. San Agustín debe haber percibido algunos defectos en los padres que vivieron antes que él, porque no quiere sujetarse sin más ni más a ellos sino que insiste en que todos, incluso él mismo, se sometan a la Sagrada Escritura. ¿Qué necesidad tenía de rehusar en esta forma a sus antecesores al decir "que sean tan santos y doctos como quieran"? Habría podido decir: "Estimo cuanto escribieron igual a las Sagradas Escrituras porque son tan santos y doctos". Pero él dice NO. En la segunda carta a San Jerónimo [29], quien estaba muy enojado porque San Agustín desaprobaba en una parte su comentario sobre Gálatas, dice: "Querido hermano (pues era un hombre excelente y amigable), espero que no quieras tener por iguales tus libros y los de los apóstoles y profetas, etc." Ojalá que no me escriba un hombre piadoso y bueno semejantes cartas a mí rogándome que no estime mis libros iguales a los de los apóstoles y profetas, como San Agustín escribió

---

[27] Decr. Grat. 1, Dist. 9, cap. 5; Migne, P.L. 33, 227.
[28] Decr. Grat.. 1, Dist. 9, cap. 3; Migne, P.L. 42, 869.
[29] Migne, P.L. 33, 277.

a San Jerónimo. Me moriría de vergüenza. Pero así es como estamos actuando ahora, de modo que San Agustín observó muy bien que los padres también fueron a veces seres humanos y no superaron el capítulo 7 de la carta a los Romanos [30]. Por ello no quiere confiar en sus antecesores, padres santos y doctos, ni en sí mismo, y sin duda mucho menos en sus sucesores que indudablemente serían inferiores, sino que quiere tener por maestro y árbitro las Escrituras. Lo mismo se declaró en un párrafo anterior en cuanto a San Bernardo: que los robles y abetos eran sus maestros, y que prefería beber de la fuente y no del arroyuelo. No habría manifestado esto si hubiese estimado los libros de los padres iguales a las Sagradas Escrituras y no hubiera encontrado ningún defecto en ellos. Por el contrario, habría dicho: "Es lo mismo si bebo de las Escrituras o de los padres". NO lo hace, sino que deja fluir los arroyos y bebe de la fuente. ¿Qué haremos ahora? ¿Volveremos a llevar la iglesia a la doctrina o modo de ser de los padres y concilios? Ahí está San Agustín y nos impide enérgicamente hacer tal cosa. No quiere de ninguna manera que confiemos en padres, obispos ni concilios, sean tan santos y doctos como puedan, ni en él mismo, sino que nos dirige hacia las Escrituras. De no ser así, dice, todo es incierto, perdido y vano. Pero si excluimos a San Agustín, no logramos nuestro propósito de tener una iglesia que esté conforme a la doctrina de los padres, porque, excluyéndolo a él del número de los padres, los demás no valen mucho. Es insensato e inadmisible no estimar a San Agustín como uno de los mejores. En toda la cristiandad se lo ha tenido por el más grande, y hasta ahora nadie ha contribuido más que él a la conservación de las escuelas y la iglesia. Esto es evidente. ¿Y vosotros nos forzáis a la labor y al trabajo interminable de comparar previamente los concilios y los padres con las Escrituras ya que nos guiamos por ellas? Antes que esto suceda, habremos muerto todos y habrá llegado ya el día del juicio.

Bien, dejaremos a un lado a San Agustín, Bernardo y otros que escriben en el mismo sentido, y nos atendremos a los concilios y a los padres y veremos si podemos orientar nuestra vida conforme a ellos. Pero para no ser demasiado extensos, tomaremos los mejores, a saber, ante todo los primeros dos concilios ecuménicos que San Agustín alaba tanto, los de Nicea y Constantinopla, aunque él no los presenció, como antes expusimos. Sí, para andar completamente seguros y no errar ni inquietarnos, trataremos también del primer concilio, el de los apóstoles que se efectuó en Jerusalén y que nos describe San Lucas en Hechos capítulos 15 y 16 [31]. Ahí mismo está escrito que los

[30] Ro. 8:18 y sigs.
[31] Hch. 15:1-29; 16:4.

apóstoles se glorían de lo que el Espíritu Santo ha ordenado por ellos: *Visum est Spiritui sancto et nobis, etc.*, "place al Espíritu Santo y a nosotros no imponeros ninguna carga más que estas cosas necesarias: que os abstengáis de lo sacrificado a ídolos, de sangre, de ahogado y de fornicación; de las cuales cosas si os guardareis, bien haréis".

Oímos que el Espíritu Santo (como declaran los predicadores del concilio) nos manda que no comamos nada de lo que ha sido sacrificado a los ídolos, ninguna sangre y nada de ahogado. Si queremos tener una iglesia conforme a este concilio (como no sería más que justo, ya que es el supremo y primero, celebrado por los apóstoles mismos), hemos de enseñar e insistir en que ningún príncipe, señor, ciudadano ni campesino coma en adelante gansos, venados, ciervos o cerdos cocidos en la sangre. También debemos abstenernos de jalea de carpas, ya que hay sangre en esto, o como lo llaman los cocineros, "color". Ante todo, burgueses y aldeanos deben abstenerse de comer chorizos o morcillas, puesto que en ellos no hay sólo sangre líquida, sino también coagulada y cocida, sangre en grumos gruesos. Tampoco debemos comer liebres ni aves, puesto que todas son ahogadas, tratadas según la costumbre de los cazadores [32], aun cuando no estén cocidas en sangre sino sólo asadas.

Si de acuerdo con este concilio debemos abstenernos de la sangre, habremos de hacer a los judíos maestros en nuestras iglesias y cocinas. Tienen un libro especial sobre el comer sangre tan grande que ni con una garrocha se podría saltar por encima [33], y buscan tan escrupulosamente la sangre que no comen carne con pagano ni cristiano alguno, aunque no sea carne de animal ahogado, sino (p. ej. bueyes y terneros) de animales carneados con todo esmero y lavados de sangre con agua. Prefieren morirse. ¡Dios mío, qué cristianos atormentados seríamos a causa del concilio sólo por estas dos disposiciones de no comer sangre y ahogado! Bien, comience quien pueda y quiera, y lleve a la cristiandad a la obediencia de este concilio. Con mucho gusto le seguiré. En caso contrario, déjenme en paz con el clamor: ¡concilios, concilios! ¡tú no respetas los concilios ni a los padres! De lo contrario, yo también clamaré: ¡tú mismo no respetas los concilios ni a los padres, porque desprecias este concilio supremo y a los padres máximos, los propios apóstoles! ¿Qué te parece? ¿Yo debería atenerme a los concilios y padres, que tú mismo no quieres tocar con un dedo? En este caso yo diría lo que dije a los sabatistas [34]: que observen primero su ley de Moisés, entonces también nosotros la cumpliremos. Mas ya que no la acatan ni pueden cumplirla, es ridículo que exijan de nosotros observarla.

[32] Cazado en lazos.
[33] Comp. el Talmud babilónico.
[34] Wider die Sabbather, tomo 50, págs. 312-337 de la Ed. de Weimar.

Dirás que cumplir tal disposición del concilio no es posible ya que la práctica contraria se ha generalizado demasiado. Este argumento no vale, puesto que nos hemos propuesto atenernos a los concilios. Y aquí se afirma que "el Espíritu Santo lo ha ordenado". Contra él no vale hablar de práctica generalizada o arraigada. Con semejante subterfugio no está segura conciencia alguna. Si queremos ser conciliaristas, debemos acatar ante todo este concilio. Si no lo observamos, no nos atendremos tampoco a ninguno de los demás, y de esta manera quedamos libres de todos. Pues en este concilio no estaban presentes simples obispos o padres como en otros, sino los apóstoles mismos, como hombres seguros del Espíritu Santo y Padres más preclaros. Tampoco es imposible evitar el comer sangre y ahogado. ¿Cómo sería si debiéramos comer sólo granos, repollos, remolachas, manzanas, y otros frutos de la tierra y de los árboles, como lo hacían nuestros antepasados antes del diluvio, cuando no se permitía comer carne? Con todo, no nos moriríamos de hambre aunque no comiésemos carne ni pescado. ¡Cuánta gente vive hoy en día que raras veces al año come pescado o carne, y sin embargo logran pasar el año! Por consiguiente, la imposibilidad no nos sirve para fortalecer nuestra conciencia contra el Espíritu Santo, puesto que sin perjuicio para el cuerpo y alma podríamos lograr que no sólo viviéramos sin sangre y ahogado, como enseña Moisés, sino también hasta sin pescado y carne, como antes del diluvio. También me extraña mucho que entre tantos sectarios de este tiempo, el diablo no haya descubierto estas ideas interesantes que tienen a su favor tan excelentes ejemplos de las Escrituras.

Si dijésemos que todo eso no es solamente imposible sino que cayó en desuso, como yo suelo llamar a los cánones que no tienen vigencia, cánones muertos: tampoco este argumento sirve. Bien sé que el papa y los suyos tratan de defenderse con el subterfugio de que la iglesia ha tenido poder de cambiar el concilio de los apóstoles, lo cual sin embargo es una mentira. Pues no pueden citar ningún testimonio de la iglesia de haber hecho o mandado un cambio. Tampoco la iglesia tiene autoridad de alterar lo establecido por el Espíritu Santo y no lo hace jamás.

Además, estos guías ciegos no ven que con tales palabras se perjudican a sí mismos [35], puesto que cuando admitimos que los hombres están autorizados a alterar lo establecido y mandado por el Espíritu Santo, sin más daremos en tierra con el papa y todos sus breves y bulas y diremos: "Si los primeros decretos de los apóstoles no son válidos aunque estamos seguros de que fueron establecidos por el Espíritu Santo como ellos declaran *"visum est"* (consta que): ¡cuán-

35 Mt. 15:14.

ta menos validez tienen el poder del papa y sus decretos, ya que respecto de ellos no tenemos de ninguna manera la certeza de la asistencia del Espíritu Santo como la tenemos en los escritos de los apóstoles! No obstante, debemos conceder también a los apóstoles alguna categoría. Aunque no estén encima de los papas, como opina el hereje Lutero, al menos debemos admitir que figuren al lado de ellos. La verdad es que los papas eran muchas veces manifiestamente personas indignas, y uno repudiaba los decretos del otro. Pero el Espíritu Santo no puede contradecirse de tal manera a sí mismo, y los apóstoles no eran tales papas o gente malvada". En consecuencia, hay que hablar de otra manera. Tales necedades no tienen efecto, salvo que la iglesia esté construida sobre una caña que el viento mueve de un lado a otro según los caprichos del papa o de los hombres. Ella no debe estar tambaleando sobre una caña, sino que ha de estar emplazada sobre una roca e instituida legítimamente, Mateo 7 y 16 [36].

Pero como acabamos de decir, el decreto ha caído solo, sin cambios por parte de la iglesia, y por ello no ha de observarse más. Sí, amigo: *Male,* dice el jurista [37]. Si una ley ha de perder vigencia o trastrocarse en injusticia por el solo hecho de que no se la acata más o ha caído en desuso: entonces no nos preocupemos más y no observemos ley alguna. Una ramera puede decir que nadie puede reprocharle nada porque entre los adúlteros y las adúlteras ha caducado el Sexto Mandamiento y ya no está en uso. Nosotros, los hijos de Adán junto con los diablos, celebraremos un concilio y decretaremos: Ten presente, Dios, que entre nosotros los hombres y los diablos se han invalidado todos tus mandamientos y no están ya en uso. Por ello, no hemos de observarlos más, sino que obraremos en contra de ellos. Tú debes aprobar esta actitud y no condenarnos, puesto que no hay pecado donde el derecho ha caducado. Entonces los bandidos e incendiarios pueden salvarse también diciendo: "No estamos obligados ya a obedeceros a vosotros, príncipes y señores, sino que hacemos bien en hostilizaros y entregarnos al pillaje, puesto que vuestro derecho ha caído en desuso entre nosotros, etc."

Ahora aconseja tú: ¿Qué haremos? De nada nos ayuda que el concilio de los apóstoles haya caído en desuso (lo que es verdad) o haya sido cambiado por la iglesia (lo que es mentira). ¿Qué más da si se borran las palabras "Espíritu Santo" y se hace aparecer a los apóstoles como únicos responsables sin intervención del Espíritu Santo para resolver el problema de esta manera? ¿Es esto ridículo? Entonces danos una solución mejor; pues si no se borra al Espíritu Santo del concilio, debe hacerse una de las dos cosas: O ambos, nosotros y los pa-

---

[36] Mt. 7:25; 16:18.
[37] "Male", del latín; en castellano: mal, error.

pistas, debemos estudiar y observar el concilio, o éste ha de ser ignorado y no se acata, y entonces que nos dejen en paz a nosotros pobres herejes con el clamor ¡concilios! ¡concilios! ¡concilios! Si no respetamos este concilio, no debemos observar ningún otro, como queda dicho. De lo contrario han de oír nuevamente el dicho: *"Medice, cura teipsum"* [38]. Cada uno arregle sus propios líos. Que los que tanto insisten en este concilio sean los primeros en acatarlo, entonces con gusto los seguiremos. Si no lo hacen, se ve que su gritería ¡concilio! ¡concilio! carece de seriedad, y que sólo tratan de tapar la boca de la gente con esto, aterrando traicionera y malignamente las pobres conciencias al solo efecto de perder a las almas de la gente sencilla.

Expongo todas estas cosas acerca de este concilio porque es el primero y supremo, para que reflexionemos bien antes de admitir a los concilios como norma para la vida o administración de la iglesia. Si éste nos causa tantos enredos, ¿qué sucederá si nos ocupáramos también de los demás? Es cierto y lo confieso que la palabra "concilio" se pronuncia prestamente y cuesta poco insistir en que se respeten los decretos de los concilios. Pero ¿cuál será nuestra actitud cuando se trate de reimplantar su autoridad? ¿Qué haremos entonces, mi querido amigo? El papa y los suyos son astutos y saben cómo salir del apuro manifestando que él está por encima de todos los concilios v puede acatar lo que quiere y permitir a los demás observarlos hasta donde él quiere. Si podemos arreglar las cosas de esta manera, suprimamos la palabra "concilio" y la insistencia en acatarlos. En lugar de esto gritemos: ¡Papa! ¡papa!, e insistamos en que se acate la doctrina del papa. De este modo también nosotros saldremos fácilmente de todo apuro y llegaremos a ser tan buenos cristianos como ellos. ¿Para qué nos sirve el concilio si no podemos o no queremos respetarlo, y sólo ponderar el nombre o la letra?

Puesto que se trata de un simple término expresado en letras "concilio", sin relación con los hechos y sus consecuencias, me parece mucho mejor (ya que hablamos de esto y para gastar también por nuestra parte una broma carnavalesca [39]) que hagamos papa, cardenales, obispos y predicadores a los escribientes profesionales. Pues éstos sabrían escribir elegantemente tales letras, grandes, pequeñas, negras, rojas, verdes, amarillas, o como se deseara, y la iglesia sería gobernada admirablemente de acuerdo con los concilios. No sería menester observar lo que en los concilios se hubiese decretado, sino que a la iglesia le bastarían esas letras: concilio, concilio. Si los escribientes no nos gustan, dirijámonos entonces a pintores, escultores e impresores, que nos pinten, esculpan e impriman primorosos concilios, y la iglesia

---

[38] Véase nota 11.
[39] Cuando Lutero escribió este pasaje, corría el mes de febrero de 1539; Carnaval: 19/II/1539.

sería gobernada excelentemente. ¡Pues entonces, hagamos papa, cardenales y obispos también a los pintores, escultores e impresores! ¿Para qué preguntar más cómo cumplir los decretos del concilio? Basta con las letras y las ilustraciones.

Además, supongamos que todos los hombres fuesen ciegos y no pudiesen ver tales concilios escritos, pintados, esculpidos e impresos. ¿Cómo podría ser gobernada en este caso la iglesia por concilios? Aconsejo que se tome a los alumnos coristas de Halberstadt y Magdeburgo [40], cuando cantan el "Quicunque" [41], y se les ordene gritar en lugar de él "¡concilio, concilio!" hasta que tiemblen la iglesia y las bóvedas. A éstos se los podría oír aun mucho más allá del río Elba, aunque fuésemos ciegos todos; entonces la iglesia sería administrada maravillosamente, y en seguida convertiríamos a todos estos alumnos coristas en papas, cardenales y obispos que podrían gobernar fácilmente a la iglesia, lo que resultó imposible a los santísimos padres en Roma. Pero en un párrafo posterior diré más de este concilio, para no extenderme aquí demasiado. Debo dedicarme también al concilio de Nicea, el mejor y primero de los concilios universales después del apostólico.

Este concilio decreta entre otras disposiciones que los cristianos apóstatas deben ser readmitidos después de siete años de penitencia [42]. Si en este lapso los sorprendía la muerte, se los absolvería y no se les negaría el sacramento. Sin embargo, los que gritan "concilio" no observan ahora esta disposición, sino que la infringen y mandan a los cristianos moribundos al purgatorio por la penitencia restante. Si el papa tuviese que atenerse a este decreto, ¡diablos, qué pobre mendigo resultaría con todos los monasterios, si se perdiesen estas minas y negocios, a saber, purgatorio, misas, peregrinajes, conventos, hermandades, indulgencias, bulas, etc.! ¡Que el diablo guarde al papa con todos sus cardenales, obispos, monjes y monjas para que la iglesia no sea gobernada en modo alguno conforme a este concilio! Pues ¿dónde quedarían ellos? Mas ya que este decreto me concierne sólo a mí que hasta ahora he defendido este punto en contra del papa, y bien puedo imaginarme cómo torcerán e interpretarán las palabras del concilio en perjuicio mío, lo dejaré por ahora y trataré por el momento de lo que se refiere a ambas partes, para loor y gloria de los que gritan ¡concilio!

El mismo concilio decreta que los que renuncian a la guerra a causa de la religión, y después van otra vez a la guerra, estén cinco años entre los catecúmenos, y después de dos años más sean admitidos

[40] Obispados de Alemania.
[41] Palabra inicial del Credo Atanasiano. Parte de la liturgia romana.
[42] Aquí hay un error cronológico de Lutero; según los cánones del concilio son trece años. Migne, P.L. 21, 473-475.

al sacramento. Por ahora tomaré la palabra "religión" en el sentido de "fe cristiana común". Luego daré más detalles. Para no desviarme e interrumpir el desarrollo de mis ideas con semejantes cuestiones incidentales, tampoco ahora entraré en disputas acerca de si el concilio ha de prohibir el guerrear o si ha tenido autoridad y derecho de prohibir o condenar la guerra (si el guerrero no apostata de la fe de alguna otra manera, de lo cual trata el artículo precedente) [43].

Por el contrario, nuestro tema es el siguiente: ¿Se ha observado también este decreto hasta ahora, o debe seguir teniendo carácter de ley el que ningún guerrero se salva o puede ser cristiano? El papa y todos los suyos tendrán que testimoniar que este decreto ha caído en desuso y que es imposible restablecerlo, mucho menos que la disposición de los apóstoles referente a la morcilla y a la gelatina que contiene sangre, etc., de lo que hablé en párrafos anteriores. El concilio no habla de asesinos, bandidos o enemigos sino de *militia* [44], es decir, de guerras declaradas, cuando un príncipe, rey o emperador está en campaña con sus huestes, caso en que Dios mismo ha mandado que se les debe sujeción y obediencia, Romanos 13 [45], aunque fuesen gentiles, en cuanto no nos obliguen a guerrear contra Dios. Así lo hizo San Mauricio [46] y muchos más.

Bien, gobernemos a la iglesia conforme a este concilio. Primero quitemos la espada al emperador. Después mandemos a todo el mundo que no quebranten la paz y que nadie emprenda una guerra ni la permita, ya que la guerra está prohibida en el concilio de Nicea bajo penitencia de siete años. ¿Qué más queremos? La iglesia ahora está gobernada; no se necesitan más guerreros; el diablo ha muerto, y todos los años desde el tiempo de este concilio han sido de jubileo [47], en verdad, una vida eterna en profunda paz, si es que la disposición del concilio tiene fuerza de ley y debe observarse.

Tendríamos que tener excelentes pintores capaces de pintar semejante iglesia para que la podamos ver, o si fuésemos ciegos, debiera haber gritones mayores que los alumnos coristas de Halberstadt para que los oigamos. Los escribientes profesionales podrían acaso escribir también las letras *Concilium*, porque tienen más pintura y pueden hacer mejores letras que nosotros pobres cristianos. Pero ya que los hechos no existen más, no podemos salvarnos por letras, cua-

---

[43] Posiblemente, Lutero se refiera al canon XII, donde dice: "si ex corde, agunt poenitentiam".

[44] Qui vero propter confessionem militium abiecerant.

[45] Ro. 13:1 y sigs.

[46] San Mauricio fue "Primicerius" (jefe) de la legión tebana, que fue exterminada, según la leyenda, bajo el emperador Maximiniano por negarse a participar en las persecuciones de los cristianos.

[47] Años de jubileo instituidos por Bonifacio VIII (1294-1303), en 1300, que aseguran a los peregrinos que van a Roma indulgencia especial.

dros y gritos. Debemos hablar de las cosas de otra manera y dejar las letras y los cuadros a los papistas. A nosotros nos corresponde vivir de acuerdo con los concilios y no ponderar sólo las letras "Concilio" mientras queramos ser cristianos.

Tú dices que el decreto del concilio debe aplicarse a los cristianos que voluntariamente se dejan alistar en el ejército por causa del dinero, y que con razón se los debe condenar. Pues de no ser así, sería mera burla que un concilio condenara tan severamente la guerra declarada o la obediencia a la autoridad secular. Entonces, en el nombre de Dios con gusto seré un mentecato, insensato y burro, yo que estimo tanto los concilios. Explica tú los decretos del concilio como puedas. A mí me da lo mismo. Pero dime si estuviste presente en el concilio cuando se adoptó este decreto para estar tan seguro de esta interpretación. En caso contrario, ¿dónde has leído esto? El decreto habla sencillamente de *militia,* guerras, no trata de las guerras injustas, puesto que no era necesario desaprobarlas por los concilios; pues también los paganos, que no son cristianos y no tienen concilios, las condenan severamente basándose en la razón.

Si un rey o príncipe ha de luchar y defenderse por medio de una guerra justa, no puede detenerse en minuciosas selecciones. Pero si son condenados estos soldados mercenarios, ¿qué harán los emperadores, reyes y príncipes, no habiendo otra clase de soldados que no sean mercenarios? Dime: ¿tendrán los señores que guerrear personalmente, o fabricar peleles para lanzarlos contra los enemigos? Consulta tú el concilio para ver qué hay que hacer. Sí, amigo mío, es muy fácil decir que el concilio lo ha mandado, cuando uno mira las letras como la vaca el portón sin pensar en las circunstancias ni cómo debe observarse lo mandado y actuar en consecuencia. ¿Por qué los papas y los obispos mismos no lo han cumplido, ellos que han causado tantas guerras y derramamientos de sangre en todo el mundo y aún están haciéndolo? Y entre tanto gritan incesantemente ¡concilios, concilios, padres, padres!, sólo para que ellos puedan actuar libremente en contra de sus decretos y elegir lo que quieren que nosotros hagamos.

¡Por favor, Lutero! De este modo achacas al concilio de Nicea el haber sido sedicioso. Si ahora enseñáramos que el emperador y los soldados, aunque defendiesen una causa justa, estarían condenados, con razón se nos tendría por insurrectos según nuestros propios escritos. Declaro: por ahora soy y debo ser un fiel partidario del concilio; más adelante diré más de esto y me explicaré. Ahora digo como antes: el concilio sólo puede referirse a la guerra declarada, que en aquel tiempo estaba en uso por todo el imperio romano tanto bajo el mismo emperador Constantino como antes bajo los emperadores paganos. Existían los infantes, a su tiempo llamados *Milites,* ciudadanos avecindados que recibían su paga anual permanentemente. Cuando moría el padre o pasaba de cierta edad, el hijo tenía que ser soldado en lugar de él. Era obligado a ello, como aún ahora es costumbre entre los turcos. Me cuentan que el rey de Francia hace casi lo mismo en Suiza, pagando un sueldo hasta a los niños. Si no me mintieron, entonces es la verdad.

También los jinetes eran soldados permanentes y hereditarios y recibían su paga. Se llamaban *equites*. Tales jinetes corresponden ahora más o menos a nuestros nobles, que deben estar equipados con caballos y armadura, por lo cual tienen sus feudos. Así es como el imperio romano tenía siempre un número determinado de infantería y caballería que recibían paga permanente, etc. Esto lo expongo para que se entienda bien el concilio, a saber: que los decretos del concilio no pueden referirse sino a guerras declaradas porque hablan del ejército romano, en el cual, conforme a la enseñanza de San Pablo [48], muchos cristianos han tenido que sujetarse a sus superiores, como San Mauricio y sus compañeros y también Joviniano, Graciano, Valentiniano, Teodosio, etc. antes de ser emperadores [49]. Pero si antes del bautismo era justo servir a los emperadores paganos en la guerra, ¿cómo habría de ser injusto después del bautismo prestar servicios en la misma manera a los emperadores cristianos?

¿O será que *religio* en este lugar no significa fe cristiana, sino que se refiere al estado monástico? Entonces tendría que darme por vencido y según este concilio vestir de nuevo la cogulla, y así en efecto lo haría. No encontraría tampoco a San Pedro en el cielo, porque había sido anteriormente pescador, y después del ministerio apostólico nuevamente desempeñó el oficio de pescador, no obstante haberlo abandonado a causa de Cristo [50].

Supongamos que *religio* signifique monasticismo, si bien en aquel entonces no existían órdenes ni monasterios como los actuales o monjes, aunque muy pronto después surgieron por todas partes. San Antonio, a quien llaman padre e iniciador de todos los monjes, vivía en este mismo tiempo, y ya tenía algunos seguidores. En esta época empero se llamaba monje al que denominamos actualmente ermitaño o anacoreta, de acuerdo a la palabra griega *monachos*, en latín *solitarius*, esto es, solitario, que vive solo, apartado de la gente, en un bosque o desierto, o solitario de otro modo. No conozco ahora tales monjes. En más de mil años no ha existido ninguno, a no ser que se llame monjes a los pobres prisioneros en torres o cárceles, que desgraciadamente son verdaderos monjes, porque viven solos, separados de la gente. Los monjes del papado están más entre la gente y

---

[48] Ro. 13:1 y sigs.
[49] Joviniano (363-364); Valentiniano (364-375); Graciano (375-383); Teodosio (379-395).
[50] Mt. 4:18 y sigs.

son menos solitarios que cualquiera. ¿Qué estado u oficio en el mundo está más en contacto con el pueblo y menos separado de él que esos monjes? a menos que los monasterios que están situados en ciudades o en el campo, no se consideren edificados entre la gente.
Mas dejemos a un lado la gramática y hablemos del asunto. Si aquí *religio* significa monasticismo de aquel tiempo, ¿por qué entonces condena este concilio la *militia,* es decir, la obediencia a la autoridad secular, diciendo que los monjes en tal obediencia no se salvan? No obstante, sería aún admisible que se elogie el monasticismo. Pero va demasiado lejos que se anatematice la *militia* regular como si San Antonio no pudiese servir con buena conciencia al emperador en la guerra. ¿De dónde el emperador obtendría al fin soldados si todos se hicieran monjes y pretextasen que les está prohibido servir en la guerra? Dime, por favor: ¿cuánto dista tal doctrina de una sublevación, sobre todo si nosotros la enseñáramos? Y eso que sabemos que Dios no ha mandado tal vida monástica de propia elección, sino que ha ordenado la obediencia. Si los monjes quisieran escaparse de la gente, debieran huir honorable y honestamente y no dejar detrás de sí un hedor, es decir, con su huir no debieran hacer despreciables a otros estados y oficios como si fuesen cosas completamente condenables, y su vida monástica elegida por ellos mismos fuera puro bálsamo. Si alguien huye del mundo y se hace monje, parece que dijera: ¡Qué asco, cómo hieden los hombres, cuán condenable es su estado! Yo quiero salvarme, y que ellos vayan al diablo. Si Cristo también hubiera huido de esta manera y se hubiese transformado en uno de estos monjes santos, ¿quién habría muerto por nosotros o habría dado satisfacción por nosotros pobres pecadores? ¿Crees que habrían sido ellos con su vida insociable y austera?
Es cierto que San Juan Bautista vivió también en el desierto. Pero no enteramente apartado de la gente. Cuando había llegado a la edad viril, se reintegró a su pueblo para predicarle. Cristo (como Moisés en el monte Sinaí) vivió en total soledad durante cuarenta días en el desierto entre las bestias sin comer ni beber. También él abandonó luego su retiro. Ahora bien, tengámoslos por ermitaños y monjes. Sin embargo, los dos no condenan el oficio de mercenario, aunque ellos mismos no eran soldados. Por el contrario, Juan les dice: "Contentaos con vuestro sueldo y por lo demás no hagáis violencia ni injusticia a nadie" [51]. Cristo fue al centurión de Capernaum, que indudablemente servía por sueldo, para salvar a su siervo. No le mandó abandonar tal oficio, sino que ponderó su fe que superaba la de todos los israelitas [52]. Y San Pedro permitió a Cornelio de Cesarea después

[51] Lc. 3:14.
[52] Mt. 8:10.

del bautismo seguir siendo centurión de sus siervos que estaban a sueldo de los romanos [53]. ¡Cuánto menos San Antonio con sus monjes habrá denigrado tal orden de Dios con su nueva santidad libremente escogida, puesto que era un simple laico enteramente indocto, sin el oficio de predicador o administrador de la iglesia! No obstante, creo que era grande ante Dios lo mismo que muchos de sus discípulos. Sin embargo, su procedimiento es ofensivo y peligroso. Fue conservado como los elegidos se conservan a pesar de pecados y otros escándalos. Pero no podemos alabar el ejemplo de su actitud, sino que ensalzamos el ejemplo y la enseñanza de Cristo y de Juan.

Sea que religio signifique fe cristiana o vida monástica, el hecho es que de este concilio resulta que militia, que en aquella época era obediencia a la autoridad secular, debe considerarse una desobediencia a Dios o una obediencia hedionda al monasticismo de propia elección. Pero la leyenda de San Martín [54] indica que religio significaba te cristiana. El abandonó su militia hereditaria en que había servido su padre quien al haber llegado a viejo hizo enrolar a su hijo en lugar suyo, como era ley y costumbre del imperio romano. Esto fue interpretado mal como que se hubiera acobardado ante el enemigo y por este motivo habría optado por huir y hacerse cristiano, como puede leerse en su leyenda. Parece sin embargo que en su época ya había surgido entre el pueblo la opinión (no sin la predicación de algunos obispos) de que la militia era un oficio peligroso y reprobado y que debía evitarlo quien quisiera servir a Dios, puesto que San Martín vivió poco después del concilio niceno y era soldado bajo Juliano [55].

Si queremos obedecer el decreto del concilio o restablecerlo, hemos de huir al desierto como San Antonio y hacer monjes de emperadores y reyes, diciendo que no pueden ser cristianos ni salvarse. O debemos predicar que viven en desobediencia peligrosa y reprobable y no sirven a Dios. Si no cumplimos con los decretos de este concilio no debemos acatar ninguno. Uno es tan bueno como el otro, puesto que el mismo Espíritu Santo los rige a todos de la misma manera. Y no queremos tener los concilios como pintura o letra muerta, sino como hecho real con todas sus consecuencias. Pero no me puedo librar de la sospecha de que los amados padres santos no hayan sancionado tal decreto y de seguro no hayan molestado con él al emperador Constantino, quien los había liberado de los tiranos, no con las reglas de la vida monástica de San Antonio, sino con la guerra y la espada.

[53] Hch. 10:1 y sigs.
[54] Sulpicio Severo, Vita S. Martini Episcopi Turonensis, Migne P. L. 20, 159-176. San Martín de Tours.
[55] Juliano el Apóstata, emperador romano de 361 a 363.

Parece que otros obispos inescrupulosos lo han agregado por contraban-do, sea en el mismo momento o más tarde.

En otro orden de cosas, el mismo concilio decreta que al obispo romano sean encomendadas, conforme a la costumbre antigua, las iglesias *suburbicarias*, como las de Egipto al obispo de Alejandría [56]. No quiero ni puedo explicar qué significa *suburbicariae*, puesto que el término no es mío. Parece que se refiere a las iglesias que están situadas en Italia alrededor de la iglesia de Roma, igual que las igle-sias de Egipto, en las proximidades de Alejandría. Mas, que inter-prete esto quien quiera; no obstante, entiendo que este concilio no otorga al obispo de Roma dominio alguno sobre las iglesias adyacentes sino que las encomienda a su cuidado, y no lo hace como si tendría que ser así *iure divino* [57], sino para seguir una vieja costumbre. Cos-tumbre no significa *Scriptura sancta*, o palabra de Dios. Además quita las iglesias de Egipto (también conforme a la antigua costumbre) al obispo romano y las asigna al obispo de Alejandría. Del mismo modo es de suponer que las iglesias de Siria hayan sido adjudicadas al obis-po de Antioquía o de Jerusalén y no al obispo romano, porque que-daban más lejos de Roma que de Alejandría o Egipto.

Ahora bien: si este concilio ha de tener vigencia en nuestra igle-sia o cobrar relevancia, tendremos que condenar previamente al obis-po de Roma, como tirano, y tirar al fuego todas sus bulas y decretales. No hay bula ni decretal donde él no declare vociferando y amenazan-do que él es jefe supremo y señor de todas las iglesias en la tierra y que cuanto esté en el mundo le debe estar sujeto si quiere salvarse. Esto equivale a decir: el concilio niceno está en error, es maldito y condenado al quitarme el dominio sobre todo y equipararme al obispo de Alejandría. Sin embargo, el turco y el sultán han interpretado y vaciado hace mucho aquel artículo del concilio mediante la destruc-ción de Alejandría [58], de modo que ni el papa ni nosotros nos hemos de preocupar de él, para que aprendamos que los decretos del con-cilio no tienen validez eterna como los artículos de la fe.

Además, el concilio decreta que los que se castran a sí mismos para vencer la fuerte e insoportable concupiscencia de la carne no serán admitidos para ser clérigos u ocupar un cargo en la iglesia [59]. También dispone que los obispos no deben tener mujer alguna en su compañía o en su casa, a no ser la madre, la hermana, la tía (es decir la hermana del padre o de la madre) o alguna parienta cercana [60]. Aquí no entiendo al Espíritu Santo en este concilio. ¿No servirán para

---

[56] Canon VI, Migne, P.L. 21, 473.
[57] Por derecho divino.
[58] Destrucción de Alejandría por los sarracenos, 641.
[59] Canon I, Migne, P.L. 21, 473.
[60] Canon III.

el oficio en la iglesia los que se castran a causa de la concupiscencia intolerable? ¿Y tampoco son aptos los que contra semejante pasión toman o tienen mujer de acuerdo con el consejo de San Pablo, 1 Corintios, capítulo 7? [61] ¿En qué irá a parar esto? ¿Tendrá que quedar un obispo o predicador en la concupiscencia insoportable y no podrá salvarse de este estado peligroso ni por el matrimonio ni por la castración? Pues ¿qué necesidad hay para obligar al que tiene esposa a que no tenga otras mujeres consigo, lo que no conviene tampoco a los laicos ni a los maridos? Esto se arreglaría por sí solo en el caso de la madre, de las hermanas o de las tías si el obispo tuviese esposa; no se necesitaría prohibición alguna. ¿O será que el Espíritu Santo no tiene otra cosa que hacer en los concilios que enredar y gravar a sus servidores con leyes imposibles, peligrosas e inútiles?

Las historias [62] cuentan que, en este concilio, el valiente San Pafnucio se opuso a los obispos que tenían la intención de prohibir el matrimonio hasta a aquellos que se habían casado antes de su consagración, queriendo prohibirles el cumplir con el deber conyugal con sus propias mujeres. Pero él por su parte aconsejó no hacerlo, declarando que era también castidad cuando un hombre cumplía el deber conyugal con su esposa. Se dice que él tuvo éxito. Pero estos dos decretos rezan que los obispos insistieron y prohibieron categóricamente la convivencia con mujeres. Pues había también muchos obispos incompetentes y falsos en la multitud piadosa y el santo concilio, como los arrianos [63] y sus secuaces, como muestra claramente la historia. Quizás también ellos hayan contribuido algo a este problema. Pero sobre esto hablaré más tarde. Dejemos un poco a un lado los concilios y ocupémonos también en los padres, aunque San Agustín nos confunde porque, como se dijo antes, él no quiere que se confíe en nadie sino que quiere supeditar y obligar a todos a las Escrituras. No obstante, estudiaremos también la opinión de los padres.

San Cipriano [64], uno de los padres más antiguos, que vivió mucho antes del concilio de Nicea en la época de los mártires, siendo también él mismo un mártir célebre, enseñaba con tenaz insistencia que se debía rebautizar a los que habían sido bautizados por los herejes, y perseveró en esto hasta su martirio, aunque otros obispos lo amo-

---

[61] 1 Co. 7:2.
[62] Casiodoro, Tripart. II; Migne, P.L. 69, 933.
[63] Los arrianos derivan su nombre de Arrio, presbítero de Alejandría, condenado por el concilio por su cristología. Afirmaba que Cristo no era de la misma substancia que el Padre.
[64] Obispo de Cartago, muerto en 258.

nestaban enérgicamente [65], y San Cornelio [66], obispo de Roma, que fue martirizado en la misma época, no estaba conforme con su doctrina. Más tarde, a San Agustín le costó mucho disculparlo y finalmente tuvo que recurrir al expediente de que tal error haya sido lavado por la sangre que Cipriano vertió por el amor de Cristo. Así dice San Agustín condenando la doctrina de la repetición del bautismo que en adelante y para siempre (con razón) quedó condenada. Con Cipriano empero podríamos entendernos sin mayores dificultades porque Cristo nos consuela a nosotros pobres pecadores en esto de que también sus grandes santos fueron humanos, como San Cipriano, hombre excelente y mártir renombrado, quien tropezó en otros asuntos igualmente serios. Pero carecemos de tiempo ahora para tratar esto.

Mas ¿qué haremos con los padres que heredaron tal doctrina de San Cipriano? Puedes leer en la Historia de la Iglesia, libro 7, páginas 1 y 2 [67], lo que el eximio obispo Dionisio de Alejandría [68] escribe sobre la cuestión al obispo Sixto de Roma [69] declarando que la práctica se había observado por otros grandes y prominentes obispos antes que los obispos en África lo hicieran, y que el problema había sido resuelto por el concilio de Iconio [70], de modo que este importante asunto había de considerarse antes de condenar la práctica. Además, en el concilio de Nicea se declaró claramente que se debía rebautizar a los herejes, los paulianistas o fotinianos [71]. Y tal decreto desconcierta mucho a San Agustín, en el libro De Haeresibus [72], porque se había ajetreado muy largo tiempo y enconadamente con los donatistas anabaptistas [73]. Sin embargo, para no contrariar el decreto del concilio niceno trata de salir de las dificultades con las palabras que se ha de suponer que, a diferencia de otros herejes, los fotinianos no habían observado la forma del bautismo. Resulta difícil creerlo donde no hay pruebas. Los fotinianos no tenían ni crearon otro evangelio que el que poseía la iglesia entera. Por tanto, hemos de creer más bien que han usado la forma común, puesto que los herejes se gloriaban siempre de poseer las Escrituras. Así los anabaptistas tratan de justificarse frente a San Agustín y frente a todos nosotros, puesto que el concilio niceno y anteriormente otros concilios y padres concuerdan con Cipriano.

[65] Epístula ad Januarium, Sententiae episcoporum LXXXVII de haereticis baptizandis; Ep. ad Jubaianum; Migne, P.L. 3, 1072 y sigs.; 1089 y sigs.; 1153 y sigs.
[66] Cornelio I (251-253).
[67] Eusebio Ecclesiae Historia, libro 7, cap. 476; Migne, P.G. 13, 256 (?).
[68] Alrededor de 264.
[69] Sixto II, 257-258.
[70] Iconium, ciudad de Frigia en Asia Menor, alrededor de 235.
[71] Canon XIX no es genuino, sino que es una adición posterior. Pablo de Samosata (m. 269); Fotino de Sirmium (m. 376).
[72] Libro de los heréticos, Migne, P.L. 42, 34.
[73] Seguidores de Donato (m. alrededor de 355), grupo-cismático de África.

Además tenemos también los *canones apostolorum,* las ordenanzas de los apóstoles, de los que se publicaron muchas ediciones para que la iglesia volviera a ser gobernada debidamente[74]. Entre dichas disposiciones figura también este decreto: "No se deben tener en cuenta el sacramento y el bautismo de los herejes, sino que éstos han de ser rebautizados"[75]. Es fácil concluir que esta disposición tomada por los apóstoles fue trasmitida después por medio de los padres y concilios (como dijera Dionisio) a San Cipriano y por él al concilio de Nicea, ya que San Cipriano vivió antes de este concilio. Si los apóstoles han dispuesto tal cosa, San Cipriano tiene razón y San Agustín queda derrotado con toda la cristiandad, y con él también nosotros que compartimos su opinión. Pues ¿quién enseñará cosas contrarias a los apóstoles? Si los apóstoles no lo han decretado, habría que ahorcar y ahogar a todos esos autores y maestros por difundir, imprimir y recomendar tales libros bajo el nombre de los apóstoles. Merecen también que no se les tenga confianza en otro libro o asunto alguno, ya que no cesan de producir libros en que ellos mismos no creen. Sin embargo nos los imponen por medio de estas letras: concilios, padres. Si se tratase sólo de las letras, que es lo único que les interesa y con que intentan engañarnos, entonces un corista de Halberstadt podría gritarlas mejor.

Si San Cipriano ha tenido a su favor esta regla de los apóstoles, y el concilio de Nicea y otros más, ¿cómo haremos para poner de acuerdo a los padres? Los apóstoles con Cipriano quieren que rebauticemos; San Agustín y toda la iglesia posterior opinan que sería un proceder incorrecto. ¿Quién predica mientras tanto a los cristianos hasta que esta divergencia quede resuelta y dirimida? Es muy fácil engañar a la gente con los concilios y los padres cuando se juega con las letras o se posterga el concilio cada vez más, cosa que está sucediendo desde hace 20 años, y no se piensa qué pasará con las almas que han de ser pastoreadas con doctrina bien fundada, como dice Cristo: *"Pasce oves meas"*[76].

Disculpo a San Cipriano, primero por cuanto no fue un anabaptista como los de nuestro tiempo, puesto que considera que entre los herejes no hay sacramento alguno. En consecuencia han de bautizarse como los demás gentiles. Era su errónea convicción íntima de que él no administraba un rebautizo, sino que bautizaba a un pagano no bautizado. Pues Cipriano no sabe de un rebautizo sino de un solo bautismo. Pero nuestros anabaptistas declaran que entre nosotros y bajo el papado existe bautismo verdadero, pero que no hay que considerarlo

---

[74] Edición de Jaques Merlin, París, 1524. Véase también Migne, P.G.I., 565-591.
[75] Canon 38.
[76] Jn. 21:16: Pastorea mis ovejas.

tal porque es administrado y aceptado por personas indignas, en tal cosa San Cipriano no habría consentido y menos aún la habría practicado.

Esto es lo que quise decir respecto del santo mártir San Cipriano, al cual estimo mucho por su persona y su fe. Pues la doctrina está sujeta a la sentencia de San Pablo: *"Omnia probate"*, etc. [77] Sin embargo, nuestro propósito ahora no es analizar lo que digo yo, sino poner de acuerdo a los padres para que sepamos con certeza qué y cómo hemos de predicar a los pobres cristianos. Pues en este punto no concuerdan respecto al bautismo los apóstoles y Cipriano por una parte con San Agustín y la iglesia por la otra. Si seguimos a San Agustín, debemos condenar a los apóstoles y sus reglas, como asimismo al concilio de Nicea y a los padres y concilios anteriores, incluso a San Cipriano. Por otra parte, si tiene razón San Cipriano con los apóstoles, San Agustín y la iglesia están equivocados. ¿Quién predica y bautiza mientras tanto hasta que nos pongamos de acuerdo? Y los papistas —ah, ellos se jactan ante nosotros con su estima de los cánones de los apóstoles, los concilios, los padres, y como prueba de ello han incorporado algunos en el decreto de Graciano [78]. Pero ¿y si se rompe el terraplén, y se descubre que algunos de estos cánones y disposiciones conciliares son de carácter herético, como este de la repetición del bautismo?, ¿quién podrá impedir entonces que las aguas lo inunden todo, y que en medio de su bramar alguien grite: "¡Mentís con todo lo que escribís, decís, imprimís, espetáis y gritáis. No se os puede creer palabra alguna por más que invoquéis concilios, padres y apóstoles!"?

Pero mientras de esta manera ellos entresacan de los padres o concilios lo que les gusta a ellos, y nosotros lo que nos agrada a nosotros, sin que logremos ponernos de acuerdo, ya que los padres mismos no están de acuerdo, tan poco como los concilios: ¿quién, pregunto yo, predica entretanto a las pobres almas que no saben de ese entresacar y reñir? ¿Es esto pastorear las ovejas de Cristo, si nosotros mismos no sabemos si lo que les damos es hierba o veneno, heno o ponzoña? Y mientras tanto, se debaten en la incertidumbre hasta que se produzca una definición y el concilio decida. ¡Oh, cuán mal habría cuidado Cristo de su iglesia si así fuera! ¡No, señores! o las cosas no son así como nosotros pretextamos basándonos en concilios y padres, o no ha existido iglesia alguna desde el tiempo de los apóstoles, lo cual es imposible. Pues ahí están estas declaraciones: "Creo en la santa iglesia cristiana", y "Estoy con vosotros hasta el fin del mundo" [79].

---

[77] 1 Ts. 5:21: Examinadlo todo; retened lo bueno.
[78] Decretum Gratiani, dist. 35, cap. 1; dist. 88, cap. 3.
[79] Mt. 28:20.

Estas palabras constan aunque todos los concilios y padres se equivo-
quen. De Cristo rige *ego veritas* [80]; en cambio, respecto de los padres
y concilios debe decirse *omnis homo mendax* [81] en el caso de que se
contradigan.

Esto no lo digo por los nuestros a los que después mostraré qué
son los concilios, los padres y la iglesia, por si no lo supiesen (de lo
cual Dios los ha guardado). Antes bien, lo digo por los gritones que
piensan que no hemos leído los padres ni los concilios. Es verdad que
no he leído todos los concilios, y tampoco los quiero leer a todos
y perder tanto tiempo, como intenté hacerlo en un principio. Pero leí
muy bien los cuatro concilios principales, y mejor que todos ellos,
como bien lo sé. Mas tengo la audacia de tener por menos importantes todos los demás concilios habidos después de los cuatro principales, si bien los considero buenos (entiéndaseme bien: ¡algunos, no todos!). Creo que conozco a los padres mejor que tales gritones que
sacan de ellos lo que les place, y lo que no les gusta lo dejan a un
lado. Por ello debemos encarar estas cosas de otra manera.

Y al fin de cuentas, ¿para qué tanta discusión? Si queremos hacer
concordar las sentencias de los padres, estudiemos al *magister sententiarum* [82], quien se empeñó muchísimo en esta materia y se nos ha
anticipado largamente, puesto que tuvo la misma dificultad por las
divergencias existentes entre los padres y trató de subsanarlas; y a mi
modo de ver lo consiguió mejor de lo que nosotros pudiéramos haberlo hecho. En ningún concilio en particular, ni en todos juntos, ni
en padre alguno hallarás tanto como en etse "libro de las sentencias".
Pues los concilios y los padres tratan algunas partes de la doctrina
cristiana. Este hombre en cambio es el único que las trata todas, o
al menos la mayoría. El defecto que tiene es que de los artículos importantes, como por ejemplo *fides et iustificatio* [83], habla en forma
demasiado indecisa y débil, si bien enaltece bastante la gracia de Dios.
Por lo tanto, admitamos que Graciano trabajó a favor nuestro con
sus loables esfuerzos por armonizar los concilios; pero no es tan claro
como el *magister sententiarum* porque hace demasiadas concesiones al
obispo romano y lo refiere todo a él. En otro caso quizás habría tenido
más éxito que nosotros en armonizar los concilios.

Quien quiera informarse más detalladamente acerca de cómo los
amados santos padres también han sido seres humanos, lea el libro del
Dr. Bugenhagen, nuestro pastor, sobre los 4 capítulos de 1 Corintios [84].

---

[80] Yo soy la verdad. Jn. 14:6.
[81] Todo hombre es mentiroso. Ro. 3:4.
[82] Maestro de las Sentencias: Pedro Lombardo; falleció en 1160.
[83] Fe y justificación.
[84] Joannis Bugenhagii Pomerani commentarius in quatuor capita prioris Epistulae ad Corinthios, etc.

Allí aprenderá que San Agustín tenía razón al escribir: *Noli meis,* etc. [85], como queda dicho, a saber, que él no está dispuesto a creer a padre alguno a no ser que éste tuviera las Escrituras a su favor. Dios mío, si la fe cristiana dependiera de los hombres y estuviera basada en palabra humana, ¿para qué se necesitaría entonces la Sagrada Escritura? ¿Para qué la habría dado Dios? Tirémosla debajo del banco y en lugar de ella pongamos en el pupitre a los padres y concilios solos. Por otra parte, si los padres no fueron hombres, ¿cómo nosotros los hombres seremos salvados? Mas si fueron hombres, a veces también habrán pensado, hablado y obrado como nosotros y habrán tenido que pronunciar, como nosotros, la petición: "Perdónanos nuestras deudas, así como nosotros perdonamos, etc.", sobre todo porque no tuvieron aquella promesa del Espíritu como los apóstoles, sino que fueron discípulos de ellos.

Si el Espíritu Santo hubiese sido tan ingenuo que hubiera tenido que esperar o confiar en que los concilios o padres lo arreglasen todo sin incurrir en error, no le habría sido menester advertir a su iglesia en contra de ellos al decir que los creyentes debían examinarlo todo y cuidarse cuando alguien construyera con paja, heno o madera sobre el fundamento, 1 Corintios 3 [86]. Con ello profetizó en forma nada secreta ni insuficiente, sino pública y poderosa, que en la santa iglesia habría también hombres que construirían con madera, paja y heno, lo que significa, maestros que a pesar de todo se basarían en el fundamento, y aun cuando el fuego los dañara, no obstante se salvarían. Esto no puede referirse a los herejes, puesto que éstos colocan otro fundamento, mientras que aquéllos quedan sobre el mismo fundamento, es decir, la fe en Cristo, alcanzan la salvación y son llamados los santos de Dios, a pesar de haber construido con heno, paja y madera, cosas que deben ser quemadas por el fuego de las Sagradas Escrituras, mas sin perjuicio de su salvación, como se expresa San Agustín hablando de sí mismo: *"Errare potero, haereticus non ero"* [87]: podré errar; sin embargo, no llegaré a ser hereje. El motivo es: los herejes no sólo yerran, sino que no admiten razones; defienden su error como si fuera verdad y luchan contra la verdad reconocida y contra su propia conciencia.

De éstos dice San Pablo en Tito 3 [88]: "A un herético deséchalo después de una y otra amonestación y ten en cuenta que ha apostatado de la fe y peca *autocatacritos,* es decir, deliberada y conscientemente quiere permanecer condenado en su error". San Agustín en cambio no tiene reparos en confesar su error y admitir correcciones.

[85] Véase nota 28.
[86] 1 Co. 3:12.
[87] No figura en las obras de Agustín.
[88] Tit. 3:10-11.

Por ello no puede ser hereje aunque yerre. Lo mismo hacen todos los demás santos, y ellos mismos echan al fuego su heno, paja y madera para quedar sobre el fundamento de la salvación. Y lo mismo hemos hecho también nosotros, y aún estamos haciéndolo.

Por tanto, como es inevitable que los padres (hablo de los santos y buenos), cuando construyan sin Escritura, es decir, sin oro, plata y piedras preciosas, forzosamente construyen con madera, paja y heno, es preciso según el juicio de San Pablo, saber hacer una diferencia entre oro y madera, entre plata y paja, entre piedras preciosas y heno, y no dejarnos obligar por los gritones importunos a considerar que es la misma cosa oro y madera, plata y paja, esmeralda y heno. O habremos de rogarles (si es posible hacerlo) que ellos mismos alcancen primero un grado de inteligencia tal que tomen madera por oro, paja por plata, heno por perlas. De otra manera debieran dejarnos en paz y no exigir de nosotros que admitamos tales insensateces y puerilidades.

No obstante, debemos darnos cuenta todos de este milagro del Espíritu Santo de haber dado al mundo todos los libros de la Sagrada Escritura, tanto del Antiguo Testamento como del Nuevo, sólo por medio del pueblo de Abraham y sus descendientes. No hizo escribir ninguno por nosotros, los paganos. Tampoco eligió a los profetas y apóstoles de entre los gentiles, como dice San Pablo en Romanos 3 [89]: los judíos tienen la gran ventaja de que "les ha sido confiada la palabra de Dios". También el Salmo 147 dice: "Ha manifestado sus palabras a Jacob, sus estatutos y sus juicios a Israel. No ha hecho así con ninguna otra de las naciones" [90]. Y Cristo mismo dice en Juan 4: "Sabemos que la salvación vino de los judíos" [91]; y en Romanos 9 leemos: "A ellos pertenecen la promesa, la ley, los patriarcas, y Cristo, etc." [92]

En consecuencia, nosotros los paganos no hemos de estimar los escritos de nuestros padres como iguales a la Sagrada Escritura, sino un tanto inferiores, puesto que los judíos son los hijos y herederos, nosotros los huéspedes y forasteros que hemos venido a la mesa de los hijos por gracia, sin contar con todas estas promesas que poseían los judíos. Humildemente debemos agradecer a Dios, y como la mujer pagana, no pedir más que ser los perrillos que "comen las migajas que caen de la mesa de sus amos" [93]. Sin embargo, somos pretenciosos y queremos equiparar a nuestros padres y a nosotros mismos con los apóstoles; no pensamos en que a nosotros, Dios podría hacernos pedazos con mucha más razón si ni siquiera perdonó a las ramas natura-

[89] Ro. 3:2.
[90] Sal. 147:19.
[91] Jn. 4:22.
[92] Ro. 9:4.
[93] Mt. 15:27.

les y a los descendientes, herederos de Abraham, por su incredulidad [94]. No obstante, la maldita abominación de Roma pretende tener también autoridad de cambiar a su gusto la Sagrada Escritura, sin consideración alguna hacia los apóstoles y profetas. Por consiguiente, tiene mucha razón San Agustín al escribir a San Jerónimo, como dijimos antes: "Estimado hermano, creo que no querrás que tu escrito sea considerado igual a los libros de los apóstoles y profetas. ¡Que Dios te libre! Seguramente no pretenderás tal cosa". [95]

Tampoco hay concilio ni padres donde se pueda hallar o aprender la doctrina cristiana entera. Por ejemplo, el concilio de Nicea trata sólo de que Cristo es verdadero Dios; el de Constantinopla, de que el Espíritu Santo es Dios; el de Éfeso, de que Cristo es una sola persona, no dos; el de Calcedonia, de que Cristo no tiene una naturaleza sola sino dos, divinidad y humanidad. Éstos son los cuatro concilios grandes y principales, y no tratan más que de estos cuatro asuntos, como oiremos oportunamente. Pero esto todavía no es toda la doctrina de la fe cristiana. San Cipriano trata [96] de cómo se debe morir y sufrir con fe firme; rebautiza a los herejes, y reprende las malas costumbres y a las mujeres. San Hilario [97] defiende el concilio de Nicea en cuanto a que Cristo es verdadero Dios y trata de algunos pocos salmos. San Jerónimo [98] elogia la virginidad y la vida ermitaña. San Crisóstomo [99] enseña a orar, a ayunar, a dar limosnas, a tener paciencia, etc. San Ambrosio se extiene en muchos otros puntos, pero el más completo es San Agustín; por ello, el *magister sententiarum* está integrado en su mayor parte por citas de San Agustín.

En resumen: aunque los reúnas a todos, tanto los concilios como los padres, no obstante no podrás entresacar de ellos la doctrina de la fe cristiana por más que vayas eligiendo eternamente. Si no hubiese sido por la Sagrada Escritura y su poder conservador, la iglesia no habría permanecido por mucho tiempo si hubiese dependido sólo de los concilios y los padres. Aquí va la prueba: ¿de dónde tienen los

---

[94] Ro. 11:21.

[95] Migne, P.L. 33, 277.

[96] Ad Cornelium, de perseverantia fidei; ad Cornelium de iis, qui ob tormentorum metu a fide defecerunt; ad Fortunatum, de exhortatione martyrii; ad Januarium, de iis, qui apud haereticis baptizant; ad Jubaianum, de haereticis baptizandis.

[97] De Trinitate libri XII; contra Constantium liber; Commentarii in plerosque psalmos.

[98] Ep. 14 ad Heliodorum, de laude vitae solitariae; Ep. 22 ad Eustochium, de custodia Virginitatis.

[99] De patientia et tolerantia; De ieiunio et in illud Apostoli: Gaudete in Domino semper; De eleemosyna et misericordia; Quod ars est eleemosyna; De oratione; De orando Deum; De ieiunio sermones duo; De ieiunio et eleemosyna; De ieiunio et temperantia; De eleemosyna.

padres y concilios lo que enseñan y lo que establecen? ¿crees que lo inventaron en sus propios tiempos, o que el Espíritu Santo los inspiró siempre de nuevo? ¿Por qué, pues, se ha conservado la iglesia antes de los concilios y los padres? ¿O acaso no han existido cristianos antes de aparecer concilios y padres? En consecuencia, hemos de hablar de otra manera de ellos y no considerar las letras sino el sentido. Y con esto bastará para la primera parte de este librito. Interpongamos un momento de respiro.

SEGUNDA PARTE

Veamos en primer término lo de los concilios. Pues a los que somos gente de escaso entendimiento, las letras *CONCILIUM* nos dan muchísimo que hacer, aún más que los padres y la iglesia. Con esto no me quiero erigir en juez ni maestro, sino que simplemente expondré mis ideas. A quien pueda hacerlo mejor, le deseo gracia y suerte. Amén.

Me guío por la sentencia de San Hilario en su obra "De Trinitate": *"Ex causis dicendi sumenda est intelligentia dictorum"* [100]. Esto significa que quien quiere entender una sentencia, ha de investigar por qué o por qué causas ha sido formulada. *Sic ex causis agendi cognoscuntur acta* [101]. Esto lo enseña la razón natural. Pero lo explicaré en forma fácilmente comprensible. Si un campesino acusa a otro: "Señor juez, este hombre me llama bribón y malvado", estas palabras y letras, sin más ni más, dan el sentido de que se le infiere al acusador una gran injusticia, y que se trata de falsedades y puras mentiras. Pero si viene el acusado dando las razones de tales letras, diciendo: "Señor juez, aquél es un malvado y bribón, porque fue expulsado de la ciudad X a fuerza de azotes por su maldad, y a duras penas se salvó de la horca por la intervención de gente de bien, y ahora quiere engañarme en mi propia casa"; entonces el juez entenderá las letras de otro modo que antes. La experiencia en la práctica jurídica lo enseña diariamente. Porque sin que se conozcan la causa y el motivo de las palabras, éstas no son más que letras o gritería de alumnos coristas o canto de monjas.

Lo mismo les sucede a las palabras de Cristo dichas a Pedro: "Todo lo que ligares en la tierra será ligado en el cielo; y todo lo que desligares en la tierra será desligado en el cielo" [102]. Estas letras las toma el papa y les da una interpretación completamente arbitraria en este sentido: "Lo que hago en el cielo y en la tierra, está bien hecho. Tengo

[100] Hilario, De Trinitate lib. 9, 2 (Migne, P. L. 10, 282), Lutero no cita textualmente, sino más bien según el sentido.
[101] Así por los motivos del obrar se conocen los hechos.
[102] Mt. 16:19.

las llaves para ligarlo y desligarlo todo". Esto es inadmisible desde todo punto de vista. Si se consideran las causas, Cristo habla del ligar y desligar de los pecados por cuanto con esta acción se indica hacer uso de las llaves del cielo, ya que al cielo no entra nadie que no tenga el perdón de los pecados, y ninguno queda excluido de él sino los que están ligados a causa de su vida impenitente. Por tanto, las palabras no se refieren al poder de San Pedro, sino que conciernen a la nececidad de los míseros pecadores o de los malhechores orgullosos. Pero el papa hace de estas llaves dos ganzúas para las diademas de todos los reyes, las arcas, los bolsillos, cuerpo, honra y bienes del mundo entero, puesto que mira como un necio las letras sin considerar de ningún modo las causas.

Así hay muchos pasajes de las Escrituras que según la letra se contradicen, mas cuando se indican las causas, se ve que todo concuerda. Opino que también todos los juristas y médicos encontrarán en sus libros muchísimo de lo que acabo de decir respecto del juez. ¿O qué es el hombre entero sino antilogía y contradicción, hasta que se va al fondo de las cosas? Por ello mis antilogistas [103] son a la vez estúpidos y maliciosos: compilan mis antilogías sin considerar las causas. Hasta las oscurecen a propósito. ¡Como si yo no pudiera citar también antilogías de sus libros que no pueden armonizarse de manera alguna! Pero con esto basta, no merecen tantas palabras.

Pasemos a ocuparnos en el concilio de Nicea, que fue convocado por las siguientes causas: El buen emperador Constantino se había hecho cristiano. Había dado a los cristianos paz contra los tiranos y perseguidores, con tanta fe y buena intención que hasta declaró la guerra y destronó a su cuñado Licinio, al cual le había dado en matrimonio a su propia hermana Constancia y lo había nombrado coemperador, por el hecho de que Licinio, pese a muchas advertencias, no quería dejar de martirizar ignominiosamente a los cristianos. Una vez que el buen emperador había dado esta paz a los cristianos y los había favorecido de muchas otras maneras fomentando las iglesias dondequiera que le era posible, consideró que la situación era lo suficientemente estable y resolvió hacer la guerra a los persas, pueblo que habitaba fuera de los límites del imperio. Y en este hermoso y pacífico paraíso, en un tiempo tan apacible, irrumpe la vieja serpiente y despierta a Arrio, sacerdote de Alejandría, contra su obispo. Este Arrio intentaba inventar algo nuevo en contra de la antigua fe. Tenía la ambición de ser alguien y se opuso a la doctrina de su obispo declarando que Cristo no era Dios. Obtuvo la adhesión de muchos sacerdotes y de obispos renombrados y doctos. Cundió la desgracia en varios países, hasta el extremo de que Arrio pudo gloriarse de ser un mártir y tener que

[103] Lutero se refiere a sus adversarios.

LOS CONCILIOS Y LA IGLESIA

sufrir a causa de la verdad de parte de su obispo Alejandro quien no le toleraba esto y contra el cual hizo circular cartas infamatorias en todas partes.

Cuando llegó la noticia de estos hechos al piadoso emperador, procedió como un príncipe habilísimo y trató de sofocar las llamas antes de que el fuego se extendiera más. Escribió una carta a ambos, al obispo Alejandro y al sacerdote Arrio, exhortándolos en una forma tan benigna y seria como no podría haberse escrito mejor. Les llama la atención a los muchos esfuerzos con que él había procurado la paz a los cristianos del imperio. Los amonesta a que no causen ellos mismos discordia entre sí; pues esto sería un gran escándalo para los gentiles quienes quizá darían las espaldas a la fe (como en realidad sucedió, cosa que Constantino lamenta profundamente). Además, él se vería impedido con ello de afrontar a los persas. En resumen, es una carta humilde y cristiana escrita por un tan grande emperador a los dos hombres. Me parece verdaderamente un exceso de humildad, pues conozco mi propia pluma áspera. Yo no habría podido sacar de mi tintero un escrito tan humilde, máxime si hubiese sido emperador, y un emperador como Constantino.

Sin embargo, la carta no surtió efecto. Arrio había conseguido muchos adeptos y quería imponerse a su obispo. El piadoso emperador insiste y envía a un legado personal, un excelente obispo, afamado en todo el mundo, de nombre Osio, de Córdoba, España, con la misión de dirigirse a los dos contrincantes, a Alejandría y a todo Egipto, a los efectos de arreglar el asunto. Tampoco esta medida tuvo éxito, sino que el fuego se extendió cada vez más, como cuando arde un bosque. Entonces el buen emperador Constantino acudió a un último recurso: mandó reunir de todos los países a los mejores y más renombrados obispos y ordenó conducirlos a Nicea con los medios de transporte estatales, asnos, caballos y mulas. Por medio de estos hombres, así lo esperaba Constantino, se podría hallar una solución satisfactoria. En Nicea se reunieron, pues, muchos obispos y padres esclarecidos y de prestigio universal, entre los que se destacaban Jacobo de Nisibín y Pafnucio de Ptolemáis, obispos que habían sufrido crueles tormentos bajo Licinio y habían hecho milagros. Pero había también algunos obispos arrianos, como excrementos de ratones entre la pimienta.

El emperador se mostró muy complacido esperando que las cosas se arreglasen, y colmó de honores y atenciones a todos los concurrentes. No obstante, algunos procedieron a elevar al emperador notas de queja acerca de lo que tenía un obispo contra el otro, invocando la sentencia imperial. Estas notas fueron rechazadas, puesto que a Constantino no le interesaban las discordias de los obispos, sino que deseaba que se decidiese el artículo referente a Cristo. No había convocado el concilio por las divergencias entre los obispos. Pero como éstos no cesaron de molestar, mandó juntar todas las notas, y sin leer ninguna las tiró al fuego. No obstante, despachó a los obispos con palabras afables diciendo que él no podía ser juez de aquellos a quienes Dios había puesto por árbitros sobre él. Los exhortó a ocuparse en el asunto principal. En verdad, ¿no es éste el proceder de un príncipe sabio, benévolo y paciente? Cualquier otro gobernante se habría enojado con tales obispos y habría reaccionado con violencia. Sin embargo, les manifestó claramente su opinión al quemar las esquelas recibidas sin reparar en la dignidad episcopal, y los amonestó a dejar sus puerilidades por cuanto habían sido convocados por un asunto mucho más importante.

Al comenzar el concilio, Constantino se sentó en medio de los obispos, en una silla más baja que las de ellos. El obispo de Roma, Silvestre, no estaba presente, sino que, según la afirmación de algunos, había mandado a dos sacerdotes. Después de que Eustacio, obispo de Antioquía, que presidía el concilio, había expresado al emperador su agradecimiento y lo había elogiado por sus buenos oficios, fue leída públicamente la doctrina de Arrio (él mismo parece no haber estado presente, puesto que no era obispo ni delegado) [104], de que Cristo no era Dios sino que había sido creado y hecho por Dios, como figura en las historias con todo detalle. Entonces, los santos padres y obispos se levantaron indignados de sus sillas e hicieron pedazos los escritos declarando incorrecta la doctrina allí expuesta. Así, Arrio fue condenado públicamente por el concilio, y con expresiones de repudio. Tanto les dolía a los padres, y tan intolerable les parecía escuchar semejantes blasfemias de Arrio. Todos los obispos firmaron la condena, también los obispos arrianos, aunque de corazón falso como se evidenció más adelante; sólo dos obispos de Egipto rehusaron firmar [105]. Así, el emperador disolvió el concilio el mismo día, y tanto él como también los padres conciliares escribieron informes de este asunto a todo el mundo. Por su parte, el emperador Constantino se mostró altamente satisfecho de que la cuestión se había arreglado y dirimido. Fue pródigo en demostraciones de amabilidad con los obispos, sobre todo con los que habían sido sometidos a martirios.

De todo esto se desprende claramente por qué motivo se había reunido el concilio, y cuál fue su cometido, a saber, conservar el artículo antiguo de la fe, de que Cristo es verdadero Dios, contra las nuevas argucias de Arrio, quien quería falsificar este artículo siguiendo los argumentos de la razón, hasta cambiarlo y condenarlo. Ahora fue condenado él mismo. Pues el concilio no inventó ni estableció este artículo, como si no hubiese estado en vigencia en la iglesia, sino

---

[104] Arrio tomó parte en el concilio según Rufino (Migne 21, 472 A) y la Tripartita (Migne 69, 924 C).

[105] Segundo de Ptolemáis y Teonas de Marmárica (Migne 69, 925 C).

que lo defendió contra la herejía introducida por Arrio, como lo
evidencia el hecho de que los padres se indignaron rompiendo el
papel con los artículos de Arrio. Con ello manifestaron que anteriormente se había aprendido y enseñado otra cosa en las iglesias, desde el
tiempo de los apóstoles. Pues ¿dónde habrían quedado los cristianos
que más de trescientos años antes de este concilio, desde el tiempo de
los apóstoles, habían creído y adorado e invocado al Señor Jesús
como verdadero Dios y habían muerto por esta su fe y sufrido atro-
ces martirios?

De esto debo hacer mención en particular, puesto que los aduladores del papa han incurrido en la grave necedad de creer que los
concilios tienen poder y derecho de establecer nuevos artículos de la
fe y cambiar los antiguos. Esto es mentira, y los cristianos debemos
romper también los documentos que afirmen tal cosa. En realidad,
cambios de esta índole no los ha hecho ni puede hacerlos concilio alguno. Los artículos de la fe no deben surgir en la tierra por medio
de los concilios, de una nueva inspiración secreta, sino que deben ser
dados y revelados desde el cielo, públicamente, por el Espíritu Santo.
De otra manera no son artículos de fe, como oiremos más adelante.
Así, el concilio de Nicea (como dije) no inventó este artículo de que
Cristo es Dios ni lo estableció como nuevo artículo de fe, sino que
esto lo hizo el Espíritu Santo en el día de Pentecostés cuando vino
manifiestamente del cielo sobre los apóstoles y por medio de la Escritura declaró que Cristo es verdadero Dios, tal como había sido prometido a los apóstoles. Desde los tiempos apostólicos, esta verdad
permaneció viva en la iglesia, y así llegó al concilio, y sucesivamente
hasta nuestros días. Quedará también hasta el fin del mundo, como
Jesús mismo dice: "Estoy con vosotros hasta el fin del mundo" [106].

Si para defender este artículo no tuviésemos más que este concilio, nos veríamos en una situación difícil. Tampoco quisiera depositar
mi fe en el concilio mismo, sino que más bien diría: también los padres conciliares fueron seres humanos. En cambio, el evangelista San
Juan y los apóstoles San Pablo, San Pedro y los demás son fidedignos
y nos ofrecen un buen fundamento y defensa. A ellos les fue revelada
esta verdad por el Espíritu Santo, públicamente, desde el cielo. De
ellos la recibieron las iglesias antes de este concilio, y también el
concilio mismo. Pues tanto antes del concilio, cuando comenzó la
disputa arriana como también durante el concilio y después de él,
la iglesia se defendió enérgicamente con las Escrituras, en especial
con el Evangelio de San Juan, y discutió en forma contundente, como
lo demuestran los libros de Atanasio e Hilario [107]. De lo mismo habla
también la *Tripartita*, libro 5, capítulo 29: "La fe promulgada en

[106] Mt. 28:20.
[107] Atanasio, obispo de Alejandría. Hilario de Poitiers.

Nicea está fundada en los escritos de los apóstoles"[108]. Si no existieran las Sagradas Escrituras de los profetas y apóstoles, las simples palabras del concilio no tendrían efecto, y su dictamen carecería de valor. De modo que este artículo referente a la divinidad de Cristo no es sólo la parte principal del concilio, sino que es el concilio todo. Por esto fue convocado, y (como dije) disuelto el mismo día en que se adoptó este artículo.

Sin embargo, en otro día, cuando conforme a los relatos el emperador Constantino no estaba presente, se volvieron a reunir y trataron otros asuntos referentes al régimen exterior y temporal de la iglesia. Sin duda figuraban entre estos temas los papelitos que, en ocasión anterior, Constantino había tirado al fuego, no queriendo ser juez. Por consiguiente tuvieron que reunirse ellos mismos y arreglar esto sin el emperador. La mayor parte de las discusiones está integrada por meras querellas clericales, por ejemplo: en una ciudad no debe haber dos obispos; ningún obispo debe aspirar de una iglesia menor a otra mayor; los clérigos o servidores de las iglesias no deben abandonar la iglesia a la cual sirven y entrometerse en otras; nadie debe consagrar a personas sujetas a la jurisdicción de otro obispo sin el conocimiento y consentimiento de éste; ningún obispo debe admitir a una persona excomulgada por otro obispo; el obispo de Jerusalén conservará su primacía de dignidad sobre otros; y otras futilidades más. ¿Quién puede tener estas cosas por artículos de fe? ¿Qué se puede predicar de esto al pueblo en la iglesia? ¿Qué importa esto a la iglesia o al pueblo? — a no ser que se aprenda de ello, como de un ejemplo histórico, que en aquel tiempo había en la iglesia también obispos, sacerdotes, clérigos y demás personas arbitrarias, malas e indisciplinadas que buscaban el honor, el poder y los bienes más que a Dios y su reino, de modo que fue preciso oponerse a ellos de esta manera.

Podemos figurarnos fácilmente que Constantino no convocó este concilio por asuntos tales. De lo contrario, lo habría reunido antes de que Arrio diera origen a esta miseria. ¿Qué le habría interesado cómo se arreglaban estos asuntos? Éstos eran cosas de los obispos, que cada cual tenía que arreglar en su diócesis con sus propias iglesias tal como ya lo habían hecho antes, como los mismos artículos lo evidencian. Habría sido una vergüenza si por tales futilidades se hubiese convocado un concilio tan grande, puesto que en estas cosas exteriores basta con la razón dada por Dios para arreglarlas. No se necesita para ello al Espíritu Santo, cuya tarea es glorificar a Cristo, y no el ocuparse en tales asuntos sujetos a la razón. De lo contrario, se podría llamar todo lo que hacen los cristianos piadosos, también cuando comen y beben, "obra del Espíritu Santo". Éste tiene otras cosas que hacer, concernientes a asuntos de doctrina, y no tales obras sujetas a la razón.

[108] Migne 69, 1007 A.

Por otra parte, tampoco todos los que concurrieron a este concilio eran gente piadosa como Pafnucio, Jacobo, Eustacio, etc. Se cuentan diecisiete obispos arrianos que gozaban de mucha fama, aunque tuvieron que agacharse y simular ante los demás.

Las historias de Teodoreto [109] dicen que los artículos aprobados por el concilio fueron veinte, según Rufino eran veintitrés. No sé si los arrianos u otros agregaron o quitaron algunos o los reemplazaron por otros. (En efecto, no figura el artículo que según dicen logró pasar San Pafnucio referente a las esposas de los sacerdotes.) Sobre esto no puedo decir nada, pero esto lo sé de seguro: que la gran mayoría de estos artículos han muerto hace mucho. Están sepultados en los libros y no pueden resucitar, como Constantino lo indicó y profetizó con el hecho de tirarlos al fuego y quemarlos. No se observan y no se pueden cumplir. Han sido heno, paja y madera (como dice San Pablo) [110], edificados sobre el fundamento; por ello, en los años transcurridos los ha consumido el fuego, como desaparece también otra cosa temporal y perecedera. Mas si hubieran sido artículos de la fe o mandamiento de Dios, habrían subsistido como el artículo de la divinidad de Cristo.

Sin embargo, de los artículos "de madera", un leño ha quedado ardiendo hasta ahora, a saber, el referente al día de Pascua. Como lo demuestran los matemáticos o astrónomos, no observamos este artículo del todo bien, porque en nuestra época el equinoccio cae en fecha completamente distinta que en aquel entonces, de modo que nuestra Pascua es observada a menudo demasiado tarde en el año. En tiempos anteriores, inmediatamente después de la era apostólica, comenzó la controversia acerca del día de Pascua, y por causas tan insignificantes e inútiles, los obispos se han llamado herejes y anatematizados los unos a los otros en la forma más vergonzosa. Algunos querían fijar esta fiesta en un día determinado según la ley mosaica, a la manera de los judíos. Los otros, no deseando seguir la costumbre judía, querían festejar la Pascua el domingo siguiente. Víctor [111], el obispo romano y también mártir, que nació unos 180 años antes de este concilio, excomulgó a todos los obispos e iglesias de Asia porque no observaban la Pascua en el mismo día que él. Tan temprano los obispos romanos se arrogaron la majestad y el poder. Pero Ireneo [112], obispo de Lyon en Francia, quien había conocido a Policarpo [113], discípulo del evangelista Juan, lo reprendió a Víctor y dirimió la divergencia, de manera que el obispo de Roma tuvo que dejar a la iglesia en paz.

[109] Historiador, 396-458.
[110] 1 Co. 3:12.
[111] Víctor I, 185-197.
[112] Ireneo, mártir, alrededor de 200.
[113] Policarpo, obispo de Esmirna, mártir, muerto hacia 169.

Por ello, Constantino tuvo que ocuparse también en estas cosas y ayudar a zanjar la diferencia en el concilio. Decretó que la Pascua se observase a un mismo tiempo en todo el mundo. Véase la *Tripartita*, libro 9, capítulo 38 *"pulcherrime"* [114]. Actualmente se necesitaría otra reforma para corregir el calendario y poner la Pascua en su lugar. Pero esto no incumbe a nadie sino a las altas autoridades, emperadores y reyes. Éstos deben publicar al unísono y simultáneamente un decreto para todo el orbe acerca de la fecha en que en adelante se ha de festejar la Pascua. De otra manera, en el caso de que un país tomara la iniciativa sin consultar con los demás, y los asuntos temporales, como por ejemplo ferias, kermeses y otros negocios se rigiesen por el día de Pascua actual, la gente de aquel país vendría a una feria de otro país a destiempo, y se ocasionaría un desequilibrio tremendo y una confusión en todas las cosas. Tal ajuste sería oportuno y fácil de hacer si las altas autoridades quisieran, puesto que todo ha sido calculado muy bien por los astrónomos. Sólo falta publicarlo y decretarlo. Mientras tanto tenemos aún el leño ardiente del concilio niceno de que la Pascua se festeja en un día domingo, oscile el tiempo todo lo que pueda. Es por esto que tales fiestas se llaman *festa mobilia*, fiestas móviles, porque anualmente cambia la fecha de Pascua al igual que la de las fiestas dependientes de ella. Ora se festejan temprano, ora más tarde en el año. No tienen fecha fija como las demás fiestas.

Tal oscilación de las fiestas tiene su causa en que los antiguos padres (como ya dije) desde un principio querían tener el día de Pascua en el tiempo ordenado por Moisés, es decir, en la primera luna llena de marzo inmediatamente después del equinoccio. Sin embargo, no querían adoptar completamente el modo de los judíos, y tener como ellos la Pascua en luna llena, sino que como cristianos, apartándose de la ley de Moisés, tomaron el domingo después de la luna llena de marzo. Así sucedió que en el año próximo pasado, 1538, los judíos festejaron su pascua el sábado después de *Invocavit*, como lo llama nuestra iglesia, es decir, unas cinco semanas antes de que nosotros tuviéramos nuestra Pascua [115]. De esto se ríen los judíos y se burlan de los cristianos, como que estamos equivocados y no sabemos observar la Pascua correctamente, y se obstinan en su incredulidad. Esto a su vez molesta a los nuestros que por lo tanto quisieran ver corregido el calendario por las altas autoridades, pues sin la colaboración de éstas, ello no es posible y mucho menos aconsejable.

Según mi opinión les sucedió lo que Cristo menciona en Mateo 9: "Si se pone un remiendo nuevo en vestido viejo, la rotura se hace

[114] Migne 69, 1153 y sigs.
[115] En 1538, la Pascua coincidió con el 21 de abril; el sábado después de Invocavit era el 16 de marzo.

peor. Si se echa vino nuevo en cubas viejas y defectuosas, se rompen los otros oxidados y el vino se derrama" [116]. Querían conservar una parte de la antigua ley de Moisés, a saber, que se debía observar la luna llena de marzo. Esto es el vestido viejo. Después, como cristianos liberados por Cristo de la ley de Moisés, no querían sujetarse al mismo día de luna llena, sino que en lugar de él eligieron el domingo próximo. Esto es el remiendo nuevo sobre el vestido viejo. Por ello, la eterna querella y el eterno correr de una fecha a otra han despertado tanta inquietud en la iglesia hasta hoy día. Y lo harán hasta el fin del mundo, de modo que no habrá medida ni fin en escribir libros sobre este tema. Esto lo dispuso así Cristo y lo permitió como el que demuestra siempre su poder en la debilidad y nos enseña a conocer nuestra endeblez.

¡Cuánto mejor habría sido si hubiesen dejado totalmente a un lado la ley de Moisés referente a la fiesta de Pascua y la hubieran dado por muerta no reteniendo nada del vestido viejo! Pues Cristo, a quien se refería esta ley, la derogó del todo por su pasión y resurrección, la eliminó y sepultó eternamente, rasgó el velo del templo y después hizo pedazos toda Jerusalén con el sacerdocio, el principado y la ley. En lugar de ello tendrían que haber calculado según el curso del sol el día de la pasión, del sepelio y de la resurrección, y los tendrían que haber determinado y puesto en un día fijo del calendario, como lo hicieron con el día de Navidad, Año Nuevo, Epifanía, Candelaria, Anunciación de María, San Juan y otras fiestas más que se llaman fijas, no móviles. Así habrían sabido con certeza, año tras año, en qué día caen la fiesta de Pascua y las que dependen de ella, sin tanta molestia y disputa.

Bien, dices, por la resurrección de Cristo se debe tener en alta estima el domingo, que por esto se llama *dominica dies* [117], y fijar en él el día de Pascua, puesto que Cristo resucitó después del *"sabbat"*, que nosotros llamamos sábado. Seguramente, este argumento tuvo su influencia. Pero *dies dominica* no es domingo, sino día del Señor. ¿Por qué no habrían de llamarse *dies dominica* todos los días en que se hubiera fijado la Pascua? ¿No es la Natividad también una *dies dominica*, un día del Señor, un día en que se festeja un acontecimiento especial de la vida del Señor, su nacimiento, aunque no caiga todos los años en un domingo? ¿No se llama "día de Cristo", es decir, día del Señor, aun cuando caiga en un día viernes, porque ha sido calculado por el curso del sol y lleva en el calendario una letra determinada? [118] De idéntica manera, también el día de Pascua habría

---

[116] Mt. 9:16 y sigs.

[117] Día del Señor.

[118] En los calendarios antiguos, cada día estaba señalado por una letra. Comenzando con el primero de enero, las letras corrían de A a G y eran repetidas para determinar la letra dominical.

podido tener una letra determinada, aunque coincidiese con un viernes o un miércoles, como ocurre con el día de Natividad. Así habríamos quedado libres de la ley mosaica, con su luna llena de marzo, así como ahora no se pregunta si la luna llena cae o no cae en el día de Natividad, y dejamos a un lado la luna al guiarnos por el año solar.

También se puede argüir que según las enseñanzas de los astrónomos, el equinoccio es movible y los años del calendario progresan en forma demasiado lenta y no corren en coincidencia, y esto con el tiempo se hace notar cada vez más; por ello, el equinoccio se alejaría más y más del día fijado para la Pascua, como se separa siempre más del día de Felipe y Jacobo [119] y otras fiestas. Pero ¿interesa esto a los cristianos? Aunque nuestra Pascua coincidiera con el día de Felipe y Jacobo (lo cual no sucederá antes del fin del mundo, como espero), la festejamos todos los días con sermones y fe en Cristo. Basta con observarla una vez al año en un día especial para una conmemoración fácilmente conocible y perceptible, no sólo para tratar en esta fecha la historia de la resurrección en forma pública y con mayor diligencia, sino también para fijar con ello las diferentes épocas del año por las cuales se puede orientar la gente en sus asuntos comerciales, como se tiene la época de San Miguel Arcángel, de San Martín, de Santa Catalina, de San Juan, de San Pedro y San Pablo, etc. Pero esto se ha descuidado hace mucho y desde un principio. Ha quedado el vestido viejo con su enorme rasgadura, y así puede permanecer hasta el juicio final. De todos modos vamos hacia el fin. Pues si se venía remendando el vestido viejo durante 1.400 años, podemos remendarlo también cien años más. Espero que pronto terminará todo [120]. La fecha de Pascua ha oscilado como mil cuatrocientos años. Puede fluctuar también el breve tiempo restante, ya que nadie quiere cambiarla, y los que más lo quisieran, no pueden hacerlo.

Me explayo tan amplia e innecesariamente sobre este tema sólo para dar expresión a mi parecer para el caso de que algunas sectas se atrevieran por su propio capricho a colocar la Pascua en otra fecha que no sea la nuestra. Creo que si los anabaptistas hubieran sido tan doctos en astronomía como para entender esto, habrían pasado con la cabeza por la pared y habrían querido introducir alguna novedad en el mundo como es la costumbre de las sectas, y festejar el día de Pascua en fecha distinta que la demás gente. Pero ya que han sido hombres inexpertos en las ciencias, el diablo no pudo utilizarlos como herramientas o instrumentos para tal fin. Mi consejo es, por lo tanto: que se siga festejando la fiesta de Pascua como hasta ahora, remendando el vestido viejo (como dije) y cambiando la fiesta de Pascua

---

[119] Primero de mayo.
[120] Lutero contaba con una duración del mundo de 6.000 años. En su época faltaba poco todavía para terminar.

de un lado al otro hasta el juicio final, o hasta que los monarcas, en vista de estos hechos, al unísono y simultáneamente la cambien.

En efecto: no nos afecta mayormente, y el barco de San Pedro no sufrirá daño alguno por esto, porque no es herejía ni pecado, como por ignorancia lo consideraban los antiguos padres llamándose herejes el uno al otro y anatematizándose. En cambio, es un simple error o *solecismo* [121] de la astronomía que atañe más al régimen temporal que a la iglesia. Si los judíos se mofan de nosotros como si lo hiciéramos por insensatez, nosotros nos burlamos mucho más de ellos porque observan su Pascua tan rígida e inútilmente y no saben que Cristo hace 1.500 años cumplió, anuló y aniquiló todo esto. Pues lo hacemos voluntaria y deliberadamente, y no por irreflexión. Sabríamos muy bien cómo festejar la Pascua de acuerdo con la ley mosaica, mejor que ellos. Pero no queremos ni debemos hacerlo, pues tenemos al Señor que está por encima de Moisés y de todo y que dice: "El Hijo del hombre es Señor del día de reposo" [122]. ¿Cuánto más es él el Señor de Pascua y Pentecostés, fiestas que tienen en la ley de Moisés menos importancia que el día de reposo, el "sabbat", que consta en las tablas de la ley de Moisés, mientras que Pascua y Pentecostés figuran fuera de ellas? Además tenemos a San Pablo quien prohíbe directamente ligarse a las fiestas, días y tiempos del año de Moisés, Gálatas 4 y Colosenses 2 [123].

En consecuencia, tenemos y debemos tener el poder y la libertad de festejar Pascua cuando querramos. Y nada de malo habría en que convirtiéramos el viernes en domingo y viceversa, siempre que se hiciera de común acuerdo por las altas autoridades y el pueblo cristiano. Moisés ha sido muerto y sepultado por Cristo. Los días y las sazones no deben ser amos de los cristianos, sino que los cristianos son señores libres para fijar días y sazones como quieran y como les agrada, pues Cristo lo ha liberado todo al anular a Moisés. Pero dejemos las cosas como hasta ahora, puesto que no se trata de ningún peligro, error, pecado ni herejía. Sin necesidad o por capricho personal de algunos no cambiaremos nada, pues esto nos lo impone el respeto ante los demás que observan la Pascua del mismo modo que nosotros. Nos salvamos sin Pascua y Pentecostés, sin domingo y viernes, y no seremos condenados por Pascua y Pentecostés, domingo y viernes, como enseña San Pablo [124].

Para volver al concilio, digo que apreciamos demasiado el leño del concilio niceno. Y luego el papa y su iglesia han hecho de este

---

[121] Falta idiomática que deriva su nombre de Soli, ciudad de Cilicia donde se hablaba mal el griego.
[122] Mt. 12:8.
[123] Gá. 4:10; Col. 2:16.
[124] Col. 2:16.

leño no sólo una construcción de oro y plata y piedras preciosas, sino
un fundamento, a saber, un artículo de la fe sin el cual no podemos
salvarnos, y le han dado el carácter de un mandamiento al que la
iglesia debe obediencia, con lo que revelan ser peores que los judíos.
Pues éstos tienen a su favor el texto de Moisés mandado por Dios
para aquel tiempo. Mas el papa y los suyos tienen solamente su propio
parecer que los impulsa a hacer del trapo viejo de Moisés un vestido
nuevo. Pretenden obedecer a Moisés, pero en realidad no se trata
más que de fantasías y sueños referentes a Moisés, muerto hace tanto
tiempo, y, como dice la Escritura, enterrado por Dios mismo (es decir,
por Cristo), de modo que nadie halló su sepultura [125]. Pero ellos lo
quieren hacer aparecer vivo, por arte de magia. No ven lo que dice
San Pablo en Gálatas 5: "Si guardan una parte de las enseñanzas de
Moisés, están obligados a cumplir toda la ley" [126]. Por consiguiente,
si opinan que es preciso observar la luna llena de marzo para Pascua, como parte de la ley, deberán guardar también la ley en lo referente al cordero pascual y transformarse en judíos cumpliendo con
ellos el rito acerca del cordero pascual. De lo contrario deben menos-
preciar la luna llena con toda la ley mosaica. O de todos modos no
deben considerarla necesaria para la salvación como artículo de la
fe, como a juicio mío lo hacían aquellos padres conciliares, especialmente los mejores entre ellos.

Tenemos pues que este concilio ante todo trató sobre este artículo
de que Cristo es verdadero Dios. Para esto fue convocado, y por esto
también es y se llama un concilio. Aparte de esto trataron también
asuntos casuales y relativos a la vida material y administrativa que
con razón se consideran seculares; no son comparables con los artículos de la fe ni tampoco deben observarse como una ley perpetua
(puesto que han pasado y caducado). No obstante, el concilio tuvo
que ocuparse también en tales asuntos materiales, casuales, y necesarios en su tiempo, si bien en el tiempo nuestro ya no nos atañen.
Tampoco es posible ni útil guardarlos. Por ejemplo, es falso y des-
acertado que los herejes se deban rebautizar, aunque esta práctica
haya sido establecida por los padres ortodoxos y no introducida por
los arrianos o los otros obispos inescrupulosos presentes en Nicea.
Así también el concilio de los apóstoles en Jerusalén tuvo que arreglar,
además de la cuestión principal, algunos artículos casuales y exteriores referentes a la sangre, lo ahogado, los sacrificios a los ídolos, asuntos que eran urgentes a su tiempo. Pero no fue la opinión que estos
artículos deberían quedar en la iglesia como ley perpetua, como lo
son los artículos de la fe; y en efecto, se han abolido. ¿Y por qué no

[125] Dt. 34:6.
[126] Gá. 5:3.

examinamos también este concilio para ver cómo hay que entenderlo a base de las causas que lo hicieron necesario? La causa fue la siguiente: Los gentiles, a quienes habían convertido Bernabé y Pablo, habían recibido el Espíritu Santo por medio del evangelio tan bien como los judíos, a pesar de no estar bajo la ley como éstos. Los judíos insistían mucho en que los gentiles debían ser circuncidados y que se les mandase guardar la ley mosaica. De otro modo no podrían salvarse. Eran palabras contundentes, ásperas y de mucho peso: no podían ser salvos sin la ley mosaica y la circuncisión. En esto insistían más que ningún otro los fariseos que habían llegado a la fe en Cristo, Hechos 15 [127]. Y a raíz de esto se efectuó la reunión de los apóstoles y los ancianos. Después de una amplia y acalorada discusión, se levantó Pedro y pronunció un sermón vigoroso y conmovedor, Hechos 15 [128]: "Varones hermanos, vosotros sabéis cómo Dios dispuso que por boca mía los gentiles oyesen la palabra del evangelio y creyesen. Y Dios, que conoce los corazones, les dio testimonio dándoles el Espíritu Santo lo mismo que a nosotros; y ninguna diferencia hizo entre nosotros y ellos, purificando por la fe sus corazones. Ahora, pues, ¿por qué tentáis a Dios, poniendo sobre la cerviz de los discípulos un yugo que ni nuestros padres ni nosotros hemos podido llevar? Antes, creemos que por la gracia del Señor Jesús seremos salvos, de igual modo que ellos".

Este sermón suena casi como si San Pedro estuviera airado e indignado por las palabras duras de los fariseos que decían que los gentiles no podían salvarse sin circuncidarse y guardar la ley mosaica, como acaba de mencionarse. Pedro contesta en forma igualmente dura y contundente: Ustedes bien saben que los gentiles han escuchado la Palabra por intermedio mío y han llegado a la fe, como Cornelio con los suyos. Prueba de ello es que ustedes murmuraron contra mí y me criticaron porque yo iba a los gentiles, los convertía y bautizaba [129]. ¿Cómo es que se olvidaron de esto, queriendo imponer a los gentiles una carga tal que ni nuestros padres ni nosotros mismos la podemos llevar? ¿Qué es esto sino tentar a Dios, si imponemos a otros una carga imposible que ni nosotros ni ellos podemos llevar, máxime cuando Dios ha dado el Espíritu sin tal carga y nos hizo a todos iguales, como ustedes bien saben? Pues tampoco nosotros hemos recibido el Espíritu por el mérito de la carga sino por la gracia, así como también nuestros padres. Pues como no hemos podido llevar la carga, merecíamos mucho más la desgracia que la gracia, siendo deudores según nuestra obligación.

Esto es lo sustancial y esencial de este concilio: los fariseos que-

---

[127] Hch. 15:5.
[128] Hch. 15:7 y sigs.
[129] Hch. 10:1—11:18.

rían, en oposición a la palabra de gracia, imponer las obras o méritos de la ley como necesarios para la salvación. De este modo, la palabra de la gracia habría sido destruida, incluso Cristo y el Espíritu Santo. Por esto Pedro lucha y arguye tan enérgicamente contra esta decisión e insiste en que el hombre se salva sin obra alguna, por medio de la gracia de Jesucristo. Y no suficiente con esto, tiene además la osadía de decir que los antiguos padres, patriarcas y profetas y toda la santa iglesia de Israel han sido salvados por la sola gracia de Jesucristo, y condena como tentadores de Dios a todos los que pretendían o pretenden aún salvarse por otros caminos. Creo que éste es un verdadero sermón y significa llevar las cosas a sus últimas consecuencias. ¿No sería preciso quemar a este hereje que prohíbe todas las buenas obras y opina que la gracia y la fe solas son suficientes para la salvación y lo hace extensivo a todos los santos y antecesores desde el principio del mundo? ¡Y a nosotros nos llaman herejes y diablos aunque no enseñamos otra cosa que este sermón de San Pedro y el decreto de este concilio, como lo sabe todo el mundo, mejor de lo que lo sabían los fariseos, a quienes San Pedro increpa aquí tan duramente!

Ahora bien: San Pedro es muy superior a nosotros, y sin embargo, nos sorprende grandemente que no sólo predique que la gracia sola de Cristo basta para la salvación, cosa que todos oyen con agrado, sino que diga que ni ellos ni sus mayores han podido llevar tal carga, lo cual en buen romance significa: Nosotros los apóstoles y quien quiera fuéramos, junto con nuestros antecesores, patriarcas, profetas y todo el pueblo de Dios, no hemos guardado el mandamiento divino y somos pecadores condenados. Pues no habla de morcilla ni de cosa semejante sino de la ley mosaica, diciendo que nadie la guardó o pudo guardarla, como Cristo expresa en Juan 7: "Ninguno de vosotros cumple la ley"[130]. Esto, me parece, es predicar correctamente la ley que conduce a la condenación, y hacerse a sí mismo pecador condenado. ¿Cómo se atreve el presunto sucesor de San Pedro a llamarse santísimo y a canonizar a los que quiera a base de sus obras, no a causa de la gracia de Cristo? ¿Dónde están los monjes que pueden llevar más que la carga de la ley, de modo que venden también su santidad supererogatoria? No tenemos la mentalidad caprichosa de San Pedro, pues no tenemos el derecho de considerar pecadores a los patriarcas, profetas y apóstoles y a la santa iglesia, sino que tenemos que llamar al papa el santísimo, es decir, *sanctum sanctorum, id est Christum*[131].

Pero San Pedro merece una absolución muy benigna que en nada afecte su buen nombre y de ninguna manera debe ser tenido por ca-

---

[130] Jn. 7:19.
[131] El Santo de los santos, es decir, Cristo.

prichoso, puesto que respecto de este tema tan importante, él enseña: primero, la ley, es decir, que todos somos pecadores; segundo, que sólo la gracia de Cristo nos salva a nosotros como también a los patriarcas, profetas, apóstoles y a toda la santa iglesia desde un principio, que según Pedro son todos pecadores y condenados incluso él mismo. Tercero, antes de realizarse el concilio de Nicea, él enseña que Cristo es verdadero Dios. Pues declara que todos los santos serán condenados si no se salvan por la gracia de nuestro Señor Jesucristo. Para poder otorgar gracia y bienaventuranza como Señor, hay que ser verdadero Dios, que puede quitar el pecado por la gracia y la muerte y el infierno por la bienaventuranza. Esto no lo hará ninguna creatura a no ser el Santísimo de Roma, pero sin perjuicio de la prédica de San Pedro. En cuarto lugar, Pedro afirma que es tentar a Dios cuando uno tiene otra opinión y enseña a los cristianos a salvarse y conseguir la gracia por medio de la ley u obras propias.

Quienquiera puede interpretar esta "carga" como referida sólo a la ley mosaica y la circuncisión, y no a los Diez Mandamientos y a las buenas obras. Bien, lo admito; si tú puedes guardar los Diez Mandamientos más fácilmente que las ceremonias de Moisés, vete y sé más santo que San Pedro y Pablo. Yo me siento tan incapaz de guardar los Diez Mandamientos que creo que me resultaría más fácil observar todas las ceremonias de Moisés si no pesaran sobre mí los Diez Mandamientos. Pero ahora no es el momento de disputar sobre ello; en otra ocasión y en otro lugar, este tema se ha discutido ampliamente. Pero esto lo ha de decidir y profesar también la razón: que los Diez Mandamientos y las buenas obras correspondientes a ellos no son ni significan la gracia de Jesucristo, sino que son y se llaman cosa harto diferente. Ahora bien: San Pedro dice aquí que hemos de salvarnos por la sola gracia de Jesucristo. Mas la gracia debe ser recibida y conservada por la fe en el corazón, no con las manos y mucho menos con las obras de las manos. Esto es con toda certeza la verdad.

Es asombroso ver que San Pedro, quien como apóstol tenía mandato y poder como los demás apóstoles de formular de nuevo este artículo, por lo que también se los llama la piedra fundamental de la iglesia, se abstiene de innovaciones y reafirma la anterior santa iglesia de Dios, la de todos los patriarcas y profetas desde un principio, y declara: No es una doctrina nueva, pues así enseñaban y creían nuestros mayores y todos los santos. ¿Cómo osaríamos nosotros enseñar algo distinto o mejor y tentar con ello a Dios confundiendo y gravando las conciencias de los hermanos? Esto es, digo, lo esencial o principal de este concilio. Por ello fue convocado y se reunió, y con ello terminó y todo quedó arreglado. Pero el papa en su ignorancia no ve ni considera el asunto principal sino que clava la vista en los otros cuatro asuntos que agrega Santiago referentes a la sangre, lo ahogado, los sacrificios a los ídolos y la fornicación. Con esto, el papa y sus adherentes quieren reforzar su tiranía pretextando que como la iglesia cambió tales artículos, ellos también quieren tener el poder de cambiar los artículos de la fe y de los concilios. Esto quiere decir: Nosotros somos la iglesia, establecemos y hacemos lo que nos gusta. ¿Lo oyes, papa ignorante?: tú eres ciertamente un grandísimo burro y un cerdo impúdico.

El artículo de este concilio no caducó ni cambió, sino que ha permanecido en vigencia siempre, desde un principio, como aquí lo afirma San Pedro, y permanecerá hasta el fin del mundo, puesto que siempre hubo personas santas que fueron salvadas sólo por la gracia de Cristo, no por la ley. Así se conservaron también bajo el diabólico papado el texto del evangelio y la fe en él, el bautismo, el sacramento del altar, las llaves y el nombre de Jesucristo, etc., aunque el papa con sus malditas mentiras se opuso y sedujo ignominiosamente al mundo. Por esto dijimos también que el decreto del concilio niceno existió ya antes de realizarse el concilio mismo, y subsistió después. Los decretos de los concilios genuinos han de perdurar siempre, así como se han conservado todo el tiempo, ante todos los artículos principales por los cuales estas reuniones llegaron a ser y se llaman "concilios" [131a].

¿Qué diremos empero de este concilio de los apóstoles, ya que Santiago exceptúa las cuatro cosas: sangre, ahogado, sacrificio a los ídolos y fornicación? ¿No se contradice el concilio a sí mismo, y no está el Espíritu Santo en discordancia consigo mismo? Los dos discursos son manifiesta y abiertamente contradictorios: no imponer la carga de la ley mosaica, y no obstante imponerla. Aunque se quisiera argüir, a la manera de los sofistas, que en el concilio no se trataba de toda la ley, sino de partes de ella, de las cuales unas se impondrían y otras no, esta argumentación no vale, porque San Pablo concluye en Gálatas 6 [132] que "quien guarda una parte de la ley, está obligado a cumplirla toda". Esto equivale a reconocerse obligado a guardar la ley entera. De otro modo, tampoco se repararía en una parte. Se produciría aquí lo del remiendo nuevo en el vestido viejo que hace peor la rasgadura. Es también completamente evidente que estas normas figuran sólo en la ley mosaica, y no en parte alguna de las leyes de los gentiles. No habría sido preciso imponer esto a los gentiles si hubiesen estado acostumbrados ya antes a esto por sus leyes territoriales. ¿Cómo lo concertaremos, pues: ninguna ley, y todas las leyes?

Bien, si no podemos concertarlo, hemos de dejar a un lado a Santiago con su disposición, y conservar a San Pedro con su artículo fundamental por el cual se realizó este concilio, puesto que sin él nadie

---

[131a] Concilio, del latín "conciliare", armonizar doctrinas al parecer contradictorias.
[132] Gá. 5:3.

se salva. Pero, como San Pedro destaca en este concilio, Cornelio y los gentiles, que el apóstol había bautizado junto con él y en su casa, fueron santos y salvos antes de que se presentara Santiago con sus artículos. En párrafos anteriores yo había tocado la cuestión de si con buena conciencia se podían considerar caducas estas partes dado que el Espíritu Santo era quien regía este concilio y lo disponía todo. Pero esta disputa de si el concilio puede contradecirse a sí mismo es mu+ cho más trascendental. De igual manera quieren liberarnos de una carga imposible de llevar y, sin embargo, imponernos un gravamen más imposible todavía; es decir, que simultáneamente no hagamos nada y lo hagamos todo. Por supuesto, ahora que las disposiciones de Santiago han caducado, no titubeamos en quedarnos con una parte, el artículo de San Pedro, es decir, con la verdadera fe cristiana.

Hay uno solo de los artículos de Santiago que no se ha invalidado: el cuarto, referente a la fornicación, aunque hace aproximadamente veinte años, los cortesanos y señores de baja moral (en alemán: *verdampten,* malditos) estuvieron a punto de sostener que la fornicación no era un pecado mortal, sino un pecado diario. Para confirmarlo citaban el dicho: *Natura petit exitum* [133], como es costumbre aún hoy entre la gente más santa de Roma. Supongo que estos guías de ciegos fueron inducidos a ello por este artículo, porque Santiago pone la fornicación al lado de los mencionados tres asuntos caducados: Si no rige más la prohibición de la sangre, de carne de ahogado y de los sacrificios a los ídolos, tampoco tiene vigencia la prohibición de la fornicación, ya que figura al lado de los otros tres puntos y es cosa natural y humana. Hagamos caso omiso de ellos, puesto que no merecen otra cosa.

Daré mi opinión sobre el asunto; si otro puede hacerlo mejor, que lo haga. Más de una vez dije que los concilios se deben considerar, y también guardar, conforme al artículo principal por el cual fueron convocados. En esto consiste el concilio en su esencia real; esto constituye su verdadero cuerpo, según el cual todo lo demás ha de ajustarse y al cual ha de adaptarse, como un vestido se ajusta al cuerpo de quien lo lleva. Si no queda bien, uno se lo quita y lo tira, y deja de ser un vestido. No tiene razón de ser ningún concilio ni asamblea, trátese de dieta o de capítulo, una vez que los asuntos principales estén resueltos. Casualmente pueden existir uno o dos conflictos marginales que deben dirimirse o arreglarse. Por ejemplo, cuando en el concilio niceno se había llegado a la conclusión de que Cristo es verdadero Dios, se suscitaron los problemas exteriores referentes al día de Pascua y las querellas de los sacerdotes. Lo mismo sucede con los artículos de Santiago después de haberse tratado el asunto principal de San Pedro.

[133] La naturaleza necesita un escape.

Es la opinión definitiva y el juicio de todos los apóstoles y del concilio de que seremos salvos sin leyes o sin la carga de la ley, por la sola gracia de Jesucristo. Una vez que San Pedro, San Pablo y sus seguidores habían obtenido esta decisión, se sintieron regocijados y contentos. Pues según este criterio habían trabajado y pugnado contra los fariseos y judíos que se habían convertido y, no obstante, querían conservar en vigencia la ley. Cuando Santiago agrega su artículo, bien pueden tolerarlo porque no se impone como la ley o su carga, como lo anuncia el informe del concilio: *Nihil oneris* [134], no queremos imponeros ninguna carga, sólo que os abstengáis de sangre, etc. Hasta habrían tolerado que Santiago añadiera más disposiciones referentes a la lepra y similares, porque por encima de todo siempre quedan los Diez Mandamientos. Mas esto no ha de ser ninguna ley o carga, dicen, sino que son cosas necesarias en otro sentido. Pero si la carga no es tal, es fácil llevarla; y si la ley no es tal, es fácil cumplirla, como los Diez Mandamientos. Por consiguiente, esto vale también para las ceremonias, especialmente cuando están abolidas o se retienen muy pocas de ellas. Pero de esto trataré más ampliamente en otra parte. Si el papa nos liberase de su carga, no pretendiendo que fueran leyes, le obedeceríamos con gusto, sobre todo si retuviese algunas pocas y anulara la mayoría de ellas. Santiago y su artículo deben ser interpretados con la reserva de que el artículo de Pedro referente a la gracia, sin ley, quede incólume y firme y rija solo, sin interferencia de la ley.

Pero estudiemos también las causas de aquel problema adicional de Santiago para entender cabalmente este concilio. Por decirlo así, a los judíos la ley mosaica les era innata, ingénita, instilada con la leche materna; se había hecho en ellos cuerpo y vida desde la niñez, de modo que casi había llegado a ser su naturaleza, como dice San Pablo en Gálatas 2: "Nosotros somos judíos por naturaleza" [135], es decir, hemos nacido en la fe mosaica. Habla de la ley, no sólo del nacimiento. Por esto no podían soportar la manera de ser de los gentiles, de modo que cuando estaban dispersos entre los gentiles y advertían que éstos comían sangre, carne de ahogado y de lo sacrificado a los ídolos, les resultaba intolerable que se los equiparase con aquéllos, y no obstante, se gloriaban de ser pueblo de Dios o cristianos. Tal hecho indujo a Santiago a eliminar semejante escándalo, para que los gentiles no abusaran de la libertad de un modo tan impertinente desafiando a los judíos, sino que procediesen con prudencia para que los judíos, arraigados tan profundamente en la ley, no se sintieran ofendidos ni denigraran el evangelio; pues con gente enferma y equivocada se debe

[134] Hch. 15:28.
[135] Gá. 2:15.

tener paciencia. También los borrachines alemanes somos a veces sabios y decimos: "Una carreta cargada de heno debe cederle el paso a un ebrio"; "con gente enferma nadie puede conquistar laureles", y "ninguno puede lucirse ante un insensato" [136].

Justo es reconocerlo: Santiago procede con mucho tino. Dejando a un lado toda la ley mosaica de los sacrificios y otros ritos a celebrarse en Jerusalén y en el país, sólo elige los cuatro asuntos que más contrariaban a los judíos fuera de Jerusalén, entre los gentiles. Ya que los judíos dispersos entre los gentiles veían las costumbres de éstos, y tenían que habitar entre ellos y a veces comer en su compañía, resultaba muy molesto y además injusto ofrecer a un judío un plato de morcilla, liebre preparada con sangre, gelatina que contiene sangre, carne sacrificada a los ídolos, sabiendo que al judío le había de resultar intolerable y ofensivo. Sería lo mismo que decir: "Oye, judío, aunque te pudiera llevar a Cristo no comiendo morcilla ni ofreciéndotela, no lo haré sino que con esta morcilla te ahuyentaré de Cristo y te echaré al infierno". ¿Sería éste un proceder amistoso, por no hablar de cristiano? ¿No debe cada persona a menudo callarse y refrenarse en bien de otro, viendo y sabiendo que el hablar y obrar sería un daño para aquél? Ahora bien: en aquel tiempo, los gentiles eran muy enemigos de los judíos y los trataban con desdén, por cuanto eran sus señores. Por otra parte, los judíos se caracterizaban por su intolerancia. Se consideraban el único pueblo elegido por Dios, para lo cual hay muchas y claras pruebas en la historia.

Siendo esto así, este consejo de Santiago era el mejor medio para lograr la paz y aun la salvación para muchos. Los gentiles habían obtenido la gracia de Cristo sin la ley y sin méritos, y por eso debían ayudar también a los judíos en algunas pocas cosas, como a los enfermos y errados, para que llegasen a la misma gracia. En efecto: a los gentiles no les hacía ningún daño ante Dios si evitaban la sangre, lo ahogado y lo sacrificado a los ídolos en el uso público, exterior (ya que estando en posesión de la gracia, tenían plena libertad de conciencia respecto de todo esto); así, en obsequio y para la salvación de los judíos bien podían abstenerse de desafiarlos; por lo demás, en ausencia de los judíos podían comer y beber todo lo que se les antojara, sin ofensa, y sin peligro para su conciencia. Los judíos a su vez, aunque tenían igual libertad de conciencia, no eran capaces de cambiar tan de repente la vieja costumbre. *Consuetudo est altera Natura* [137], y esto tanto más

---

[136] Tres proverbios alemanes.
[137] La costumbre es la segunda naturaleza, proverbio; Galeno, De tuenda valetudine, cap. 1; Agustín, Contra Julianum 559; Cicerón, De finibus bonorum et malorum V, 25, 74.

donde ésta había nacido de la ley de Dios. Así lo enseñan también la equidad y la razón, que en estos asuntos no es cuestión de desafiar ni impedir sino de servir y hacer progresar, según el mandamiento: "Amarás a tu prójimo como a ti mismo" [138].

Por consiguiente, los dos artículos de San Pedro y de Santiago son contrarios, pero a la vez no contradictorios; el de San Pedro se refiere a la fe, y el de Santiago al amor. El artículo de San Pedro no admite leyes, come sangre, ahogado, carne sacrificada a los ídolos, y el diablo sabe cuántas cosas más sin darle importancia, puesto que obra en responsabilidad ante Dios, no ante los hombres, siendo su única obra la de creer en el Dios benigno. Pero el artículo de Santiago vive y come con los hombres tratando por todos los medios de que lleguen también al artículo de San Pedro, y trata de evitar diligentemente que en ningún caso alguien sufra un impedimento. Ahora bien: el ministerio del amor es en esta tierra de tal índole que el objeto amado y fomentado es mutable y perecedero, de modo que no lo puede poseer por siempre, sino que se desvanece y después viene otro objeto al que también debe amar, y así hasta el fin del mundo. Cuando los judíos habían sido aniquilados o se habían resistido a toda persuasión y los gentiles ya no tenían que tributarles tal amor, todo esto caducó, no por el poder de la iglesia, como mienten los papistas, sino porque la causa ya no existía más. Por esto los cristianos comían libremente sangre y gelatina con sangre, lo que habían dejado de hacer por algún tiempo a causa de los judíos y en bien de ellos, aunque conforme a su fe no estaban obligados ante Dios a dejarlo. Si Santiago hubiera intentado imponer semejantes cosas como leyes, habría tenido que imponer toda la ley, como dice San Pablo en Gálatas 6: "El que guarda un mandamiento, está obligado a guardarlos a todos" [139]. Esto sería lo diametralmente opuesto al artículo de San Pedro, confirmado también por Santiago.

El hecho de que el apóstol entremezcle la fornicación, ya prohibida definitivamente en los Diez Mandamientos, creo que tiene la siguiente razón: La fornicación se consideraba entre los gentiles como pecado liviano o como no pecaminosa en absoluto, como se lee en los libros paganos de los que hablé en páginas anteriores. Hace veinte años los cortesanos y sacerdotes malos empezaron también a afirmar públicamente tal cosa y a creerlo. Por ende, la fornicación era entre los gentiles tan poco un pecado como lo era el comer morcilla, liebres preparadas en sangre con pimienta, gelatinas negras y carne sacrificada a los ídolos. Se puede leer en la historia de los romanos que éstos incluso rehusaban tomar esposa, de modo que el emperador Au-

[138] Gá. 5:14.
[139] Gá. 5:3.

gusto tenía que obligarlos a contraer matrimonio [140]. Opinaban que la fornicación era perfectamente lícita y que se cometía una violencia e injusticia con ellos al obligarlos a casarse. Por ello Santiago quiere enseñar a los gentiles a que sin ser obligados por las autoridades, dejen de buen grado la fornicación y vivan en matrimonio honesto y casto como los judíos que se escandalizaban gravemente por tal libertad para fornicar y no podían creer que los gentiles podían obtener la gracia de Dios y ser su pueblo existiendo tal desigualdad en la comida y conducta, etc.

El hecho es, pues, que los apóstoles no gravaron con la ley a los gentiles, y en cambio la mantuvieron en vigencia por algún tiempo para los judíos. Al mismo tiempo predicaban activamente la gracia, como lo vemos en el ejemplo de San Pablo, quien "se hacía judío a los judíos, y entre los sin ley como uno sin ley (literalmente, gentil a los gentiles) para ganar a todos", 1 Corintios 12 [141]. Y circuncidó a su discípulo Timoteo quien ya era creyente, Hechos 17 [142], no por considerarlo necesario conforme a la ley, sino, como escribe San Lucas, "por causa de los judíos que había en aquellos lugares", para que no se escandalizasen. Y después, Hechos 21 [143], se hizo purificar en el templo con los judíos y sacrificó de acuerdo con la ley mosaica. La razón por qué lo hizo la indica San Agustín en la excelente y ahora famosa frase: *oportuit Synagogam cum honore sepelire* [144] es decir, se debía enterrar a Moisés o a su iglesia y ley con todos los honores.

La forma empero en que se guardaban después estas disposiciones del concilio y los artículos de San Pedro y de Santiago, se halla descrita profusamente en las epístolas de San Pablo [145], quien en todas partes se queja de los falsos apóstoles que insistían en que la ley era necesaria y obraban contra la gracia seduciendo nuevamente a familias enteras e incluso a vastas regiones para pasarse de Cristo a la ley, si bien bajo el nombre de Cristo. En forma análoga, la situación empeoró notablemente después del concilio niceno, pues cuando el bribón de Arrio se había humillado y había aceptado la decisión conciliar bajo juramento ante el emperador Constantino [146], quien por tal razón lo reinstaló, comenzó de veras a atizar el fuego; y sobre todo después de la muerte de Constantino los obispos del partido de Arrio hicieron un juego tan abominable por medio de su hijo el emperador Constancio [147], al que habían ganado para su causa, que

[140] Lex Papia Poppaea, 9 después del nacimiento de Cristo.
[141] 1 Co. 9:20, 21.
[142] Hch. 16:3.
[143] Hch. 21:26.
[144] Cita no documentable en las obras de Agustín.
[145] Gá. 5:12; 1 Co. 1:10 y sigs.; 2 Co. 10:2 y sigs.
[146] Tripart. III, 6 (Migne, P.L. 69; 950 D).
[147] Constancio, 317-361.

Constancio desterró en todo el orbe a todos los verdaderos obispos a excepción de dos, Gregorio y Basilio [148]. Algunos dicen que Constantino, su padre, poco antes de su muerte se hizo arriano [149], y que en su testamento hizo a su hijo Constancio una recomendación respecto de un sacerdote arriano que a su vez le fuera recomendado encarecidamente por su hermana Constancia, ya en el lecho mortuorio; y que por dicho sacerdote los arrianos se hicieron más tarde tan poderosos [150].

Tales historias tienen el sólo efecto de exhortarnos a orar insistentemente por los garndes señores, puesto que el diablo los tienta más gravemente que a otros porque puede causar mayor daño por medio de ellos. También nosotros mismos debemos ser cautos y no creer con tanta facilidad a los sectarios aunque adopten una postura muy humilde como lo hiciera el bribón de Arrio, y como lo hizo también Saúl ante David [151]. Se dice: *Aliquando compunguntur et mali* [152]. Pero se sujetan hasta que llegue el momento oportuno. Entonces proceden como Arrio y hacen lo que tenían planeado. Por ello, no me extraña mucho que los padres impusieran una severa y larga penitencia a los renegados. Habían experimentado cuán falsa era su humildad, y que raras veces se humillaban o se arrepentían seriamente y en lo profundo de su corazón, como dice también la sentencia: *"Ab inimico reconciliato"*, etc. [153]

En resumen, quien no sabe lo que significa *osculum Iudae*, beso de Judas [154], lea conmigo las historias de Arrio bajo Constantino; entonces tendrá que confesar que Arrio era mucho peor que Judas. Engaña al buen emperador Constantino con estas hermosas palabras: "Creemos en un Dios, Padre Todopoderoso, y en el Señor JESUCRISTO, su Hijo, que ha nacido de él antes de todos los siglos, un Dios, un Verbo, por el cual todas las cosas fueron hechas, etc." [155] Dime: ¿qué cristiano podía tener por heréticas tales palabras o pensar que Arrio pese a todo lo tenía a Cristo por creatura? Sin embargo, así quedó patente en el interrogatorio. De la misma manera Auxencio, obispo de Milán, predecesor inmediato de San Ambrosio [156], engañó a la gente con semejantes palabras bellas, de modo que yo al principio

---

[148] Tripart. VII, 22 (Migne, P.L. 27, 499-500).

[149] Chronicon de San Jerónimo (Migne 69, 1056 B).

[150] Tripart. IV, 5 (Migne 69, 958).

[151] 1 S. 24:16 y sigs.

[152] Alguna vez se compungen también los malos.

[153] Comp. Vulgata, Ecclesiasticus 12:10.

[154] Mt. 26:49.

[155] Cita del texto de la Expositio que Arrio entregó al emperador, Tripart. III, 6 (Migne, P.L. 69, 950 D).

[156] Auxencio, sucesor de Ambrosio, depuesto por Dámaso I, obispo de Roma (366-384), muerto en 374.

estuve muy enojado con San Hilario [157] cuando leí el título: 'Blasfemias de Auxencio' en la parte inicial de la confesión escrita por éste [158]. Yo habría arriesgado mi cuerpo y alma por las palabras de Auxencio al decir éste que él tenía a Cristo por verdadero Dios. Espero también que a pesar de tales palabras necias y precipitadas, muchas personas piadosas y sencillas han permanecido y se han conservado en la fe prístina. No habrán podido interpretar tales palabras en un sentido diferente del que tenía el credo desde un principio. Nadie puede entender las palabras de otro modo si no sabe nada de la interpretación solapada de los arrianos.

Ya que para los cristianos es necesario saber tal ejemplo, y porque el lector común no estudia la historia con tanta meticulosidad ni piensa tampoco cuán útil es como advertencia contra todos los demás sectarios a quienes su dios, el diablo, hace tan escurridizos que no se los puede prender en ninguna parte, trataré de aclarar esta cuestión en unos breves párrafos.

En primer lugar: Arrio había enseñado que Cristo no era Dios sino una creatura [159]: Entonces los obispos piadosos lo obligaron a confesar que Cristo era Dios. Pero lo hizo en el sentido falso de que Cristo es Dios como San Pedro y Pablo y los ángeles, que en las Escrituras se llaman dioses o hijos de Dios [160].

En segundo lugar: Cuando los padres lo advirtieron, lo acorralaron a Arrio más aún para que él y los suyos admitieran que Cristo era real y verdaderamente Dios. Entonces se agachó con las referidas palabras para evitar un escándalo mayor, ya que hasta entonces habían enseñado así en todas las iglesias. Pero la interpretación que dan a estas palabras entre ellos mismos, ante todo Eusebio, obispo de Nicomedia [161], el patrono máximo de Arrio, es la siguiente: *"Omne factum Dei est verum"*, lo que Dios crea o hace es verdadero y real, puesto que lo que es falso, no lo ha hecho Dios. Luego, confesaremos que Cristo es Dios real y verdadero (pero para nosotros un Dios creado) etc. Ahora admitieron todo lo que se canta el domingo en la iglesia desde el concilio niceno: *Deum de deo, Lumen de lumine, Deum verum de deo vero* [162].

En tercer lugar: Cuando se hizo pública esta felonía de que bajo semejantes palabras no obstante llamaban creatura a Cristo, la disputación se hizo más incisiva de modo que los arrianos tuvieron que

[157] Hilario de Poitiers, muerto en 367.
[158] Hilario en su "Liber contra Arianos vel Auxentium Mediolanensem" publicó la carta que éste había escrito al emperador y le dio el título "Ejemplo de la blasfemia de Auxencio". Migne, P.L. 10, 617.
[159] Tripart. I, 12 (Migne 69, 902 B).
[160] Job 38:7; Sal. 82:6; Jn. 10:34; 1 Co. 8:5.
[161] Eusebio, 267-340.
[162] Dios de Dios, luz de luz, verdadero Dios de verdadero Dios.

confesar que Cristo había existido antes de todos los siglos. ¿Qué dudas podrían caber de que Arrio y sus obispos eran cristianos verdaderos, que fueron condenados injustamente por el concilio niceno? Esta alevosía la practicaron poco después del concilio niceno (que había cortado por lo sano y había formulado el credo tal como aún existe), ya que querían anular el concilio niceno y para este fin impugnaron una tras otra de sus resoluciones [163].

En cuarto lugar: Cuando se advirtió también esta artimaña pérfida de que pese a todo Cristo era una creatura y debía ser llamado tal, con la interpretación de que Cristo había existido antes de todos los siglos, es decir, había sido creado y hecho antes que todo el mundo o cualquier otra cosa creada, los arrianos fueron obligados a confesar que todo el mundo y todas las cosas fueron hechas por Cristo, como dice Juan 1 [164]. Pero ante sus adherentes le daban a esto la interpretación de que Cristo fue hecho primero, y después por medio de él todas las demás cosas [165].

En quinto lugar: Ahora les fue fácil confesar: *genitum, non factum*, engendrado de Dios, no hecho: Nacido de Dios, así como todos los cristianos nacidos de Dios son hijos de Dios según Juan 1 [166]; creado no *entre* otras creaturas, sino *antes* que todas las creaturas.

En sexto lugar: Cuando ahora se llegó al grano del asunto, que Cristo es *homousius* [167] con el Padre, es decir, es igual al Padre y de igual deidad y tiene igual poder, ya no pudieron encontrar artimaña, escapatoria, rodeo o ardid. *Homousius* quiere decir de un mismo ser o naturaleza, o de una misma esencia (y no de dos), como los padres lo habían formulado en el concilio y como se dice en latín *Consubstantialis*. Algunos lo llamaron más tarde *Coexistentialis, coessentialis*. Así lo habían aceptado también los arrianos en el concilio de Nicea, y todavía lo aceptaban cuando debían hablar ante el emperador y los padres. Pero entre los suyos lo impugnaban con vehemencia extraordinaria manifestando que tal término no figuraba en las Escrituras [168]. Aún en tiempos de Constantino celebraron muchos concilios para desvirtuar el de Nicea. Con ello causaron mucha desgracia y atemorizaron a los nuestros de tal manera que también San Jerónimo, asustado, escribió una carta lastimosa a Dámaso, el obispo de Roma [169], pidiendo que se borrase la palabra *homousius*, "porque no se (dice) qué veneno hay en las letras para que los arrianos se acaloren tanto" [170].

---

[163] Tripart. IV, 10 (Migne 69, 961 C).
[164] Jn. 1:3.
[165] Tripart. V, 7 (Migne 69, 988 y sigs.).
[166] Jn. 1:12.
[167] Consubstancial.
[168] Tripart. V, 8 (Migne 69, 991 A).
[169] Dámaso fue obispo de Roma de 366 a 384.
[170] Migne, P.L. 22, 355 y sigs.

Todavía existe un diálogo en el cual Atanasio y Arrio discuten sobre esta palabra *homousius* ante un funcionario llamado Probo [171]. Al insistir Arrio enérgicamente en que tal palabra no figuraba en las Escrituras, Atanasio a su vez lo arrinconó con el mismo argumento manifestando que tampoco figuraban las palabras *innascibilis, ingenitu Deus,* es decir, Dios es innacible, ingénito. Estos términos los habían usado los arrianos para demostrar que Cristo no podía ser Dios por haber nacido, mientras que Dios no había nacido, etc. El funcionario Probo sentenció en contra de Arrio. Pues es muy cierto que no se debe enseñar en cosas divinas nada fuera de las Escrituras, como escribe San Hilario, en la *Tripartita* [172]; quiere decir, no se debe enseñar otra cosa. Pero que no se puedan usar otros términos que los que figuren en las Escrituras, esto no se puede sostener, especialmente en la disputa, cuando los herejes intentan desfigurar las cosas con pérfidas artimañas alterando las palabras de la Escritura. En aquella controversia fue necesario condensar en forma precisa el sentido de la Escritura formulado en muchos pasajes, y preguntar si ellos tenían a Cristo por *homousius,* como era el sentido de las Escrituras en todas palabras que ellos tergiversaban con glosas erróneas ante los suyos, pero confesaban abiertamente ante el emperador y en el concilio. Es igual como si los pelagianos [173] nos quisieran embaucar con los términos "pecado original" o "mal de Adán", porque estas palabras no constan en las Escrituras. No obstante, ellas enseñan el sentido de estas expresiones en forma convincente diciendo que "hemos sido concebidos en pecado", Salmo 50; "todos somos por naturaleza hijos de la ira", Efesios 2; "somos pecadores por el pecado de uno solo", Romanos 5 [174].

Ahora dime: Si hoy en día se te presentara un Arrio y confesase todo el Credo Niceno, como lo recitamos ahora en nuestras iglesias, ¿podrías tenerlo por herético? Yo mismo diría que él enseña rectamente; y si no obstante se mostrase desleal creyendo otra cosa y luego interpretase y enseñase las palabras de una manera distinta, ¿no quedaría yo engañado de lo lindo? Por esto no creo que Constantino se haya hecho arriano, sino que se haya quedado con la enseñanza del concilio niceno. Pero sucedió que fue engañado dando crédito a Arrio y opinando que éste concordaba con el concilio niceno. Además, como ya se dijo antes, le tomó a Arrio un juramento a este respecto y, convencido de su ortodoxia, dio órdenes de aceptarlo de nuevo en Alejandría. Mas

---

[171] Vigilio de Tapso es autor de un diálogo contra los arrianos (Dialogus contra Arianos, Migne P.L. 62, 155 y sigs.) que él atribuye a Atanasio; Lutero llegó a conocerlo en Erfurt.

[172] Cap. 18 (Migne, P.L. 10, 38).

[173] Los teólogos romanos.

[174] Sal. 51:5; Ef. 2:3; Ro. 5:12.

Atanasio se opuso, ya que conocía al falso Arrio mejor que Constantino. A causa de esto fue desterrado [175]. Es posible que Constantino, como hombre, pensó que en Nicea lo habían condenado a Arrio, cristiano tan piadoso, por envidia o recelo, sobre todo porque los arrianos, y en primer lugar Eusebio de Nicomedia, habían ganado al emperador llenándole los oídos con chismes y defendiendo a Arrio. En sus cortes, los grandes reyes y señores, aunque sean piadosos, no siempre tienen en su derredor a ángeles y a San Juan Bautista, sino también a menudo a Satanás, Judas y Doeg [176], como nos lo demuestran los libros de Reyes. También es una buena señal que Constantino antes de su fin haya hecho retornar a Atanasio a sus funciones, aun contra la vehemente oposición de los arrianos, 3 Tripart. 11 [177]. Con esto evidenció que no quiso desechar el concilio niceno y su doctrina, sino que trató de reconciliarlo todo.

Lo mismo hacen ahora también algunos de los falsos autorcillos papistas. Simulan enseñar la fe y buenas obras para defenderse con ello y denigrarnos a nosotros, aduciendo que toda la vida habían enseñado así y que nosotros los habíamos culpado injustamente de enseñar otra cosa; y esto lo hacen para que, disfrazados con tales vestidos de ovejas [178], como si fueran exactamente iguales a nosotros, puedan introducir el lobo nuevamente en el aprisco. No tienen la intención seria de enseñar la fe y las buenas obras. Antes bien, ya que (como los arrianos) no pueden conservar su veneno y carácter de lobos ni recuperarlos en otra forma que con el vestido de ovejas de la fe y de las buenas obras, disimulan y ocultan la piel de lobo hasta volver nuevamente al redil. Pero se debiera proceder con ellos como ellos proceden con los nuestros. Hay que ordenarles que revoquen sus abominaciones y lo prueben con los hechos deponiendo todos los abusos que reinaban en su iglesia y entre su gente en contra de la fe y de las buenas obras para que se los pueda conocer por sus frutos [179]. De lo contrario no se puede creer a las simples palabras y ademanes, es decir, a las pieles de ovejas. Así también debiera haberse retractado Arrio confesando su error, y con los hechos debiera haber enseñado y vivido contra sí mismo, como San Agustín renegó de su maniqueísmo [180]. Así proceden actualmente muchos contra su papismo y monacato, entre los cuales, por la gracia de Dios, me puedo contar también a mí mismo. Otros en cambio no quieren admitir haber errado y no pueden dar a Dios el honor de confesarlo. Del mismo modo, los arria-

---

[175] Tripart. III, 6 (Migne 69, 950 D).
[176] 1 R. 22:22; 1 S. 22:9.
[177] Tripart. IV, 1-3 (Migne 69, 957 y sigs.).
[178] Mt. 7:15.
[179] Mt. 7:16.
[180] Agustín era maniqueo hasta 384.

nos querían defender sus mentiras y no querían admitir la sentencia de expulsión de parte del concilio.

Sería muy conveniente recordar estos ejemplos históricos, sobre todo los que tenemos el cargo de predicadores y recibimos la orden de apacentar la grey de Cristo, para que seamos obispos cuidadosos y buenos, como dice San Pedro en 1 Pedro 5 [181]. Pues ser *episcopus* u obispo significa tener cuidado, estar alerta, velar diligentemente, para que no seamos asaltados por el diablo. Aquí vemos que él es un maestro en la simulación, en disfraces y engaños, de modo que se torna mucho más hermoso que los ángeles de luz [182]. En efecto: los obispos falsos son más santos que los verdaderos, y el lobo es más piadoso que ninguna oveja. Ahora no tenemos que habérnoslas con los prepotentes y tenebrosos pendencieros papales ubicados fuera de las Escrituras. Ahora estudian las Escrituras como también nuestra doctrina; quieren ser iguales a nosotros y a la vez desean hacernos pedazos. Nuestra única ayuda en este caso es el Espíritu Santo; a él debemos orar diligentemente. De lo contrario estamos en una situación muy desventajosa. De todo esto se conoce ahora muy bien por qué se celebró el concilio, a saber, no por ceremonias exteriores, sino por el importantísimo artículo referente a la divinidad de Cristo. Esto fue el origen de la disputa y el punto principal de los debates conciliares. Este artículo fue atacado más tarde por el indecible furor del diablo, mientras que los demás artículos ni se mencionaron. Y esta desgracia persistió entre la cristiandad por espacio de trescientos años, de modo que San Agustín opina que la pena de Arrio en el infierno se hace peor día a día mientras permanezca este error; y en efecto permanece, pues Mahoma provino de esta secta. De lo que acabo de exponer se desprende claramente que el concilio no elaboró ni dispuso nada nuevo, sino que mediante las Sagradas Escrituras condenó la errónea innovación que Arrio trató de introducir en la fe antigua. De ello resulta que no se debe atribuir a los concilios (y menos al papa de Roma) la autoridad de idear y establecer artículos nuevos referentes a la fe y las buenas obras, derecho que ellos se arrogan tan equivocada como arrogantemente. Con esto se ha dicho lo suficiente acerca del primer concilio general de Nicea.

El segundo concilio general, el de Constantinopla, realizado aproximadamente cincuenta años después del de Nicea y convocado bajo los emperadores Graciano y Teodosio [183], tuvo las siguientes causas: Arrio había negado la divinidad de Cristo y del Espíritu Santo [184].

---

[181] 1 P. 5:2.
[182] 2 Co. 11:14.
[183] Graciano, 375-383; Teodosio, 379-395.
[184] La divinidad del Espíritu Santo no fue objeto de discusión en la controversia arriana.

Entre tanto, se formó una nueva secta, los macedonianos [185] (como un error suele engendrar a otro, y una desgracia a otra en una cadena interminable). Estos macedonianos aplaudían el concilio de Nicea según el cual Cristo era verdadero Dios, y condenaron a Arrio acerbamente por su herejía. Sin embargo enseñaron que el Espíritu Santo no es verdadero Dios sino una creatura de Dios mediante la cual Dios conmueve los corazones de los hombres, los ilumina, consuela, fortalece y hace todo lo que las Escrituras atribuyen al Espíritu Santo. Esta secta tuvo gran cantidad de adeptos aun entre muchos obispos prominentes, doctos y preclaros. La causa fue ésta [186]: Macedonio era obispo de Constantinopla, ciudad capital y más grande de todo el imperio de Oriente, y residencia imperial. El mismo obispo fue el iniciador de esta secta; y el hecho de que el obispo principal en la residencia de Constantinopla enseñaba así, causó una profunda impresión. Se adhirió y se unió a él todo cuanto estaba relacionado con Constantinopla en los países alrededor de ella. Macedonio era muy activo, y hacía una intensa propaganda deseando atraer a su causa a todo el mundo (como hace el diablo en todas las sectas).

Los obispos piadosos resultaron ser demasiado débiles para resistir a la secta auspiciada por semejante obispo. Antes, Arrio, simple sacerdote de Alejandría, había originado tal confusión. Pero ahora no era ni un sacerdote ni un obispo común sino el obispo de la ciudad principal, del palacio imperial de Constantinopla, el que había originado tal enredo. En este caso tuvieron que invocar otra vez al emperador para que reuniese un concilio general contra tales blasfemias. Así lo hizo el piadoso emperador Teodosio fijando como lugar de reunión precisamente la ciudad de Constantinopla [187], la parroquia e iglesia donde Macedonio había sido obispo, así como antes Constantino había convocado el concilio a Nicea, donde era obispo Teogonio [188], quien con Eusebio de Nicomedia apoyaba a Arrio y al fin contribuyó a reinstalarlo.

Al año siguiente, el obispo de Roma, Dámaso, también convocó un concilio y quiso que el lugar de la reunión fuese Roma, a fin de que la sede romana obtuviese la autoridad de convocar concilios y de componer todas las cosas. Lo había planeado como concilio universal, pues convocó como obispo supremo del mundo a los padres que un año antes habían celebrado el concilio de Constantinopla. Sin embargo, éstos no se mostraron dispuestos a presentarse, sino que le comunicaron en una carta muy hermosa y cristiana lo que habían tratado en el concilio de Constantinopla, indicándole entre otras cosas que

[185] Nombre que se da a los adeptos de Macedonio (m. en 362).
[186] Tripart. IV, cap. 1, 12 y 13, 18 (Migne 69, 960 y sigs; 964 y sigs.).
[187] Tripart IX, 12 (Migne 69, 1128).
[188] Tripart. II, 9 (Migne 69, 928 D).

habían condenado la herejía de Macedonio e instalado otros obispos de Constantinopla, Antioquía y Jerusalén [189]. ¡Cómo se atrevieron a hacer esto sin el conocimiento y la voluntad del obispo de Roma que quería tener el derecho y poder exclusivo de convocar concilios (para lo cual no tenía autoridad), de juzgar toda herejía (lo que no podía) y de remover obispos (lo que no le correspondía)!

Además le sueltan unas indirectas muy buenas y le cuentan que en la nueva iglesia de Constantinopla (en efecto, la ciudad de Constantinopla había sido construida poco antes) habían puesto como obispo a Nectario, en Antioquía a Flaviano y en Jerusalén a Cirilo [190], pues estas tres decisiones eran muy molestas al obispo de Roma, hasta insoportables de oír y leer: primero, que llaman a Constantinopla la nueva iglesia y ponen ahí a un obispo, a pesar de que sin la voluntad y el conocimiento del de Roma no se podía instalar, en opinión de él, ni obispo ni iglesia alguna. Peor aún es lo segundo, que llaman a la iglesia de Antioquía la primera y la más antigua en la cual (como lo demuestran con Hechos 11) [191], se originó la práctica de llamar cristianos a los que creían en Cristo. También San Pedro y San Pablo con muchos de los supremos apóstoles predicaron allí el evangelio durante más de siete años. Esto en mi lenguaje quería decir: "Oiga, señor obispo de Roma, usted no es el obispo primero ni el supremo, sino que en caso de que lo fuera alguna iglesia, lo sería con más razón la de Antioquía, que tiene en su ventaja la Escritura de San Lucas y la historia, mientras que Roma no tiene en su favor ni Escritura ni historia".

Sin embargo, los autores de la carta fueron hombres buenos y excelentes que con amor cristiano y humildad querían contener clemente y suavemente al espíritu soberbio de Roma y, como lo expresa el Eclesiástico [192], "escupir sobre la chispa" y exhortar al obispo de Roma a que pensara que el evangelio no había venido de Roma a Antioquía sino que había llegado de Antioquía a Roma. Con razón la iglesia más antigua de Antioquía tenía la preeminencia sobre la más joven de Roma, si es que se trataba de superioridad. Esta ambición (como lo evidencian las palabras) fastidió mucho a los buenos y santos padres contra el obispo romano (como no es más que justo). Y si en el concilio hubiera estado presente un tal Doctor Lutero, y de él hubiese dependido, no se habría escrito una carta tan suave al obispo de Roma. En una palabra, estuvieron en este concilio personas con las cuales no podrían compararse ni remotamente todos los obispos de Roma de todos los tiempos.

---

[189] Tripart. IX, 13-14 (Migne 69, 1129 y sigs.).
[190] Migne 69, 1132 C y D.
[191] Hch. 11:26.
[192] Eclesiástico 28:14.

Lo tercero que mencionan es lo peor de todo, pues llaman a la iglesia de Jerusalén la madre de todas las iglesias, porque Cristo, el Señor, fue allí obispo y para señal se sacrificó a sí mismo en la cruz por el pecado de todo el mundo. Allí fue derramado el Espíritu Santo desde el cielo el día de Pentecostés. Después, todos los apóstoles fueron guías de esta iglesia (no sólo Pedro, del que el obispo de Roma se vanagloria). Ninguno de estos eventos ocurrió en Roma. Con ello exhortan clementemente al obispo romano a pensar que está lejos de ser obispo de Jerusalén en la iglesia madre. Por el contrario, su iglesia de Roma es una filial ya que no tuvo a Cristo ni convirtió a los apóstoles y a Jerusalén, sino que él con su iglesia fue convertido por aquéllos. San Pablo humilla con el mismo argumento a los cristianos en Corinto manifestando que el evangelio no vino de ellos sino que llegó a ellos por medio de otros [193].

Pero al fin, pasan todos los límites instituyendo a un patriarca en la nueva iglesia de Constantinopla. Proceden así sin previo conocimiento y voluntad del obispo romano, como si no importara en estas cuestiones su consentimiento. Con esto comienzan la eterna disputa y controversia (como lo hacen constar los propios aduladores del papa) entre el obispo de Roma y el de Constantinopla por la supremacía o la suma autoridad. Ya que el obispo de Constantinopla (aunque en una ciudad nueva) fue equiparado como patriarca al obispo de Roma, éste temía que el de Constantinopla se arrogara la supremacía, como en efecto sucedió después. Los obispos de Constantinopla alegaban que el emperador tenía su residencia y corte allí y no en Roma, y que Constantinopla se llamaba la nueva Roma. Por ello, el obispo de Constantinopla debía ser el obispo supremo porque ejercía sus funciones en la ciudad imperial y la corte. A su vez el obispo romano aducía que Roma era la Roma genuina y que el emperador se llamaba emperador romano y no constantinopolitano, y que Roma era anterior a Constantinopla. Se vanagloriaban con argumentos tan infantiles, insulsos y necios que da vergüenza oírlo y leerlo.

La disputa duró hasta que se hizo emperador Focas decapitando junto con su mujer e hijos a Mauricio, al cual la historia apellida el Santo, que era el señor y antecesor de Focas, su ex-capitán [194]. Este buen Caín le confirmó al obispo Bonifacio de Roma la supremacía sobre todos los obispos [195]. En realidad, nadie más indicado para confirmar tal supremacía que este infame regicida para que el papado romano tuviese el mismo buen comienzo como lo tuvo en su tiempo el imperio romano, cuando Rómulo mató a Remo para que pudiera

---

[193] 2 Co. 10:14.
[194] Mauricio, 582-602; Focas, 602-610.
[195] Gregorio I, 596-604; Bonifacio III, 607.

gobernar solo y llamar la ciudad por su nombre. No obstante, los obispos de Constantinopla no hicieron caso de ésto y la disputa siguió invariablemente, aunque los obispos romanos, además de la confirmación de parte del emperador Focas, comenzaron a adornarse con hojas de higuera y gritaron estruendosamente, Apocalipsis 12 [196], que la iglesia de Roma era la suprema, no por mandato humano, sino que estaba instituida por Cristo mismo, Mateo 16, *Tu es Petrus* [197]. Mas los de Constantinopla, viendo que los romanos, como gente indocta, citaban la palabra de Cristo falsa e inadecuadamente, no les dieron importancia.

Así las dos iglesias, la de Roma y la de Constantinopla, disputaron por la fútil supremacía con argumentos vanos e irrelevantes hasta que el diablo se las tragó a ambas, la de Constantinopla mediante los turcos y Mahoma, y la de Roma mediante el papado y sus decretos blasfemos. Refiero todos estos hechos para que se vea que por este excelente concilio de Constantinopla se originó semejante desgracia, porque en él fue instituido el obispo como patriarca, aunque el resultado no habría sido diferente si no se hubiese instituido patriarca en Constantinopla, pues el obispo de Roma con su diabólica ambición ya había empezado a exigir su reconocimiento como supremo (como ya queda dicho) por parte de todos los obispos. Si antes no le hubiera salido al paso el obispo constantinopolitano, habría chocado con los obispos de Alejandría, Jerusalén y Antioquía y no habría aceptado el decreto del concilio de Nicea por el cual él fue equiparado al obispo de Alejandría y subordinado al obispo de Jerusalén; pues él quiere ser el primero, sin concilios y padres, sino *iure divino* [198], como instituido por Cristo mismo, tal como afirma insistentemente en sus decretos blasfemos y mentirosos.

En síntesis: Este segundo concilio principal de Constantinopla produjo tres resultados: Primero, confirmó que el Espíritu Santo es verdadero Dios, y simultáneamente condenó a Macedonio que lo tenía por creatura y así enseñaba. Segundo, depuso a los obispos heréticos y los reemplazó con otros de probada fidelidad, especialmente en Antioquía y Jerusalén. Tercero, nombró patriarca al obispo Nectario de Constantinopla, lo cual enfureció, exasperó y enloqueció a los obispos de Roma, aunque quizás los venerables padres lo hayan hecho con buena intención. El primer asunto es la verdadera cuestión principal y la única causa de celebrar el concilio, por lo cual se puede entender también la opinión del concilio, a saber: no debía hacer más ni hizo más que mantener el artículo referente a la divinidad del Espíritu Santo. Con esto el concilio quedó efectivamente concluido

---

[196] Ap. 13:5.
[197] Mt. 16:15. Tú eres Pedro.
[198] Por derecho divino.

ya que por esto había sido convocado. El segundo asunto, la destitución de los obispos, no es artículo de fe, sino que constituye una obra exterior tangible, que la razón debe y puede determinar. Para esto no es preciso tener al Espíritu Santo en forma especial (como para los artículos de la fe) o convocar un concilio con tal propósito. Es de suponer, pues, que esta destitución sea obra de una jornada posterior al concilio.

Por otra parte, no crean de nuevo las iglesias o cargos de obispos en Antioquía y Jerusalén, sino que los dejan subsistir tales como los encontraron desde un principio. Únicamente instituyen a otras personas, cosa que fue necesaria. Los cargos en la iglesia deben haber existido desde un principio, y han de permanecer hasta el fin. Pero siempre se debe nombrar a otras personas, como a Matías después de Judas [199], y obispos nuevos para sustituir a los fallecidos. Éste no es un asunto propio de los concilios, sino que debe llevarse a cabo antes, entre o después de ellos a medida que la necesidad de la iglesia lo exija. No se pueden tener concilios diariamente. Pero se deben tener cotidianamente personas que se puedan poner en los cargos cuando éstos resulten vacantes.

El tercer asunto constituye una novedad. Nombran con buena intención humana a un nuevo patriarca. Pero el resultado lo hemos descrito antes: ¡qué riña y querella ignominiosa estalló por esto entre los dos obispos! Bien se ve que el Espíritu Santo no fue quien dispuso esto. No es un artículo de fe, sino que constituye una obra exterior tangible de la razón, de la carne y sangre. ¿Qué le interesa al Espíritu Santo cuál de los obispos va del lado de afuera, delante o detrás? Tiene otra cosa que hacer que dedicarse a tal juego infantil y mundanal. Esto no sólo nos enseña que los concilios no tienen autoridad de crear nuevas obras buenas, mucho menos nuevos artículos de la fe, sino que también es una advertencia de que los concilios no tienen autoridad alguna de establecer ni de crear algo nuevo. Deben saber que no han sido convocados para ello, sino que han de defender la fe antigua contra los que enseñan cosas nuevas. Sin embargo pueden instalar en los cargos ya existentes a personas nuevas (las cuales no se llaman artículo de la fe ni buenas obras, puesto que son falibles hombres mortales), lo que se practica en la Iglesia también fuera de los concilios, diariamente. Los mismos padres de este concilio también confiesan que no han creado nada nuevo al escribir a Dámaso, obispo de Roma, (como dijimos) lo que habían hecho en el concilio. Entre otras cosas declaran: "Sabemos que ésta es la verdadera fe antigua conforme al bautismo que nos enseña a creer en el nombre del Padre, del Hijo y del Espíritu Santo, etc." Más aún: No

[199] Hch. 1:26.

mencionan para nada el tercer asunto referente al patriarca de Constantinopla. Quizás opinaron que éste no era el asunto por el cual se convocó el concilio, y que no era herejía si un cristiano no tomaba por artículo de la fe el considerar patriarca a un obispo. Análogamente, muchas personas de hoy día no son herejes ni están perdidas si no consideran al papa cabeza de la iglesia, no obstante sus concilios, decretos, bulas y bullas. O tal vez no lo hicieran todos unánimemente, sino que el emperador Teodosio lo hizo. Pues las otras historias refieren que Teodosio, que no tenía la autoridad de formular artículos de la fe, lo había sugerido y promovido [200].

Ya que ellos mismos dicen y confiesan que lo ratificado en el concilio es la antigua fe legítima en la que hemos sido bautizados y enseñados, ¿cómo daremos a los concilios la alta autoridad de establecer artículos nuevos y de quemar como herejes a los que no creen así? Esto significa no entender bien los concilios e ignorar completamente qué es un concilio o qué es su oficio y función, sino sólo mirar las letras y darle al concilio pleno poder incluso sobre Dios. De esto trataremos en otra oportunidad. Echemos finalmente unas breves miradas a los otros dos concilios principales.

El tercer concilio principal se realizó bajo el emperador Teodosio el Menor [201], cuyo abuelo era Teodosio I, de quien se hizo mención en la descripción del segundo concilio. Este emperador convocó a doscientos obispos a Éfeso [202]. Aunque los escritores latinos querían dar intervención al papa, la verdad es que no fue el papa sino el emperador quien tuvo que convocar el concilio. Pues ahora había un patriarca de Constantinopla con el mismo rango que el de Roma, de manera que los obispos orientales reverenciaban al obispo romano mucho menos que antes. Por ello, al obispo de Roma le resultó imposible convocar tal concilio, máxime a Éfeso, situada tan lejos allende los mares, en Asia. De haber podido, lo habría convocado a un lugar más cercano a Roma, como lo hizo Dámaso con su concilio posterior al de Constantinopla. Se dice que el obispo de Roma envió delegados al concilio efesino. Sea como fuere, pero no ocuparon la presidencia.

La causa de este concilio fue la siguiente [203]: Los preclaros padres y eximios obispos habían fallecido, como San Ambrosio, San Martín, San Jerónimo, San Agustín (muerto este mismo año), San Hilario, San Eusebio, etc. [204]. En su lugar habían surgido padres que eran

[200] Migne 69, 1131 D.
[201] Teodosio II, 408-450.
[202] Tripart. XII, 5 (Migne 69, 1207 y sigs.).
[203] Tripart. XII, 4 (Migne 69, 1204 y sigs.).
[204] Ambrosio falleció en 397; Martín de Tours alrededor de 400; Jerónimo en 420; Agustín en 430; Hilario en 367, y Eusebio alrededor de 340.

muy inferiores a ellos. Por tal motivo, el emperador Teodosio no quiso hacer elegir obispo de Constantinopla de entre los sacerdotes y clérigos de la ciudad, porque comúnmente eran soberbios, ambiciosos y tercos y no solían causar más que desgracia. También San Juan Crisóstomo era de carácter harto intransigente, como refiere la *Historia Tripartita* [205]. Ante esta situación, el emperador hizo venir a un "advena" [206] de Antioquía, llamado Nestorio [207], hombre de una vida rigurosamente casta, de buena voz, elocuente y enemigo acérrimo de todos los herejes, y lo hizo consagrar patriarca y obispo de Constantinopla. Con esta medida, el emperador cometió un grave desacierto y dio justamente con el hombre menos indicado. Queriendo escapar del chubasco cayó al arroyo.

Nestorio empezó por defender a Anastasio, sacerdote bajo su jurisdicción, quien había predicado que no se debía llamar madre de Dios a la Santa Virgen María, puesto que siendo un ser humano no podía dar a luz a un Dios. Esto ofendió a todos los cristianos, los cuales entendían que él no tenía por Dios a Cristo, nacido de María, sino por un mero hombre como lo somos todos nosotros. De esto se originó tal desasosiego y confusión que el emperador se vio forzado a convocar un concilio para llegar a un arreglo de la cuestión. Se reunieron los eminentes obispos (aunque con bastante demora) en Éfeso, Nestorio con muchos acompañantes, Cirilo de Alejandría, Juvenal de Jerusalén. Ya que Juan de Antioquía se hizo esperar largo tiempo, tomaron la iniciativa Cirilo, que era enemigo de Nestorio, y Juvenal y condenaron a Nestorio. Éste a su vez y sus adeptos anatematizaron a aquéllos. Al llegar Juan de Antioquía y hallarse ante tal discusión, se enojó con Cirilo por haber condenado a Nestorio tan precipitada y apuradamente. Estalló un serio conflicto entre ambos; el uno condenó al otro y se depusieron recíprocamente de sus cargos de obispo.

Cuando Nestorio vio que se había armado tanto alboroto, dijo: "¡Oh, removamos la causa de tal disgusto y admitamos que María sea llamada madre de Dios!" Pero esta revocación no le valió de nada. Quedó condenado y desterrado. No obstante, los dos obispos, el de Antioquía y el de Alejandría, aún después del concilio, habiendo regresado ya a sus respectivas sedes, seguían anatematizándose mutuamente. Pero al fin se reconciliaron. Si embargo, es escandaloso y da lástima que personas de tan elevado rango hayan procedido en forma tan inconsulta e infantil. Habrían necesitado a un Constantino que tirara sus escritos polémicos al fuego. Pero habían desaparecido quienes habrían podido hacerlo.

---

[205] Tripart. X, 3 (Migne 69, 1166 B).
[206] Forastero.
[207] Tripart. XII, 4 (Migne 69, 1204 A).

Si Nestorio estaba en el error de no tener a Cristo por Dios, sino por un mero hombre, fue condenado con justa razón, porque su enseñanza era peor que la del mismo Arrio o Macedonio. Con esto se agotó el tercer concilio principal. De otra cosa no trató. No obstante, vemos que no estableció artículo nuevo alguno, sino que defendió la antigua fe genuina contra la nueva doctrina de Nestorio, si realmente es que la enseñaba. De ello resulta nuevamente que no podemos atribuir a los concilios la autoridad de establecer artículos nuevos. Que Cristo es verdadero Dios, se sostuvo anteriormente en los concilios de Nicea y Constantinopla como un artículo correcto, antiguo, aprobado y mantenido desde un principio, y comprobado y demostrado por la Sagrada Escritura contra la nueva herejía de Arrio. Los demás decretos establecidos en Éfeso se refieren a cosas no espirituales y no son artículos de la fe. Dejémoslos de lado.

Para entender a fondo este concilio, continuaremos hablando un poco más de él. Yo mismo anteriormente no pude comprender en qué consistía el error de Nestorio. Siempre pensé que negaba la divinidad de Cristo y que lo tenía por un simple hombre, como afirman los decretos y escritores papales [208]. Mas al examinar sus propias palabras tuve que cambiar de opinión. Lo culpan de hacer de Cristo dos personas, a saber, Dios y hombre. Algunos, que tampoco lo han entendido, opinan que enseñaba que Cristo primero nació de María como simple hombre, después vivió tan santamente que la divinidad se unió a él y de esta manera fue hecho Dios. Sus escritos son tan enredados que a juicio mío, ellos mismos aún hoy en día no saben por qué condenaron a Nestorio. Esto lo puedes desprender del hecho de que declaran que Nestorio tenía a Cristo por Dios y hombre, sólo que supuestamente hacía de él dos personas. De esto resulta que Nestorio no tenía a Cristo por un simple hombre como hemos opinado todos, por cuanto lo tenía también por Dios conforme a las propias aseveraciones de quienes lo condenaron. Resta la cuestión principal de que tenía a Cristo por verdadero Dios y hombre, por una persona doble, divina y humana, según dicen. Esto es *un* punto.

Quien divide a Cristo y hace de él dos personas, hace dos Cristos: un Cristo divino, el cual es exclusivamente Dios y no hombre, y un Cristo humano que es exclusivamente hombre y no Dios. De lo contrario no podrían ser dos personas. Ahora bien: es innegable que Nestorio no creía en dos Cristos, sino en uno solo. Las propias palabras de sus antagonistas muestran que Nestorio tenía por dos personas a *Cristo,* a saber, al único, al mismo, al verdadero, y a ningún otro Cristo. Por lo tanto es falso e injusto sostener que Nestorio haya tenido a Cristo por dos personas, pues las dos cosas no pueden afir-

---

[208] Véase Decret. Tertia pars. de Consecratione, dist, V, c. XXXIX.

marse a la vez: que Cristo sea dos personas, y sin embargo permanezca siendo un solo Cristo. Por el contrario, si son dos personas, son
dos Cristos, no uno solo. Pero Nestorio tiene un solo Cristo. En consecuencia no podía tenerlo por dos personas; pues de hacerlo, debía
contradecirse en el mismo artículo. Así tampoco figura en ninguna
parte de la historia que Nestorio haya tenido a Cristo por dos personas. Sólo los papas y sus historias se lo imaginan, como ellos mismos
lo delatan al pretender que Nestorio enseñaba que Cristo después de
nacido de María se volvió Dios o se unió con él en una persona. Su
conciencia o su confusa razón los obligaron a ello, puesto que tenían
que confesar que Nestorio no tenía más que un solo Cristo.

La cuestión es, pues, la siguiente: ¿Qué afirmaciones de Nestorio
fueron condenadas, y para qué fue convocado este tercer concilio principal contra él? Pues Nestorio enseña solamente que Cristo es verdadero Dios y hombre, también un solo Cristo, no dos, es decir, una
persona en dos naturalezas, como todos creemos y como lo ha creído
toda la cristiandad desde sus mismos comienzos. Parece que el papa
y los suyos inventaron tales palabras contra Nestorio, es decir, que
él tenía a Cristo por un simple hombre y no a la vez por Dios, y que
tenía a Cristo por dos personas o dos Cristos. Esto resulta (digo) no
sólo de la historia, sino que queda evidente también de las propias palabras y escritos de los papas y autores papistas. Para conocer las causas de este concilio preguntamos: ¿en qué consiste el error de Nestorio?

Puedes leer en el libro XII de la Tripartita, capítulo 4 [209], una
página o dos, lo que no te llevará más que unos pocos minutos. Allí
figura todo cuanto se puede saber realmente de Nestorio y de este
concilio, y veamos si acierto. El defecto era que Nestorio era un hombre orgulloso e indocto. Cuando se convirtió en tan grande obispo y
patriarca, creía que debía ser tenido por el hombre más docto del
mundo, que no tenía necesidad de leer libros de los antepasados u
otros, ni aprender a hablar de las cosas al modo de ellos. Por el
contrario, ya que era elocuente y tenía buena voz, quería ser un
doctor autodidacta o maestro. Como él lo expresaba y declaraba, así
debía ser. Y con esta mentalidad altiva dio con el artículo de que
María es la madre de Dios que había dado a luz a Dios. Entonces
encontró a su vez también a otros obispos orgullosos a los cuales no
les agradaba su altanería, sobre todo a Cirilo de Alejandría, pues
ya no existían un Agustín o Ambrosio. Nestorio había aprendido en
la iglesia de Antioquía que Cristo es verdadero Dios nacido del Padre
en la eternidad, como lo había defendido el concilio de Nicea, y después nacido de la virgen María como verdadero hombre. No dudaba
de estos dos artículos. Los había predicado él mismo mucho tiempo.
En verdad, había perseguido a los arrianos en el Concilio niceno,

[209] Migne 69, 1204 y sigs.

condenándolos tan vehementemente que había causado muchos homicidios y derramamiento de sangre a raíz de esto. Tan firmemente lo tenía a Cristo por verdadero Dios y hombre.

Además, admitía también que Cristo, hijo de Dios, había nacido de la virgen María según la humanidad, no según la divinidad, como afirmamos también nosotros y todos los cristianos. Pero aquí se suscitó el problema. No quería que María fuese llamada por esto madre de Dios, porque Cristo no nació de ella según la divinidad, o para hablar claramente, que Cristo no tenía la divinidad de parte de su madre de la manera como poseía la humanidad de ella. En esto consiste toda la controversia: en que Dios, según Nestorio, no puede nacer de un ser humano o tener de un ser humano su naturaleza divina, y un ser humano no puede dar a luz a un Dios ni conferirle la naturaleza divina. Este hombre indocto, terco y orgulloso insistía en el sentido literal de las palabras "Dios nacido de María" e interpretaba "nacido", según la gramática o la filosofía, como si significase haber recibido la naturaleza divina de la madre que lo dio a luz. También la Tripartita afirma que Nestorio tenía tales palabras por una abominación [210], como lo haríamos también nosotros y todos los cristianos si se les diese este sentido.

En esto se conoce que Nestorio, obispo insensato y orgulloso, es no obstante un fiel adherente de Cristo. Lo que ocurre es que debido a su falta de comprensión no sabe ni lo que habla ni cómo habla. No sabe hablar de semejantes cosas, y no obstante, se considera maestro en la materia. Pues también nosotros sabemos que Cristo no recibe su divinidad de María. Mas de esto no sigue que sea erróneo decir que Dios haya nacido de María y que Dios sea hijo de María y ella madre de Dios. Tengo que dar un ejemplo fácil de entender. Si una mujer da a luz a un hijo, ningún alelado Nestorio (así lo llama la Tripartita) [211] puede ser tan orgulloso e indocto para argüir: "Esta mujer ha dado a luz, pero no es madre de este niño porque el alma de éste no es de su naturaleza y sangre, sino que procede de otra parte, por ser infundida por Dios. En consecuencia, este niño ha nacido de la mujer, según el cuerpo, pero, no siendo el alma del cuerpo de la mujer, ella no es madre del niño, porque no es madre del alma del niño".

Tal sofista alelado no niega que las dos naturalezas, cuerpo y alma, sean una persona. No dice tampoco que en el mencionado ejemplo haya dos personas o dos niños, sino que declara que las dos naturalezas, es decir, cuerpo y alma, forman una persona o un niño, y que la madre ha dado a luz no a dos niños sino a uno solo. Lo que ocurre es que no ve lo que niega o afirma. Un hombre así fue

[210] Migne 1206 B.
[211] Tripart. XII, 4 (Migne 69, 1207 A).

también Nestorio. Admite que Cristo es Dios y hombre en una sola persona. Pero ya que la divinidad no proviene de la madre María, ésta no debe ser llamada madre de Dios. El concilio condenó esto con toda razón, y así debe quedar condenado. Aunque en un punto de la cuestión principal, Nestorio tiene la opinión correcta de que Cristo es Dios y hombre, no se le debe tolerar el otro punto, o sea, palabras o expresiones en el sentido de que Dios no haya nacido de María ni haya sido crucificado por los judíos, tan poco como se debe tolerar al sofista que afirma que el niño no es hijo natural de la madre ni la madre es madre natural del hijo (aunque ese sofista esté en lo correcto al decir que la madre no puede dar a luz el alma del niño ni transferírsela).

En resumen: el obispo orgulloso e indocto originó una funesta disputa a la manera de los griegos, de los cuales dice también el romano Cicerón: *Iam diu torquet controversia verbi homines graeculos contentionis cupidiores quam veritatis* [212]. En efecto: el que declara que una madre da a luz a un niño que tiene cuerpo y alma, debe afirmar y sostener que la madre ha dado a luz al niño entero y es la verdadera madre de él, aun sin ser madre del alma. De lo contrario, de ello resultaría que ninguna mujer es la madre de hijo alguno y se debiera anular del todo el Cuarto Mandamiento: "Honrarás al padre y a la madre". Por consiguiente, debe decirse también que María es la verdadera madre natural del niño que se llama Jesucristo y que es la verdadera madre de Dios, que dio a luz a Dios; y todo cuanto se puede decir de una madre, como que amamanta, lava, da de comer y beber a su hijo, esto se puede decir de María: María amamanta a Dios, lo mece y le da papilla y sopa, etc. Pues Dios y hombre son una sola persona, un Cristo, un hijo, un Jesús, no dos personas, no dos Cristos, no dos hijos, dos Jesús. Es lo mismo que con el hijo tuyo: tu hijo no son dos hijos, dos Juanes, dos zapateros, si bien tiene dos naturalezas, cuerpo y alma, el cuerpo de ti, el alma de Dios solamente.

Así que el error de Nestorio no consiste en tener a Cristo por simple hombre ni en hacer de él dos personas. Antes bien, sostiene que hay dos naturalezas, Dios y hombre en una persona, pero no quiere admitir una *communicationem idiomatum* [213]. Este concepto no lo puedo expresar en una palabra única del lenguaje vernáculo. *"Idioma"* significa lo que es inherente en una naturaleza o lo que es propio de ella, como morir, sufrir, llorar, hablar, reír, comer, beber, dormir, estar triste, alegrarse, nacer, tener una madre, mamar, andar,

---

[212] De oratore 1, 11, 47; 3, 9, 33. Ya hace mucho tiempo que la controversia acerca de un término tortura a los griegos que se interesan más en la contienda que en la verdad. (El término "homines graeculi" es algo despectivo.)
[213] Comunicación de propiedades.

estar de pie, trabajar, estar sentado o acostado, etc. Esto se llama *idiomata naturae humanae* [214], es decir, propiedades que son inherentes en uno por naturaleza, que puede o debe hacer o sufrir. Pues *idioma* en griego y *proprium* en latín es una y la misma cosa. Llamémoslo por de pronto "propiedad". Por otra parte, *idioma deitatis*, propiedad de la naturaleza divina, es que ella es inmortal, omnipotente, infinita, no nacida, que no come, ni bebe, ni duerme, ni está de pie, ni anda, ni está triste, ni llora, y ¿qué más se puede decir? Es algo inmensamente diferente que el hombre. Por consiguiente, no pueden coincidir los *idiomata* de las dos naturalezas. Ésta es la opinión de Nestorio.

Si yo predicara así: Jesús, carpintero de Nazaret (así lo llaman los Evangelios: *filium fabri* [215]), va por la calle y busca un jarro de agua para su madre y unos centavos de pan para comer y beber con ella, y que este Jesús, el carpintero, es realmente verdadero Dios en una persona: esto me lo concede Nestorio, y dice que es correcto. Pero si digo: ahí va Dios por la calle buscando agua y pan para comer y beber con su madre, esto Nestorio no me lo concede sino que dice: buscar agua, comprar pan, tener una madre, comer y beber con ella son *idiomata*, propiedades, de la naturaleza humana, no de la divina. Igualmente cuando digo que Jesús, el carpintero, fue crucificado por los judíos y el mismo Jesús es verdadero Dios, Nestorio lo concede diciendo que es correcto. Mas si digo que Dios fue crucificado por los judíos, él dice que no. Pues sufrir en la cruz y morir no es *idioma* o propiedad de la naturaleza divina sino de la humana.

Al oír los cristianos comunes tales palabras, no pueden menos que pensar que Nestorio tiene a Cristo por un simple hombre y divide las dos personas, lo que sin embargo no piensa hacer, aunque sus palabras así parecen indicarlo. Esto nos demuestra que Nestorio fue un santo absurdo y un hombre insensato. Pues si admite que Dios y hombre se han mezclado y unido en una persona, no puede negar de ningún modo que los *idiomata* de las naturalezas se hayan unido y mezclado también. De lo contrario, ¿qué significaría estar unidos Dios y hombre en una sola persona? La necedad de Nestorio es precisamente aquella contra la cual se enseña en las altas escuelas: *Qui concedit antecedens bonae consecuentiae, non potest negare consequens* [216]. En alemán decimos: si es cierto lo uno, lo otro tiene que ser cierto también; si no es cierto lo otro, tampoco lo es lo primero. Quien admite que Margarita es tu esposa, no puede negar que el hijo de ella es tu hijo (si es que tu Margarita es una esposa fiel).

---

[214] Propiedades de la naturaleza humana.
[215] Mt. 13:55.
[216] Quien admite la premisa de una conclusión correcta, no puede negar la conclusión.

Cuando se enseña esto en la escuela, a nadie se le ocurre que pudiera haber gente tan ruda. Pero no tienes más que preguntar a los gobernantes y juristas; ellos te dirán si nunca tuvieron que habérselas con litigantes que afirmaban una cosa, pero no admitían lo que sigue de ella.

Se podría argüir que al afirmar Nestorio que Cristo es Dios y una sola persona, lo hacía por cierta malicia. No; tan astuto no era este hombre orgulloso, sino que lo afirmaba en serio [217]. Pues en un sermón (dice la Tripartita) afirmó a voz en cuello: "No, mi estimado judío, no tienes por qué ensoberbecerte; no has podido crucificar a Dios" [218]. Con esto quiere decir que Cristo es Dios, pero que Dios no fue crucificado. Y en el concilio, ante el obispo Cirilo, declara que "muchos confiesan que Cristo es Dios [219]; pero yo de ningún modo quiero decir que Dios sea bitris o trinitris [220]. Esto es: que Cristo es Dios, como muchos de nosotros confesamos, mas que Dios haya nacido dos o tres veces, esto no es mi intención enseñarlo". Tiene en mente (como dice la Tripartita [221]) que Dios y morir son conceptos incompatibles, puesto que le resulta terrible oír que Dios muere. Su opinión fue que Cristo según su divinidad es inmortal. Pero no tuvo la inteligencia suficiente para expresarlo. A esto hay que agregar que los demás obispos también eran orgullosos y no pensaban en sanar las heridas sino que las abrieron más aún.

Aunque hablando lógicamente, de la opinión de Nestorio tiene que seguir que Cristo es simple hombre y dos personas, sin embargo no fue ésta su opinión. En su simpleza e ignorancia, el hombre no veía que afirmaba una cosa imposible al sostener seriamente que Cristo es Dios y hombre en una persona, negando no obstante que la misma persona de Cristo posee los idiomata de ambas naturalezas. Quiere tener por cierto lo primero, pero lo que sigue de lo primero no ha de ser cierto. Con ello indica que él mismo no comprende lo que niega.

Pues los cristianos debemos atribuir a la persona de Cristo los idiomata de ambas naturalezas, todos por igual. Es decir, Cristo es Dios y hombre en una persona. Por ello, lo que se dice de él como hombre, debe afirmarse también de él como Dios, a saber, Cristo murió y Cristo es Dios, por tanto Dios murió, no el Dios separado, sino el Dios unido con la humanidad. Pues respecto del Dios exclusivizado son incorrectas las dos afirmaciones, a saber, que Cristo es Dios y que Dios murió. Ambas aserciones son falsas, puesto que el

[217] Tripart. 12, 4 (Migne 69, 1207 A).
[218] Tripart. 12, 4 (Migne 69, 1206 D).
[219] Tripart. 12, 5 (Migne 69, 1207 C).
[220] Doble o triple.
[221] Tripart. 12, 5 (Migne 69, 1207 C).

Dios exclusivizado no es hombre. Si a Nestorio le parece extraño que
Dios muera, debe pensar que es no menos extraño que Dios se haga
hombre. Pues con ello el Dios inmortal se convierte en aquello que
ha de morir, sufrir y poseer todos los *idiomata* humanos. ¿Qué sería
aquel hombre con quien se une Dios personalmente, si no tuviese los
verdaderos *idiomata* humanos? Sería un fantasma, como habían enseñado anteriormente los maniqueos. Por otra parte, lo que se dice
de Dios se lo debe atribuir también al hombre, a saber: Dios creó
el mundo y es todopoderoso; el hombre Cristo es Dios; por consiguiente, el hombre Cristo creó el mundo y es todopoderoso. El motivo es
que Dios y el hombre se hizo *una* persona; por ende, la persona lleva
los *idiomata* de ambas naturalezas.

   ¡Oh Señor Dios! Por este artículo bendito y consolador siempre
se debiera estar gozoso en la fe verdadera; en lugar de entrar en
disputas y dudas habría que cantar, alabar y dar gracias a Dios Padre
por su misericordia inefable con que hizo que su amado Hijo llegara
a ser igual a nosotros, un hombre y nuestro hermano. Así el aborre-
cible Satanás siempre causa por medio de hombres orgullosos, ambiciosos e incorregibles un escándalo tal que nuestra alegría bendita es
impedida y perjudicada. Es un infortunio que clama al cielo. Pues
esto hemos de saberlo los cristianos: cuando Dios no está en la ba-
lanza para hacer peso, nos hundimos con nuestro platillo. Con esto
quiero decir lo siguiente: Si no es verdad la afirmación de que Dios
murió por nosotros, sino sólo un hombre, estamos perdidos. Mas si
la muerte de Dios y "Dios sufrió la muerte" está en el platillo, éste
baja y nosotros subimos como un platillo liviano y vacío. Mas él
puede volver a subir o saltar de su platillo. Pero no podría estar en
el platillo a menos que se hiciera un hombre igual a nosotros, de
modo que se pueda afirmar que Dios murió, y hablar de la pasión
de Dios, su sangre y muerte. Pues Dios en su naturaleza no puede
morir, pero estando unidos Dios y hombre en una sola persona, bien
puede hablarse de la muerte de Dios cuando muere el hombre que
con Dios es una sola cosa o una persona.

   El concilio condenó demasiado poco de la doctrina de Nestorio,
puesto que se limitó a tratar un solo *idioma*, a saber, que Dios fue
dado a luz por María. Por ello la historia refiere que en este concilio se adoptó, en contra de lo enseñado por Nestorio, la resolución
de que María debía llamarse *theotokos*, esto es, "la que ha dado a luz
a Dios"[222], mientras que Nestorio negaba que el Dios en Cristo tuviera *idioma* alguno de la naturaleza humana, por ejemplo, morir,
cruz, pasión y todo lo que es incompatible con la divinidad. De ahí
que debieran haber resuelto no sólo que María es *theotokos* sino tam-

---

[222] Tripart. 12, 15 (Migne 69, 1208 A).

bién que Pilato y los judíos fueron crucificadores y asesinos de Dios, etc. Pero que después lo hayan condenado por todos los *idiomata* con las palabras: "Nestorio niega que Cristo es Dios y una sola persona", si bien es correcto *in effectu* o *ex consequenti* sin embargo está dicho en una forma demasiado áspera e impropia, porque a raíz de ello, Nestorio no pudo sino pensar que había sido tratado con violencia e injusticia. Pues jamás había enseñado tales palabras, sino que siempre había afirmado que Cristo es verdadero Dios y no dos personas. En consecuencia había perseguido duramente a los arrianos. Gente tal no puede silogizar o sacar conclusiones lógicas, es decir que el que niega los *idiomata* o propiedades de la naturaleza debe ser considerado como el que niega la sustancia o naturaleza. El veredicto debiera haber sido: "Verdad es que Nestorio afirma que Cristo, verdadero Dios y hombre, es una sola persona; pero por cuanto no atribuye los *idiomata* de la naturaleza humana a la misma persona divina de Cristo, está en error; esto es lo mismo como si negara la naturaleza misma". No debían haberse limitado a destacar un solo *idioma*, el de la madre María. Así el propósito de este concilio se habría comprendido mucho más claramente. Creo que hasta ahora lo han entendido muy pocos. Es imposible comprenderlo a base de Platina y sus seguidores.

Yo también me vi enfrentado con nestorianos que argüían muy tercamente contra mí afirmando que la divinidad de Cristo no tenía la capacidad de sufrir. El mismo Zuinglio se dirigió contra mí con un escrito sobre el texto *"verbum caro factum est"* [223], en el cual rechazó rotundamente que del *verbum* se diga *factum*, sino que abogó por la formulación *"verbum caro facta est"*, puesto que Dios no puede ser "hecho" nada. Pero yo mismo en aquel tiempo no sabía que esto era la opinión de Nestorio, puesto que no entendía las decisiones de este concilio, sino que conocía lo erróneo de tal opinión por las Sagradas Escrituras, Agustín y el *Magister Sententiarum* [224]. ¡Quién sabe cuántos nestorianos hay aún en el papado que cantan grandes elogios al concilio sin saber qué es lo que elogian! La razón quiere imponer su inteligencia y no tolerar que Dios muera o que tenga características humanas, aunque por costumbre cree que Cristo es Dios, como lo hizo Nestorio.

Tampoco este concilio introdujo una innovación en materia de la fe, como dijimos antes, sino que defendió la fe antigua contra la novedosa opinión de Nestorio, de modo que no se lo puede tomar como ejemplo para adjudicar a los concilios la autoridad de establecer nuevos u otros artículos de la fe, pues este artículo ha existido en la iglesia desde un principio y no fue reformulado por el concilio

[223] Jn. 1:14. El Verbo fue hecho carne.
[224] Lib. III, Dist. XII.

sino preservado por el evangelio o las Sagradas Escrituras. En efecto: en San Lucas 1 [225] leemos que el ángel Gabriel anuncia a la virgen María que de ella nacería "el Hijo del Altísimo", y Santa Elisabet dice: "¿Por qué se me concede esto a mí, que la madre de mi Señor venga a mí?" Los ángeles todos anunciaron en el día de la Navidad: "Hoy os ha nacido un Salvador que es Cristo, el Señor". Lo mismo afirma San Pablo en Gálatas 3: "Dios envió a su Hijo nacido de mujer". Estos pasajes (de esto estoy convencido) afirman con suficiente claridad que María es la madre de Dios. Así dice San Pablo en 1 Corintios 3 [226]: "Los príncipes de este siglo han crucificado al Señor de la Gloria"; en Hechos 20 se afirma que "Dios ganó la iglesia por su propia sangre", aunque Dios no tiene sangre según el criterio de la razón. Además tenemos el texto de Filipenses 2: "Cristo, siendo igual a Dios, tomó forma de siervo y fue hecho semejante a los hombres"; y el credo de los niños, el *symbolum apostolorum*, reza: "Creo en Jesucristo, su único Hijo, nuestro Señor, concebido y nacido de María, padeció, fue crucificado, muerto, sepultado, etc." Ahí están con suficiente claridad los *idiomata* de la naturaleza humana, y, no obstante, son atribuidos al único Hijo y Señor, en el cual creemos lo mismo que en el Padre y como en un verdadero Dios. No creo que haga falta agregar algo más acerca de este concilio.

El cuarto concilio principal se realizó en Calcedonia de Ponto o Asia aproximadamente veintidós o veintitrés años después del tercer concilio principal de Éfeso. Fue convocado en 455 por el emperador Marciano [227] que fue emperador en Constantinopla después de Teodosio el Menor [228]. Por tanto, los cuatro concilios principales tuvieron lugar en un lapso de aproximadamente 130 años, ya que el concilio niceno se celebró en el año 327. Pero antes y al mismo tiempo, como también después, se celebraron muchos concilios más, sin los emperadores, realizados acá y acullá por los obispos. Pero estos cuatro no pudieron reunirse sin intervención de los emperadores. Tan imperfectos eran los santos padres que ni uno quería ceder al otro. Esto lo registra la historia como un hecho lamentable, pero al mismo tiempo nos sirve también de consolación, para que no desesperemos; pues como el Espíritu Santo estuvo en algunos de estos padres que fueron unos santos y merecen que se los llame así, también nosotros seremos santos y bienaventurados.

Pero cuál fue la causa de este concilio, esto lo quisiera aprender

---

[225] Lc. 1:32; Lc. 1:43; Lc. 2:11; Gá. 4:4.
[226] 1 Co. 2:8; Hch. 20:28; Fil. 2:6 y sigs.
[227] Marciano, emperador de 450-457,
[228] Siguiendo la crónica de Carión, Lutero determina mal la fecha de los concilios. Según la cronología moderna, las fechas son: Nicea, 325; Constantinopla, 381; Éfeso, 431; Calcedonia, 451.

de algún otro, puesto que no hay historia fidedigna que llegue hasta este evento. La *Ecclesiastica* [229] termina con el primer concilio, el de Nicea; la *Tripartita* [230] y Teodoreto con el tercer concilio, el de Éfeso. Respecto de lo acontecido a partir de entonces tenemos que creer a la historia del papa y de los suyos. Es muy difícil creerles por razones buenas y obvias: es que hasta el día de hoy lo interpretan todo a su favor, y han mentido y siguen mintiendo tan descaradamente en cuanto a su propia primacía que nadie puede apoyar su conciencia en ellos. Ahora, aconséjame: ¿cómo podré salvarme puesto que no entiendo este concilio ni sé qué hizo? ¿A dónde fueron a parar los amados santos y cristianos que durante tantos siglos no supieron qué resolvió este concilio?, pues siempre deben existir santos en la tierra, y cuando mueren los unos, deben surgir otros, desde el principio del mundo hasta su fin; de lo contrario sería falso el artículo: "Creo en una santa iglesia cristiana, la comunión de los santos", y Cristo mentiría al decir: "Estoy con vosotros hasta el fin del mundo" [231]. Cristianos vivientes (digo) han de existir siempre en la tierra, estén dondequiera que sea. De lo contrario, terminaría el reino de Cristo y no habría nadie que rezara el Padrenuestro, confesase el Credo, fuera bautizado, fuera al sacramento, fuera absuelto, etc.

Bien: Platina [232] y otros dicen que la causa era la siguiente: que un abad, o como ellos lo llaman, un archimandrita de Constantinopla de nombre Eutiques había propuesto y enseñado, en contra de lo que sostenía Nestorio, la teoría de que Cristo es una persona sola en la naturaleza humana. En cambio, los padres conciliares resolvieron que Cristo es una persona y dos naturalezas. Esto es correcto, y así lo creen los cristianos. Los historiadores papales empero registran como enseñanza de Eutiques lo siguiente: Una vez que la divinidad había asumido la humanidad llegando así a ser el Cristo en una sola persona, no había quedado más que la divinidad; por lo tanto se debía tener a Cristo sólo por Dios y no por hombre. Si esto es la opinión de Eutiques, él es casi igual a un indocto Nestorio que, como se dice, había enseñado que existían en Cristo dos personas y no obstante, una sola persona. De la misma manera, este hombre debería haber enseñado a la vez dos naturalezas y, no obstante, una sola naturaleza en Cristo. Por esto el papa León [233] exclama en una carta que Eutiques y Nestorio enseñan herejías contradictorias. Y es verdad: quienes en-

[229] *Historia Eclesiástica* de Eusebio; Lutero conoció la obra en la traducción de Rufino.
[230] Obra de Casiodoro.
[231] Mt. 28:20.
[232] Platina 63 en la *"Vita"* de León I (440-461).
[233] León I, epístola LX: ad Maximum Antiochenum episcopum (Migne 54, 1041 L).

señan que Cristo es dos personas y no obstante una sola persona
o naturaleza, y por otra parte, que en Cristo hay dos naturalezas y
sin embargo una sola: por cierto, éstos se contradicen unos a otros,
más aún, cada uno a sí mismo. Pero si los papistas sabían que esto
no era la opinión de Nestorio y Eutiques, debieran abstenerse de tales
palabras y hablar un poco más claramente de las cosas y en *terminis
propriis*, esto es, debieran usar los términos que usaron aquéllos. De
lo contrario, los herejes creerán que se los quiere atrapar con violencia e injusticia mediante palabras fraguadas, e interpretar erróneamente
sus palabras, como acabo de decir con respecto a Nestorio.

Que Eutiques no sostenía una naturaleza única en Cristo lo evidencian las palabras de los mismos papistas al declarar que Eutiques
había confesado que existen en Cristo dos naturalezas, es decir, que
la divinidad asumió la humanidad. Quien afirma esto, declara que
Cristo tiene más de una naturaleza. Pero lo que no indican los papistas es que Eutiques quiere decir que en Cristo quedó después sólo
la naturaleza divina sin la humana. Esto lo dejan en suspenso, como
si Eutiques hubiese creído a la vez que Cristo tiene dos naturalezas,
y sin embargo, no dos, sino una. De esta manera también las historias
resultan inciertas y oscuras, de modo que nadie puede entender cuál
es realmente la opinión de Eutiques y cuál la de los historiadores papales. Con ello se pierde de vista este concilio y también la causa
por la cual fue convocado. Es verdad, la historia de los concilios [234] y
las cartas de los papas nos brindan alguna información. Pero por otra
parte, los historiadores papales no debieran escribir en forma tan
inexacta y descuidada ni presentarnos sus propias fantasías; pues lo
único que puede desprenderse de esto es que ellos entendieron este
concilio casi tan perfectamente como yo.

Diré lo que pienso yo. Si acierto, bien; si no, la fe cristiana no
se vendrá abajo por esto. La opinión de Eutiques (como la de Nestorio) es errada en cuanto a los *idiomata*, pero en diferente modo. Nestorio no quiere atribuir a la divinidad en Cristo los *idiomata* de la
humanidad, aunque le consta que Cristo es Dios y hombre. Por otra
parte, Eutiques no quiere atribuir los *idiomata* de la divinidad a la
humanidad, si bien sostiene también que Cristo es verdadero Dios y
hombre. Esto es como si yo predicara que el Verbo, Hijo de Dios, es
creador del cielo y de la tierra, igual al Padre en la eternidad, Juan
1 [235], y el Verbo, el mismo Hijo de Dios, es verdadero hombre, Juan
1 [236]. Esto Eutiques me lo concede y no duda de ello. Pero si continúo
y predicó que el mismo hombre Cristo es el creador del cielo y de la
tierra, Eutiques lo rechaza y se horroriza ante esta palabra: "Un

[234] Alusión a la "Historia de los concilios" de Crabbe.
[235] Jn. 1:13, 14.
[236] Jn. 1:3.

hombre crea el cielo y la tierra", y me dice: "¡No! semejante *idioma* divino (crear el cielo) no corresponde a un hombre". Mas no piensa en que anteriormente admitió que Cristo es verdadero Dios y hombre en una sola persona; al contrario: se resiste a admitir la conclusión o *consequens bonae consequentiae* [237].

Quien confiesa que Dios y hombre es una sola persona, debe admitir también, por esta unión de las dos naturalezas en una, que este hombre Cristo, nacido de María, es el creador del cielo y de la tierra, puesto que llegó a serlo en una persona, a saber Dios, quien creó el cielo y la tierra. Esta conclusión se escapa al entendimiento de Eutiques; no obstante, declara firmemente que Cristo es Dios y hombre. No se da cuenta tampoco de que al desechar los *idiomata* divinos de la naturaleza humana, tiene que negar forzosamente la naturaleza humana de Cristo. Pues de no proceder así quedaría dividida la persona, y Cristo no permanecería hombre. Esto lo quieren indicar los que escriben de Eutiques que él había desglosado de Cristo la naturaleza humana, *scilicet in consequenti*, a pesar de que él mismo confiesa, *scilicet in antecedenti* [238] que la naturaleza divina y la humana son un Cristo, una persona y dos naturalezas. En resumen: como dije anteriormente, quien confiesa las dos naturalezas en Cristo, Dios y hombre, debe también atribuir los *idiomata* de ambas a la persona, puesto que Dios y hombre es una nada, a menos que tuvieran sus *idiomata*. Por ello, tanto Nestorio como Eutiques con su errónea interpretación han sido condenados con toda razón.

Por otra parte, es muy probable que Eutiques haya tenido quizás más dificultades que Nestorio, porque muchos de los *idiomata* de la naturaleza humana ya no se dan, como comer, beber, dormir, estar triste, sufrir, morir, ser sepultado, etc. Pues ahora está sentado a la diestra de Dios, y ya no come ni bebe, no duerme ni está triste, no sufre ni muere por toda la eternidad, como sucederá con nosotros cuando de esta vida presente lleguemos a la eterna, 1 Corintios 15 [239]. Son *idiomata* temporales y perecederos. Pero quedan los naturales, a saber, que tiene cuerpo y alma, piel y cabello, sangre y carne, médula y huesos y todos los miembros de la naturaleza humana. Por lo tanto debe decirse que este hombre, Cristo, la carne y la sangre de María, es el creador del cielo y de la tierra, ha vencido la muerte, aniquilado el pecado, destruido el infierno, que son todos *idiomata* divinos; sin embargo son atribuidos con razón y conforme a la fe cristiana a la persona que es carne y sangre de María, puesto que no son dos personas sino una sola.

---

[237] Lo que resulta de una conclusión correcta.
[238] En la conclusión; en la premisa.
[239] 1 Co. 15:49, 58.

Supongamos que tu hijo Pedro sea un sabio, lo cual es un *idioma* que corresponde sólo al alma y no al cuerpo, y un Eutiques argumentara: "No, Pedro no es sabio, sino su alma"; y por otra parte, un Nestorio manifestara: "No, no pegué a tu hijo, sino a su cuerpo", esto suena como si se quisiera hacer de Pedro dos personas o retener sólo una naturaleza, aunque no tiene este sentido. Esto es ignorancia y terquedad e indica que los que andan con tales razonamientos son malos *dialectici*. No obstante, esta ignorancia no es rara en el mundo; existe también en otros órdenes de cosas. Muchas veces uno afirma algo, y sin embargo, niega lo que tiene que seguir de ello, lo cual se llama *"Antecedente concesso negare consequens"* [240]. Vaya un ejemplo: Hay en nuestros días muchos grandes señores y gente instruida que declaran abiertamente que es correcta nuestra doctrina acerca de la fe que sin mérito justifica de pura gracia. Pero que por esto se deba abandonar el monasticismo y la reverencia a los santos y cosas similares, los ofende a pesar de que la conclusión y la consecuencia obligan a ello. Nadie puede ser justificado sino por la fe. De esto sigue que nadie puede justificarse por la vida monástica. ¿Por qué se la conserva entonces? ¿Para qué sirve?

Y para criticarme también a mí mismo y no olvidarme tan desagradecidamente de mi necedad: Hace veinte años, yo enseñaba que lo que justifica es la fe sola sin obras, como sigo enseñándolo todavía. Pero si en aquel entonces se hubiese levantado alguno y hubiese enseñado que el estado monacal es idolatría y que la misa es una verdadera abominación, si yo no hubiese ayudado a quemar a un hereje tal, al menos habría opinado que se le había hecho justicia al quemarlo. Y yo, necio e irreflexivo, no atinaba a ver la ineludible consecuencia de que, si la fe sola era la causa de la justificación, no podían serlo el estado monástico ni la misa. Y peor aún: yo sabía que era mera doctrina y obra humana, y sin embargo, tampoco atribuía la justificación a las obras buenas, mandadas por Dios y realizadas en la fe. Con esto me he demostrado claramente como otro Nestorio y Eutiques (aunque en otro orden de cosas) admitiendo lo uno pero no lo otro que sigue de ello, así como Nestorio admite que Cristo es Dios y hombre y después no quiere admitir lo que sigue de esto, es decir, que el mismo Dios nació y murió.

Además, Lutero censura a los papistas porque ellos no enseñan la fe cristiana ni buenas obras. Ellos no se callan tampoco y por su parte censuran a Lutero más vehementemente aún por no enseñar correctamente la fe cristiana y prohibir las buenas obras. ¿Dónde está el obstáculo? ¿Por qué no están unidos, ya que confiesan la misma cosa? Te lo voy a decir: Aquí está un Nestorio al cual los *idiomata* le hacen errar el camino. Lutero insiste en la necesidad de las bue-

---

[240] Admitir la premisa y negar la conclusión.

nas obras, sólo que éstas no deben llevar los preclaros *idiomata* divinos, como expiar los pecados, reconciliar con Dios y hacer justos a los pecadores, puesto que semejantes *idiomata* pertenecen a otro que se llama "Cordero de Dios que quita los pecados del mundo" [241]. En efecto, tales *idiomata* deben reservarse a la sangre y muerte de Cristo. Las buenas obras tendrán otros *idiomata*, otro mérito y premio. Esto no lo quieren admitir los papistas, sino que dan a las buenas obras la virtud de satisfacer por el pecado y hacer piadosa a la gente. Por esto vociferan que Lutero no enseña buenas obras sino que las prohíbe. Mas no alcanzan a ver esta conclusión o consecuencia que el enseñar tales obras buenas, que expían los pecados, equivale a no enseñar buenas obras, puesto que obras buenas de esta clase son *nihil in rerum natura*, no las hay y tampoco las puede haber. Por el mismo hecho de enseñar y confesar con firmeza y decisión la existencia de buenas obras, no enseñan ninguna.

Esto te da una prueba de lo que es la dialéctica de Nestorio que admite una premisa y niega la conclusión, haciendo con ello también falsa la premisa. Pues en una conclusión o consecuencia correcta, si es válida la premisa tiene que serlo también la conclusión. Por otra parte, si la consecuencia es falsa, debe serlo también la premisa. Las buenas obras satisfacen por el pecado: esto no solamente lo admiten, sino que insisten en ello con todo rigor. Pero condenan lo otro que sigue de esto: que tales obras no son buenas, más aún: que son una nada y no son obras; lo condenan, digo, a pesar de que esto sigue irrefutablemente de lo anterior. Pues buenas obras que satisfacen por el pecado son tanto como ningunas buenas obras, así como es irrefutable esta conclusión: "*Qui docet id, quod non est, docet nihil*", "quien enseña lo que no es, no enseña nada". Lo mismo puede decirse con respecto a la fe: aquel que enseña una fe que no justifica sola y sin obras no enseña ninguna fe, puesto que una fe que justifica con obras, y por ellas, no es nada y no existe en ninguna parte.

Lo explicaré en forma más simple aún. Algunos juristas admiten que el matrimonio de los sacerdotes es permisible. Pero no admiten la consecuencia de que los hijos de tal matrimonio son herederos. Esto significa que el matrimonio de los sacerdotes es fornicación. Pues si hay matrimonio, por lógica el hijo debe ser heredero. Si no lo es, no existe matrimonio. Esto se llama entre los escolásticos: *Negare consequens antecedentis concessi in bona consecuentia* [242] y *destructo consequente retinere antecedens*. Esto es imposible, y los que lo hacen, merecen ser llamados gente indocta e ignorante. Pero ambos, Nestorio y Eutiques, no llegaron a comprenderlo, como les sucede a

[241] Jn. 1:29.
[242] Negar la conclusión después de haber admitido la premisa en un silogismo bueno; y: retener la premisa cuando la conclusión ha sido rechazada.

muchos en otros asuntos. No hay duda de que fueron sinceros en considerar a Cristo como Dios y hombre en una persona, como se desprende de la historia y de las actas de los concilios; y no obstante, no alcanzaron a aceptar la conclusión o consecuencia: Para ellos, la persona que es Dios y hombre pudo ser crucificada y pudo haber creado el cielo; pero Dios no pudo ser crucificado ni pudo el hombre crear el cielo.

¿Y qué diremos de nosotros mismos? Los apóstoles en Jerusalén, y con ellos muchos miles de judíos, fueron justificados por la fe sola, es decir, por la sola gracia de Cristo. Sin embargo, tenían aún sus inclinaciones nestorianas y eutiquianas y no vieron esta consecuencia de que la ley mosaica no contribuye ni puede coadyuvar para ello, sino que querían atribuir a la ley también los *idiomata* que corresponden sólo al Cordero de Dios. Decían (como mencioné antes) que los gentiles no pueden salvarse si no se circuncidan y guardan la ley de Moisés. Esto equivalía a negar a Cristo con su gracia, como lo hace resaltar San Pablo en Gálatas 2: "Si por la ley fuese la justicia, entonces la muerte de Cristo fue en vano", y en Romanos 11: "Si es por gracia, ya no es por obras" [243]. Pero los de Jerusalén argumentan así: "Es verdad, es por la gracia sola que uno se salva; pero a la vez debe ser también por la obra, puesto que sin la ley el hombre no puede salvarse, si bien debe ser salvo por la gracia sin las obras". Esto es, en buen alemán, darse una bofetada en la propia cara y no entender lo que se dice. Los escolásticos (como dije) lo llaman: *Antecedens concedere y consequens negare,* o *consequens destruere y antecedens affirmare* decir sí y no en un mismo asunto; esto no lo puede hacer nadie, a menos que sea un completo ignorante o un burlador empedernido.

Lo mismo hacen también los antinomistas [243a] de nuestros días. Predican en forma muy correcta, y (así creo al menos) con verdadera sinceridad acerca de la gracia de Cristo, del perdón de los pecados y lo que puede decirse además del artículo de la redención. Pero la consecuencia de ello la huyen como el diablo mismo, a saber, no dicen a la gente una sola palabra del Tercer Artículo del Credo, de la santificación, es decir, de la nueva vida en Cristo. Opinan que no se debe asustar ni entristecer a la gente, sino que debe predicarse siempre en forma consolatoria sobre la gracia y el perdón de los pecados en Cristo, y bajo ningún concepto usar estas palabras u otras parecidas: "Óyeme: ¿tú quieres ser un cristiano, y a la vez un adúl-

---

[243] Gá. 2:21; Ro. 11:6.
[243a] Los antinomistas cuyo representante más destacado en tiempos de Lutero fue Juan Agrícola, de Eisleben, sostenían que la ley ya no tiene vigencia en la iglesia sino que el conocimiento del pecado y la contrición deben producirse mediante la predicación del evangelio, no de la ley.

tero, fornicario, puerco, borracho, hombre soberbio, avaro, usurero, envidioso, vengativo, maligno, etc.?" sino que dicen así: "Óyeme: por más que seas un adúltero, un fornicario, un avaro u otra clase de pecador: con tal que creas, te salvas, y no necesitas temer la ley; Cristo lo ha cumplido todo".

Dime: ¿no significa esto *antecedens concedir* y *consequens negir* [244]? Es ni más ni menos que quitar y anular a Cristo en el mismo instante en que con mayor insistencia se lo predica. Y es decir sí y no respecto de una misma cosa. En ninguna parte hay un Cristo que haya muerto por pecadores tales que, después de recibido el perdón de sus pecados, no se apartan de los mismos ni llevan una vida nueva. De esta manera predican a Cristo exactamente conforme a la dialéctica nestoriana y eutiquiana, es decir, que Cristo es el Cristo y al mismo tiempo no lo es. Son excelentes predicadores de Pascua, pero pésimos de Pentecostés. No predican nada *de sanctificatione et vivificatione Spiritus sancti*, de la santificación por el Espíritu Santo, sino sólo de la redención por Cristo; sin embargo, el Cristo (al que predican con el debido énfasis) es Cristo o ha ganado redención de pecado y muerte para que el Espíritu Santo haga de nuestro viejo Adán un hombre nuevo, a fin de que muramos a los pecados y vivamos a la justicia. Conforme a la enseñanza de San Pablo [245], este vivir a la justicia hemos de comenzarlo e incrementarlo aquí en la tierra, y luego será perfeccionado en el cielo. Cristo nos ha ganado no sólo *gratiam,* la gracia, sino también *donum,* el don del Espíritu Santo, para que tengamos no sólo el perdón de los pecados, sino también el poder de desistir de ellos. Quien en lugar de abandonar los pecados persiste en la anterior vida pecaminosa, a éste los antinomistas tienen que darle otro Cristo; pues no tiene al Cristo verdadero, aunque todos los ángeles griten: Cristo, Cristo. Será condenado junto con su Cristo nuevo.

¡Ahí ves cuán malos dialécticos somos en las cosas sublimes que sobrepasan nuestro conocimiento o experiencia! Simultáneamente sostenemos algo, y no lo sostenemos. Pero en lo más sencillo somos dialécticos bastante sutiles. Pues un campesino, por simple que fuere, tarda muy poco en entender y calcular: quien me da un centavo, no me da un peso [246]. Esto es una consecuencia lógica que el campesino capta de inmediato y perfectamente. Pero estos antinomistas no se dan cuenta de que predican a Cristo sin el Espíritu Santo y contra él, porque no tienen reparos en que la gente siga en su forma de vivir

---

[244] Conceder la premisa y negar la conclusión, o rechazar la conclusión y afirmar la premisa.

[245] Ro. 6:2.

[246] Tradujimos "centavo" y "peso" como equivalentes aproximados del alemán "Groschen", moneda antigua de plata, y "Dukaten", ducado, moneda de oro.

pecaminosa; y no obstante, quieren declararlos salvos. En cambio, la consecuencia correcta sería que un cristiano tuviese el Espíritu Santo y llevase una vida nueva, o se le hiciese entender que no tiene a Cristo. No obstante, estos asnos quieren ser dialécticos mejores que el Doctor Felipe[247] y Aristóteles; de Lutero ni qué hablar, ya que sólo el papa capta a éstos, para mí son demasiado elevados. Bien, la dialéctica de Nestorio y Eutiques es una plaga general, sobre todo en lo relativo a las Sagradas Escrituras. En otras materias en cambio hace un papel mejor, aunque de bastante trabajo en problemas sutiles a los juristas y gobernantes, que tienen que oír a veces un sí y un no al mismo tiempo y se ven en dificultades para distinguirlo.

Ahora bien: si Eutiques y Nestorio, después de haber sido aleccionados por los obispos siguieron terca y orgullosamente en su propia opinión (hasta donde yo leí las historias, no puedo ni debo juzgarlo), han sido condenados con justa razón, no sólo como herejes sino también como gente falta de entendimiento. Pero si no insistieron testarudamente en su opinión, como las mismas actas del concilio lo dan a entender en cuanto a Eutiques, y si los obispos no los instruyeron amistosamente acerca de su error conforme al consejo de San Pablo[248], a pesar de todo juzgaron correctamente en el asunto mismo, pero de su orgullo y su proceder precipitado[249] tendrán que responder ante el Juez verdadero. (Es posible que este orgullo y esta precipitación se debió en parte al prestigio que los concilios habían ganado; en el de Calcedonia estaban presentes como seiscientos treinta obispos.)

Recuerdo que el Maestro Juan de Wesel, predicador de Maguncia, quien dominaba la universidad de Erfurt con sus libros a base de los cuales también yo obtuve el grado de maestro en artes, fue condenado por los asesinos perversos y altaneros denominados *haereticae pravitatis inquisitores*[250], (o mejor dicho *inventores*) los monjes predicadores[251], por el solo hecho de que no quería decir: *Credo deum esse*[252] sino que decía: *Scio Deum esse*. Pues todas las altas escuelas sostenían que *Deum esse per se notum sit*[253], como lo afirma también San Pablo en Romanos 1[254]. La manera como los monjes descalzos asesinos[255] de Eisenach trataron a Juan Ilten[256] figura en la Apología.

---

247 Felipe Melanchton.
248 Gá. 6:1.
249 Alusión al concilio de Éfeso de 449, que fue llamado por León I "sínodo de los ladrones".
250 Inquisidores de la depravación herética, inventores.
251 Los dominicos.
252 Creo que hay un Dios; sé que hay un Dios.
253 La existencia de Dios conocida por sí misma.
254 Ro. 1:19.
255 Los franciscanos.
256 Apología de Melanchton, Art. XXVII.

Supongamos que inesperadamente se presente ante nosotros un hombre honorable capaz de dar a las cosas un aspecto peculiar mediante palabras toscas diciendo: "Tengo que decirles que apareció un profeta nuevo que enseña lo siguiente: cuando un hombre llega a ser perfectamente santo, no sólo puede hacer milagros, sino que también tiene el poder de crear de la nada el cielo y la tierra y lo que hay en ellos, incluso los ángeles", como argüían también algunos escolásticos, libro 4 [257]. Y lo que es peor: este hombre manifiesta que ha muerto el Dios antiguo y verdadero, etc. En este caso tú y yo diríamos: "Éste debe ser el diablo y su madre. La Escritura dice: 'Yo soy Dios y no cambio' [258], y San Pablo afrima: 'Solus habet immortalitatem' [259]. ¿Para qué seguir hablando? Sólo Dios vive y es la vida misma". Entonces el hombre replicaría: "Vosotros mismos enseñáis y decís que Cristo es hombre, perfectamente santo, que creó el cielo y la tierra, y además verdadero Dios que murió por vosotros en la cruz". Ahí ves cómo nos hemos transformado de improviso en blasfemos Nestorios y Eutiques confesando por una parte que Cristo, Dios y hombre, una persona, murió por nosotros, creó el cielo y la tierra, y por otra parte acabamos de decir que sólo el diablo y su madre pueden afirmar que un hombre creó el cielo y la tierra y que Dios murió, aunque la lógica nos obliga a tal consecuencia o conclusión por el hecho de que creemos que Cristo es Dios y hombre en una sola persona. ¿Te das cuenta cómo los *idiomata* confunden y desconciertan imprevistamente a personas irreflexivas? Aquí debiéramos intervenir e instruir con amabilidad, no condenar con orgullo a los que están en error. Dios quiera que me equivoque, pero me temo que en el día postrero algunos herejes sean jueces y condenen a los obispos que los juzgaron. Dios es "insondable en sus juicios e inescrutable en sus caminos" [260]. Lo que sí se sabe es que "Dios da gracia a los humildes y resiste a los soberbios" [261]. Especialmente en los concilios y en la iglesia debiéramos cuidarnos de obrar con un celo inadecuado, por envidia o por orgullo; pues Dios no lo tolera.

Ésta es mi opinión sobre Eutiques. Si no acerté, me equivoqué. Es culpa de los historiadores. ¿Por qué no pusieron mayor esmero y diligencia en tratar el asunto y documentarlo para que se lo pudiera entender mejor? ¿Y qué se haría si las actas de este concilio se hubiesen perdido? No por esto naufragaría la fe cristiana. Se han perdido más cosas, y más importantes, que este concilio. San Agustín mismo deplora no poder encontrar nada en los autores anteriores que

---

[257] Pedro Lombardo, Sentencias, libro 4 (Migne 192, 839-962).
[258] Compárese Mal. 3:6.
[259] 1 Ti. 6:16, el único que tiene inmortalidad.
[260] Ro. 11:33.
[261] 1 P. 5:5.

le ayude contra Pelagio [262]. Sin embargo, debe haberse escrito mucho sobre un tema tan fundamental. En mi exposición me atuve a las palabras del obispo romano León [263] quien escribe que las herejías de Eutiques y Nestorio son opuestas entre sí o contradictorias y abstrusas. Ahora bien: la Tripartita demuestra con claridad [264] que Nestorio confesó con todo énfasis que Cristo es verdadero Dios y hombre. No era de la secta de los arrianos que lisa y llanamente negaban que Cristo era Dios sino que los expulsó y los persiguió, llegando incluso a matarlos. Pero su herejía consiste en que los *idiomata* lo confundían y desconcertaban, máxime la enseñanza de que Dios había nacido de mujer y había sido crucificado. Por esto la herejía de Eutiques debe ser considerada contradictoria porque si bien considera a Cristo como Dios y hombre, sin embargo se niega a atribuir los *idiomata* de la naturaleza divina a la humana. Por otra parte, Nestorio no quiere conferir los *idiomata* de la naturaleza humana a Dios en la persona única de Cristo. Esto significa ser opuesto y abstruso.

Pero si la intención de Eutiques fue negar directamente la naturaleza humana en Cristo, su herejía no es contradictoria a la de Nestorio, sino que Eutiques debe haber sido un hombre falto de sentido y delirante, porque a la vez opinaba que en Cristo se ha unido la divinidad con la humanidad, y no obstante, queda o llega a ser sólo una naturaleza, a saber, la divinidad. Esto no sólo estaría en oposición a Nestorio, sino también a todos los creyentes e incrédulos, a todos los herejes y a los verdaderos cristianos, a todos los gentiles y hombres en general. Pues esto no lo ha enseñado jamás hombre alguno. Pero ya que describieron estas cosas de manera tal que ellos mismos indican que Eutiques confesaba que en Cristo se habían unido la divinidad y la humanidad en una persona, y describen lo otro como si no quisieran que se entendiese: nosotros no lo queremos entender tampoco. ¡Qué nos importa! Tenemos una fuente de información mucho mejor. Ante el concilio, Eutiques niega haber pronunciado las palabras que ellos le achacaban, a saber, que él habría negado la naturaleza humana en Cristo. De ello se puede inferir que estaba en un error, pero que no quería negar la naturaleza humana en Cristo. Pero si yo fuera el Dr. Lutero, quisiera que los escritores papistas me dijeran cómo pueden creer ellos mismos sus propias palabras cuando aseveran que Nestorio creía simultáneamente dos personas y una sola en Cristo, y Eutiques a la vez dos naturalezas y sin embargo una sola en Cristo. Se me hace que también ellos son dialécticos nestorianos y eutiquianos. Ni hablo de la teología. Quizás sean antilogistas.

Para volver al concilio: resulta que tampoco el concilio calcedo-

[262] Heresiarca bretón que negaba la eficacia de la gracia y el pecado original.
[263] Ep. CLXV ad Leonem Augustum, 2 (Migne 34, 1115 y sigs.)
[264] Tripart. 12, 4 (Migne 69, 1204).

nense estableció ningún artículo nuevo de la fe. De esto podemos inferir una vez más que a los concilios no se les debe dar autoridad de cargar a la cristiandad con nuevos artículos de la fe. El artículo que aquí nos ocupa tiene una fundamentación más amplia y sólida en la Escritura, Juan 5 [265]: "El Padre dio al Hijo autoridad de hacer juicio, por cuanto es el Hijo del hombre". Según la opinión de Eutiques, Cristo debiera haber dicho aquí: 'por cuanto es Hijo de Dios'; pues hacer juicio es un *idioma* de la naturaleza divina, no de la humana, Cristo en cambio lo atribuye a su naturaleza humana, a saber, al Hijo del hombre, quiere decir al hijo de la virgen María. En Mateo 22 [266], Cristo pregunta a los fariseos cómo explican ellos el hecho de que David llama "su Señor" a Cristo que es en realidad hijo y descendiente de él. Si es hijo y descendiente de David, ¿cómo está sentado a la diestra de Dios? En este caso, Eutiques tendría que haber dicho que el descendiente de David no puede estar sentado a la diestra de Dios, sino sólo el Hijo de Dios. No obstante, confiesa que el Hijo de Dios y de David son una sola persona. Pero donde está sentada la persona de Cristo, allí está sentado el Hijo de Dios y de David. Esta consecuencia no la ve Eutiques. Por ello se ha tenido que pensar que no tenía a Cristo por hombre, sino sólo por una persona y naturaleza divinas, lo que sin embargo no es su opinión.

En resumen: todos los profetas y la Escritura entera, que atribuyen a Cristo o al Mesías un reino eterno, redención de los pecados, de la muerte y del infierno, se oponen a Eutiques, ya que todos dicen: "El descendiente de la mujer aplastará la cabeza de la serpiente", Génesis 3 [267]. Esto significa vencer el pecado, la muerte, el infierno y el diablo, lo que son *idiomata* de la naturaleza divina y no corresponden al descendiente de la mujer. Las Escrituras dicen además: "Todas las naciones de la tierra serán bendecidas en la simiente de Abraham", Génesis 22 [268]. También esto significa quitar el pecado, la muerte, el infierno y la maldición de Dios, y también éstos son *idiomata* de la naturaleza divina, no de la simiente de Abraham. Y además tenemos las profecías gloriosas y grandiosas de David, Isaías, Jeremías, y de todos los profetas que dicen de la simiente de David [269] que ésta implantará una justicia eterna en la tierra, es decir, que quitará de en medio la muerte, el pecado y el infierno. Todos éstos son *idiomata* de la majestad y naturaleza divinas. Sin embargo, son atribuidos en toda la Escritura al hijo de David, Cristo, al hijo de la virgen María. Si yo no tuviese este concilio o si no lo entiendo correctamente, tengo

---

[265] Jn. 5:27.
[266] Mt. 22:43 y sigs.
[267] Gn. 3:15.
[268] Gn. 22:18.
[269] Jer. 23:5.

no obstante estas Escrituras y las entiendo perfectamente; a ellas debe atenerse también el concilio. Para mí son un fundamento más seguro que todos los concilios.

Quien desee hacerlo, puede seguir leyendo personalmente la historia del concilio de Calcedonia; yo me cansé de leerla. ¡Cuánta disensión, confusión y desorden reinó en él! Casi me inclino a creer a Gregorio Nacianceno, el maestro de San Jerónimo, quien vivió antes de este tiempo y vio concilios y padres mejores. No obstante escribe [270]: "Para decir la verdad, lo mejor sería rehuir todos los concilios de los obispos. No he visto ningún fin bueno de los concilios, ni la abolición de lo malo, sino ambición, riña por el rango, etc." Me extraña que por tales palabras no lo hayan declarado el peor de los herejes. Pero no cabe duda de que es acertada su afirmación de que los obispos son ambiciosos, orgullosos, pendencieros y vehementes; esto lo verás corroborado en este concilio. Así tampoco han de ser necesariamente santos los que enseñan doctrinas correctas o las conservan, pues Balaam profetiza también acertadamente [271], y Judas es un apóstol verdadero [272], y los fariseos están sentados en la cátedra de Moisés y enseñan rectamente, Mateo 23 [273]. También nosotros necesitamos para nuestra fe algo más y algo más seguro que los concilios, y este 'más' y 'más seguro' es la Sagrada Escritura.

La veracidad del dicho de Gregorio de que "no vio ningún fin bueno de los concilios" nos la confirma la historia. En efecto: la herejía de Arrio antes del concilio niceno era una bagatela en comparación con la desgracia que causó después, como hemos referido antes. Lo mismo sucedió después de los otros concilios con Macedonio y Nestorio. La facción condenada se unió tanto más firmemente. Querían justificarse y no querían ser condenados. Atizaban el fuego con mayor fuerza que antes en protesta contra los concilios que no los entendían correctamente. Otro tanto nos pasó a nosotros los alemanes con el concilio de Constanza [274], en el cual èl papa fue sometido al concilio y depuesto y severamente condenada su tiranía y simonía [275]. Desde aquel tiempo el papa está poseído por siete diablos peores [276] y su tiranía y simonía han llegado a su pleno desarrollo: devora, roba, hurta todos los obispados, monasterios e iglesias; vende indulgencias, gracia, derecho, incluso a Dios, a Cristo y al Espíritu Santo, traiciona, arruina y confunde con sus intrigas al emperador y a los reyes; guerrea, de-

---

[270] Gregorio de Nacianzo, 328-389. Epístola 55 a Procopio.
[271] Nm. 24:17.
[272] Mt. 10:4.
[273] Mt. 23:2.
[274] 1414-1418.
[275] Simonía es la venta de cargos eclesiásticos por dinero; Hch. 8:18 y sigs.
[276] Mt. 12:45.

rrama sangre, mata el cuerpo y el alma, de modo que se puede palpar quién es el dios que gobierna en Roma. Con esto los alemanes tenemos nuestra recompensa por haber depuesto y reformado a los papas en el concilio de Constanza. Éste era en efecto el resultado apropiado de este concilio. Deponed en otra oportunidad más papas y reformadlos: estoy seguro de que no les bastarán siete diablos, sino que guerrearán contra nosotros con setenta y siete legiones, si es que hay todavía lugar para que entren más diablos en ellos y no están llenos ya de espíritus malos. Esto es la reforma del concilio de Constanza.

He aquí, pues, los cuatro concilios principales y las causas por las cuales se celebraron. El primero, el de Nicea, defendió la divinidad de Cristo contra Arrio; el segundo, el de Constantinopla, la divinidad del Espíritu Santo contra Macedonia. El tercero, el de Éfeso, defendió la una persona en Cristo contra Nestorio, el cuarto, el de Calcedonia, las dos naturalezas en Cristo contra Eutiques. Pero con ello no establecieron ningún artículo nuevo de la fe; pues estos cuatro artículos están formulados más abundante y vigorosamente en el solo Evangelio de San Juan, aun en el caso de que tanto los demás evangelistas como San Pablo y San Pedro no hubieran escrito nada al respecto; sin embargo, también éstos lo enseñan, y en forma convincente, juntamente con todos los profetas. Si estos cuatro concilios principales (que conforme a los decretos de los obispos de Roma fueron equiparados por éstos con los cuatro Evangelios, como si tales cosas no figurasen más abundantemente junto con todos los demás artículos de la fe en los Evangelios, o como si los concilios no las hubiesen extraído de ellos; ¡tan bien estos asnos de obispos entienden lo que son los Evangelios o los concilios!) —si estos cuatro concilios principales, digo, no han querido ni podido formular ningún nuevo artículo de la fe, como ellos mismos declaran, mucho menos se puede dar semejante autoridad a los demás concilios, que deben considerarse inferiores, ya que estos cuatro son llamados los principales, y en efecto lo son.

De esta manera deben entenderse también todos los demás concilios, sean grandes o pequeños. Aunque haya muchos miles de ellos, no establecen nada nuevo ni en cuanto a la fe ni en cuanto a las buenas obras, sino que como juez supremo y obispo máximo bajo Cristo tienen la función de defender la fe de siempre y las buenas obras de siempre según las Sagradas Escrituras. Es cierto que tratan también de asuntos temporales, perecederos y pasajeros según las necesidades de la época. Pero esto debe hacerse también fuera de los concilios y en todas las parroquias y escuelas. Pero si los concilios establecen algo nuevo en cuanto a la fe o las buenas obras, puedes estar seguro de que no reina allí el Espíritu Santo, sino el espíritu maligno con sus ángeles. Pues esto lo hacen forzosamente sin la Escritura y al margen de ella, hasta en contradicción a ella, como lo recalca

Cristo al decir: "El que no es conmigo, contra mí es" [277]. El Espíritu Santo está en completo acuerdo con San Pablo, que dice en 1 Corintios 2: "No sé cosa alguna sino a Jesucristo, y a éste crucificado" [278]. Y el Espíritu Santo no se nos otorgó para que nos inspire o enseñe algo fuera de Cristo, sino que debe enseñarnos y recordar todo *en* Cristo[279], en el cual están "escondidos todos los tesoros de la sabiduría y del conocimiento" [280]. Manifestarnos la gloria de éste es su tarea [281], como dice Cristo mismo, y no el exaltar la razón y opinión nuestras y hacer de ellas un ídolo. Por esto, los concilios que dejan a un lado las Escrituras son los concilios de Caifás, Pilato y Herodes, como dicen los apóstoles en Hechos 4: "*Convenerunt in unum adversus Dominum*" [282], deliberan y hacen concilios contra Dios y su Cristo. Y todos los evangelistas escriben que los sumosacerdotes y fariseos tuvieron consejo y reunieron concilio para deliberar acerca de la posibilidad de matar a Cristo [283], conforme a lo anunciado anteriormente por David en el Salmo 2 [284] de que "consultarían contra Dios y su Ungido y llamarían la predicación de Cristo molestas ligaduras y cuerdas que querían romper y echar de sí". Tales fueron en su mayoría los concilios del papa, en los que él se erigió como cabeza de la iglesia en lugar de Cristo, sometió la Sagrada Escritura a su propio criterio y le hizo violencia, como lo demuestran sus decretos. Por ejemplo, en Constanza condenaron las dos especies del sacramento, como ya antes habían roto, prohibido y condenado el matrimonio, y hasta habían crucificado y sepultado a Cristo.

La cuestión principal por la cual escribo este libro ha de ser, pues, ésta: ¿Qué es un concilio, o qué función desempeña? Si no es la de establecer nuevos artículos de la fe, todo el mundo hasta nuestros días sería víctima de un miserable engaño, pues hasta ahora estaba firmemente convencido de que las resoluciones de un concilio son artículos de la fe, o por lo menos deben tenerse por obra necesaria para la salvación, de manera que el que no cumple los decretos del concilio no se salvará jamás por ser desobediente al Espíritu Santo, señor del concilio. Ahora bien, en la libertad de mi conciencia afirmo que ningún concilio (como ya dije antes) tiene autoridad de establecer artículos nuevos de la fe por no haberlo hecho los cuatro concilios principales. Por consiguiente, en respuesta a la cuestión principal daré mi opinión en los siguientes términos:

[277] Mt. 12:30.
[278] 1 Co. 2:2.
[279] Jn. 14:26.
[280] Col. 2:3.
[281] Jn. 16:14.
[282] Hch. 4:26. Se juntaron en uno contra el Señor.
[283] Mt. 26:3, 4; Mr. 14:1; Lc. 22:2; Jn. 11:47 y sigs.
[284] Sal. 2:2, 3.

En primer lugar, un concilio no tiene autoridad de establecer nuevos artículos de la fe, aunque cuente con la presencia del Espíritu Santo, ya que ni el concilio de los apóstoles en Jerusalén, Hechos 15 [285], estableció ningún artículo nuevo en cuanto a la fe, puesto que San Pedro manifiesta que todos sus antepasados creían este artículo de que nos salvamos sin la ley, sólo por la gracia de Cristo.

Segundo: Un concilio tiene la autoridad y obligación de suprimir y condenar nuevos artículos de la fe, siguiendo la norma de las Escrituras y de la fe que la iglesia cristiana profesaba desde un principio. Consecuentemente, el concilio de Nicea condenó el artículo nuevo de Arrio; el de Constantinopla, el nuevo artículo de Macedonio; el de Éfeso, el nuevo artículo de Nestorio; y el de Calcedonia, el nuevo artículo de Eutiques.

Tercero: Un concilio no tiene poder ni autoridad de imponer nuevas prácticas con carácter de 'buenas obras'. Las buenas obras ya están preceptuadas abundantemente en las Sagradas Escrituras. ¿Qué más obras puede uno imaginarse que las que el Espíritu Santo enseñó en las Escrituras, como humildad, paciencia, mansedumbre, misericordia, fidelidad, fe, bondad, paz, obediencia, disciplina, castidad, disposición de dar, de servir, etc., y en resumen, el amor? [286] ¿Qué buena obra puede imaginarse que no sea mandada por el amor? Si no está comprendida dentro del amor, ¿qué obra buena es entonces? El amor es, según la enseñanza de San Pablo, "el cumplimiento de toda la ley", lo que afirma también Cristo mismo en Mateo 5 [287].

Cuarto: Un concilio tiene la autoridad y obligación, de acuerdo con las Sagradas Escrituras y la antigua práctica de la iglesia, de condenar obras malas que se oponen al amor, y de castigar a las personas que las cometen, como el concilio niceno reprende la ambición y otros vicios de los obispos y diáconos. En este contexto se podría hablar de dos clases de obras malas: Algunas son manifiestamente malas y reconocidas como tales por todo el mundo, como la avaricia, el homicidio, el adulterio, la ambición, etc. Estos vicios son condenados por los concilios, y reprobados también sin concilios por las Escrituras. Incluso el derecho secular los condena. Pero además hay otras y nuevas obras buenas, que no parecen merecer el nombre de malas; son obras que ocultan su maldad bajo una apariencia hermosa, vicios sutiles, idolatría santa, obras inventadas por los supersantos o también santurrones rematados, en resumen, por el diablo 'blanco' disfrazado de ángel de luz. Tales malas (debiera decir: nuevas) buenas obras debieran ser condenadas por los concilios en la forma más enérgica y rigurosa,

---

[285] Hch. 15:11.
[286] Gá. 5:22 y sigs.
[287] Ro. 13:8; Gá. 5:14; Mt. 5:44 y sigs.; 1 Co. 13:13.

porque constituyen un peligro para la fe cristiana y un escándalo para la vida y hacen de ellas una caricatura o burla.

Por ejemplo: Si un cristiano débil oye o ve a un santo ermitaño o monje llevar una vida extraordinariamente severa que sobrepasa el acostumbrado estado o prácticas comunes de un cristiano, se desconcierta y piensa que, en comparación con este nuevo santo, la vida de todos los cristianos anteriores es vanidad, o hasta mundanal y peligrosa. Por esto se ha difundido en todo el mundo la abominación de que un burgués o campesino cristiano que tiene una fe genuina y pura en Cristo y se ejercita en lo que siempre se ha llamado verdaderas obras buenas mandadas por Dios en las Escrituras, como humildad, paciencia, mansedumbre, castidad, amor y fidelidad hacia su prójimo, diligencia y aplicación en su servicio, oficio, vocación y estado: que este hombre, aun siendo un verdadero cristiano y un santo a la manera de los santos antiguos, sin embargo aparece como despreciable y no es nada en comparación con el santo nuevo, quien con vestimenta inusitada, alimentos, ayuno, lecho duro, ademanes peculiares y semejantes obras buenas de reciente invención es un cristiano orgulloso, ambicioso, iracundo, intratable, odioso, voluptuoso, vanidoso y falso; San Pablo mismo habla de esta clase de santos como de hombres altaneros y caprichosos [288] que eligen para sí una nueva vida y un culto inventados por ellos mismos (no mandados por Dios) pretendidamente superiores a la vida acostumbrada, recta y común y el culto de la iglesia cristiana instituidos y mandados por Dios.

Puede ser que los elegidos sean conservados de la perdición aun en tales nuevas obras enojosas; pero han debido quitarse esa nueva piel y salvarse en la vieja piel cristiana. Esto le sucedió a San Antonio [289] quien tuvo que aprender que un zapatero o curtidor de Alejandría era un cristiano mejor que él mismo con todo su monacato. El propio San Antonio confesó en cierta oportunidad que no había llegado a la altura de aquel zapatero. Caso parecido es el del afamado San Juan, *primus eremita* [290], que era además profeta del emperador Teodosio, muy ponderado por San Agustín [291]: cuando la gente, entre otros San Jerónimo, se mostró extrañada ante su severidad, dio esta contestación: "¿Qué de extraordinario buscáis en nosotros? Algo mejor tenéis en vuestras parroquias donde os predican las Escrituras y los ejemplos de los apóstoles y profetas". Esto sí significa quitarse la cogulla y someterse a las Sagradas Escrituras y elo-

[288] 2 Ti. 3:2 y sigs.
[289] Vitae patrum (Migne 73, 785).
[290] Migne 21, 256 B; 538 C.
[291] De cura pro mortuis gerenda, cap. 21. De civitate Dei V, 26 (Migne 40, 607 y sigs.; 41, 172).

giar sólo el estado cristiano común. Asimismo, Pafnucio [292] tuvo que
aprender que él era igual a un violinista que había sido un asesino,
y a dos mujeres que habían cohabitado aquella noche con sus maridos, y tuvo que decir: "No se debe despreciar estado alguno". Lo
mismo les sucedió a San Bernardo, Buenaventura [293], y sin duda a
muchos hombres piadosos más. Al fin se dieron cuenta de que su
nueva santidad y monacato no resistía la prueba contra el pecado y
la muerte; se refugiaron en la cruz y se salvaron sin esa santidad nueva, en la antigua fe cristiana, como lo comprueban las palabras de
San Bernardo en muchos pasajes.

Nuevas buenas obras de este tipo no fueron condenadas en ningún concilio, ni aun en los cuatro principales. Sólo uno o dos concilios secundarios como el de Gangra [294], al que concurrieron veinte
obispos (y cuyos procedimientos acaban de ser publicados [295]) tomaron
alguna medida en este sentido. Por el contrario; los más de los concilios permitieron que tal santidad nueva tomara más y más incremento hasta que la iglesia cristiana quedó casi irreconocible; y, como
los hortelanos perezosos dejaron crecer en tal abundancia los renuevos espurios que el árbol bueno original forzosamente tiene que sufrir daño y perecer. Ya en tiempos de San Antonio el monacato se
había extendido tanto que en los días de este cuarto concilio existía
en la misma Constantinopla una abadía a cuyo frente estaba el mencionado Eutiques. Verdad es que no eran castillos imperiales de piedra como llegaron a serlo los monasterios en épocas posteriores, pues
a Eutiques lo llaman *archimandrita* [296]. *Mandrae* significa, según
dicen, un cerco o seto hecho con matas, arbustos y ramas para uso del
ganado, o apriscos para las ovejas. En un redil de esta naturaleza se
había recluido Eutiques como jefe de sus adherentes llevando todos
una vida de ermitaños. Esto nos da una muestra de lo que en aquel
tiempo era un convento cuando aún no existían monasterios cerrados
o provistos de muros. Pero como sucede en la huerta en la cual los
renuevos o retoños alcanzan mayor altura que las mismas ramas fruc-
tíferas, así sucede también en el huerto de la iglesia: los santos nuevos,
que brotan como ramas laterales y no obstante quieren ser cristianos
también y alimentarse de la savia del árbol, toman un incremento
mucho mayor que los verdaderos santos antiguos que practicaron la
fe y la vida cristiana auténticas. Ya que toqué el tema no puedo menos que relatar lo que aprendí de la historia. San Bernardo [297] fue

[292] Rufino, Vitae Patrum, cap. 16 (Migne 21, 436).
[293] Franciscano, doctor seráfico, 1221-1274.
[294] Gangra en Paflagonia 343.
[295] Juan Kymaeus, pastor de Homberg, publicó en 1537 un escrito sobre este
sínodo con prefacio de Lutero.
[296] Deriva de Jn. 21:12.
[297] San Bernardo fue abad de 1115-1153.

LOS CONCILIOS Y LA IGLESIA

abad durante treinta y seis años, y en este lapso fundó 160 monasterios de su orden. Ahora bien: se sabe qué clase de monasterios son los de los cistercienses. Aunque relativamente modestos en sus comienzos, con el tiempo llegaron a ser verdaderos principados. Diré más: En aquella época, bajo los emperadores Enrique III, Enrique IV y Enrique V [298], en sólo veinte años surgieron cuatro órdenes monásticas aristocráticas, los grandimontenses [299], los canónicos regulares reformados [300], los cartujos [301] y los cistercienses [302]. ¿Y qué habrá pasado en los cuatrocientos años hasta nuestra era? Creo que bien podría decirse que los monjes caían como la lluvia y la nieve. No sería nada extraño que no existiese ciudad o aldea alguna que no contara con un monasterio o dos o al menos con un *terminarius* o *stationarius* [303]. La historia censura al emperador Valentiniano [304] por usar monjes en sus ejércitos. ¿Por qué alarmarse por esto? Es que había un exceso de gente ociosa. También de algunos reyes de Francia se lee que emitieron una prohibición de tomar los hábitos, lo que regía ante todo para los campesinos semi-esclavizados que buscaban la libertad bajo la cogulla, con el resultado de que todo el mundo se metía en los conventos.

El mundo quiere ser engañado. El que quiera cazar muchos petirrojos y otros pájaros, debe poner sobre la trampa o vara enviscada un mochuelo o una lechuza, y verá qué éxito tiene. Así también, cuando el diablo quiere cazar a los cristianos, debe ponerles delante una cogulla o (como lo llama Cristo) un rostro hipócrita [305] demudado, con el resultado de que nos causan mucha más admiración tales autillos y lechuzas que la verdadera pasión, sangre, heridas, muerte y resurrección que vemos y oímos en Cristo, nuestro Señor, padecidas por nuestro pecado. Nos apartamos en masa y con todo empeño de la fe cristiana y caemos en la santidad nueva, es decir, la trampa y vareta del diablo. Siempre andamos detrás de alguna novedad. La muerte y la resurrección de Cristo, la fe y el amor son cosas viejas y comunes. Por tanto, ya no se les atribuye valor alguno, sino que tenemos que tener aduladores nuevos (como dice San Pablo [306]). Y bien hecho que nos suceda así, porque tenemos tanta comezón de oír que ya no nos agrada la antigua y pura verdad, *ut acervemus* [307],

[298] Enrique III, 1039-1056; Enrique IV, 1065-1106; Enrique V, 1106-1125.
[299] Fundado en 1073 en Grandmont de Francia, por Esteban de Muret.
[300] Canónicos agustinos, reformados en 1059.
[301] Fundado en 1084 por Bruno de Colonia.
[302] Fundado en 1098 en Citeaux, por Roberto de Molesne.
[303] Términos aplicados a las órdenes mendicantes.
[304] Valente, no Valentiniano.
[305] Mt. 6:16.
[306] 2 Ti. 4:3.
[307] Para que amontonemos.

de modo que acumulamos sobre nosotros grandes montones de doctrinas nuevas. Esto es lo que ha pasado y continuará sucediendo. Pues los concilios posteriores, sobre todo los papales (y son papales casi todos los posteriores) no sólo dejaron sin condenar tales obras buenas novedosas, sino que las enaltecieron en todo el mundo por encima de las obras buenas antiguas, de modo que el papa elevó a la categoría de santos a muchos integrantes de las órdenes monacales.

Al principio esta proliferación de obras nuevas tenía buen aspecto y sigue teniéndolo, pero al fin se convierte en abominación execrable y monstruosa, puesto que cada día alguien le agrega algo más. Por ejemplo, el comienzo de la orden de San Francisco [308] era muy promisorio; pero ahora están cometiendo excesos tan burdos que hasta visten con las cogullas a los muertos para que sean salvos. ¿No es terrible el sólo oírlo? A esto se llega cuando se comienza a dejar a Cristo a un lado; uno se echa a rodar, y no hay forma de terminar. ¿Qué sucedió en nuestro tiempo en los Países Bajos cuando la regente Margarita [309] dio órdenes de que después de su muerte le impusieran los hábitos de monja? La orden se cumplió; fue vestida con el hábito de monja y sentada a una mesa; se le servía de comer y beber, se le escanciaba la copa como a una princesa. Así hizo penitencia por sus pecados y se transformó en una monja beata. Mas cuando esto había durado algunos días y lo supo el piadoso emperador Carlos, lo hizo suprimir. Si no lo hubiese hecho, creo que tal ejemplo habría cundido en todo el mundo. En esta forma procede y necesariamente tiene que proceder la nueva santidad que quiere hacerlo todo mejor que la antigua santidad genuinamente cristiana. Ésta no comete necedades, sino que se atiene a la fe, caridad, humildad, disciplina y paciencia y se ejercita constantemente en ellas, de modo que en esta antigua santidad no se ven sino ejemplos deliciosos, edificantes, que irradian gracia, paz y amistad y que agradan a Dios y a los hombres. La nueva santidad en cambio fanfarronea con nuevas actitudes peculiares con que atraen a las almas incautas; hacen muchos aspavientos, pero no pueden presentar nada concreto, como se lee en la descripción que San Pedro hace de esta gente [310].

Por su parte, Gerson destaca en una referencia a los cartujos que éstos hacen bien en atenerse tan rigurosamente a su regla de no comer carne aunque tengan que morir. Perfecto; ¡entonces, si un médico responsable se da cuenta de que a un determinado enfermo se le puede ayudar dándole un caldo de gallina o un poco de carne, pero que de otro modo no hay posibilidad de mejoría, no se le obte-

---

[308] San Francisco, 1182-1226.

[309] Margarita de Austria, 1507-1530, tía de Carlos V, gobernadora de los Países Bajos.

[310] 2 P. 2:14 y sigs.

dece al médico, sino antes se deja morir al enfermo! En este caso prefiero a San Agustín que en su regla escribe que se debe consultar al médico, y dice: "No todos tienen la misma capacidad, por esto no se debe considerar a todos iguales" [311]. Esto es un proceder muy equitativo; no obliga a quienes están en un claustro a permanecer allí eternamente, pues el claustro no era una cárcel sino que era una asociación libre de algunos sacerdotes. El doctor Staupitz [312] me contó cierta vez que había oído decir al obispo de Worms, que era de la casa de los Dahlberg [313], que si San Agustín no hubiese escrito más que su regla monástica, habría motivo suficiente para considerarlo un hombre excelente y sabio. Y esto es cierto. San Agustín habría condenado a estos cartujos en la forma más severa como asesinos, y sus monasterios como verdaderas guaridas de homicidas (lo que en realidad son). Yo mismo vi en el monasterio de los cartujos de Erfurt a un enfermo que caminaba con muletas, un hombre joven todavía. Le pregunté si no se lo dispensaba de participar del coro y de la vigilia. "No", me contestó en tono triste, "tengo que seguir la regla aunque sé que es mi muerte".

Todo esto lo tenemos bien merecido. Dios nos envió a su Hijo como Maestro y Salvador; más aún: él mismo se dirige desde su alto trono celestial a todos nosotros y nos dice: *"Hunc audite"*, "a él oíd" [314]. Debiéramos caer de rodillas junto con los apóstoles y hacer de cuenta que no oímos otra cosa en todo el mundo. En cambio dejamos predicar en vano al Padre y al Hijo y nos atrevemos a inventar una predicación propia. Así sucede lo que dice el Salmo 81: "Mi pueblo no obedece a mi voz. Lo abandono pues a los designios de su mal corazón" [315]. De ahí vienen entonces estas famosas *etelothreskiae* y *aphidiae*, Colosenses 2 [316], espiritualidad de elección propia y duro trato del cuerpo, de modo que nosotros mismos nos quitamos la vida, a pesar de que Dios ha mandado cuidar el cuerpo y no matarlo. ¿No crees que si conforme a la regla de San Agustín y las enseñanzas de San Pablo se hubiesen seguido los consejos de los médicos en cuanto a los cuerpos de los religiosos, sobre todo de las mujeres, se habría podido ayudar a muchas personas excelentes que sin este consejo han perdido el juicio o han muerto, como nos lo enseñaron las experiencias diarias? Pero el tiempo aquel fue tiempo de ira en que imperaba una santidad nueva y desatinada para castigo del mundo.

311 Migne 32, 1383.
312 Superior de Lutero en el monasterio.
313 Juan de Dahlberg, obispo de Worms, 1482-1503.
314 Mt. 17:5.
315 Sal. 81:11, 12.
316 Col. 2:23.

Quinto: Un concilio no tiene autoridad de imponer a los cristianos nuevas ceremonias cuyo incumplimiento es rotulado como pecado mortal y como peligro para la conciencia, por ejemplo días de ayuno, días de fiesta, comidas, bebidas y vestidos. Si a pesar de ello lo hacen, se les opone San Agustín con las palabras que dirigió a Januario: *"Hoc genus liberas habet observationes"* y *"Cristo nos dio sólo unas pocas ceremonias"* [317]. Pues como los concilios no tienen el poder de imponer ceremonias, nosotros también tenemos la autoridad de ignorarlas. San Pablo hasta nos prohíbe guardarlas, diciendo en Colosenses 2: "Nadie os juzgue en comida o en bebida, o en cuanto a días de fiesta, luna nueva o días de reposo, etc." [318]

Sexto: Un concilio tiene la autoridad y la obligación de condenar tales ceremonias, de acuerdo con las Escrituras; pues no son cristianas, y además causan una nueva idolatría o un servicio divino que no están mandados por Dios sino prohibidos.

Séptimo: Un concilio no tiene autoridad de intervenir en las leyes y el gobierno civil, etc. Pues San Pablo dice: "Quien quiere servir a Dios en la lid espiritual, no debe enredarse en los negocios de la vida" [319].

Octavo: Conforme a las Sagradas Escrituras, un concilio tiene la autoridad y obligación de condenar estos procederes arbitrarios o leyes nuevas, es decir, de tirar al fuego las decretales del papa.

Noveno: Un concilio no tiene autoridad de disponer estatutos o decretos que tienen por único fin la tiranía, como si los obispos tuvieran el poder y la autoridad de mandar lo que quisieran y cada cual tuviera que temblar y obedecer. Al contrario, el concilio tiene la autoridad y la obligación de condenar esto conforme a la Escritura, 1 Pedro : "No tengáis señorío sobre la grey" [320]; y Cristo dice: *"Vos non sic,* quien quiere ser el mayor, sea vuestro servidor"* [321].

Décimo: Un concilio tiene autoridad de instituir ciertas ceremonias, con esta diferencia: Primero, no deben apoyar la tiranía de los obispos. Segundo, han de ser necesarias y útiles al pueblo y tener el objeto de establecer orden, disciplina y conducta decente. Por ejemplo, es preciso tener ciertos días y lugares para reunirse, también horas determinadas para predicar, administrar públicamente los sacramentos, orar, cantar, alabar a Dios y agradecerle, etc., como dice San Pablo en 1 Corintios 14: "Hágase todo con orden y decentemente" [322]. Todas estas cosas no sirven a la tiranía de los obispos, sino que tratan

[317] Epístola 54 (Migne P.L. 33, 200). La observancia de estas cosas es libre.
[318] Col. 2:16.
[319] 2 Ti. 2:4.
[320] 1 P. 5:3.
[321] Lc. 22:26. No así vosotros.
[322] 1 Co. 14:40.

de ser útiles a la necesidad, provecho y orden del pueblo. En fin, estas cosas hay que tenerlas y no se puede prescindir de ellas si es que la iglesia ha de sobrevivir.

No obstante, si alguien por necesidad, enfermedad o cualquier otro impedimento a veces no puede observarlas, no se debe contárselo por pecado, puesto que estas ceremonias o prácticas son para el beneficio de él y no para el provecho del obispo. Si es cristiano, seguramente no obrará en perjuicio propio. ¿Qué le interesa a Dios si uno no quiere estar entre los que practican tales cosas? Cada uno verá qué es lo acertado. En resumen, quien es cristiano, no siente tal orden como lazo: prefiere más bien cumplir con estas cosas que dejarlas, siempre que las circunstancias lo permitan. En consecuencia, a nadie se le puede imponer una ley con respecto a estas cosas. Ya de por sí prefiere hacer más de lo que tal ley exige. Mas quien desprecia esto con espíritu orgulloso, vanidoso y arbitrario: allá él. El tal menospreciará leyes más importantes aún, sean divinas o humanas.

Tal vez se te ocurra preguntarme: "Al fin de cuentas, ¿qué quieres hacer con los concilios si quieres cercenar de tal manera sus facultades? ¡De este modo, un pastor y hasta un maestro de escuela (por no hablar de los padres) tienen más autoridad sobre sus alumnos que un concilio sobre la iglesia!" Mi respuesta es: ¿Te parece que un pastor o maestro de escuela son oficios tan inferiores que no pueden compararse con los concilios? ¿Cómo podría convocarse un concilio si no hubiese pastores u obispos? Si no hubiese escuelas, ¿de dónde se sacarían pastores? Hablo de aquellos maestros de escuela que no sólo instruyen a los niños y a la juventud en las ciencias, sino que los atraen a la doctrina cristiana y se esmeran en inculcársela, igualmente de los pastores que enseñan la palabra de Dios fiel e inadulteradamente. Pues no me resulta difícil comprobar que el pobre e insignificante obispo de Hipona, San Agustín, enseñó más que todos los concilios. Por temor no menciono a los santísimos papas de Roma. Diré más: en el Credo que se enseña a los niños se nos ha dado una mayor riqueza de enseñanzas que en todos los concilios. Lo mismo cabe decir del Padrenuestro y de los Diez Mandamientos. Además, la función de los concilios no es enseñar, sino velar porque no se predique novedad alguna contraria a las doctrinas antiguas. ¡Por Dios, cómo me arrancarán los papistas estas palabras del contexto para torturarlas verbosamente y *antilogizarlas*, omitiendo empero las causas por las cuales he hablado! pues son gente piadosa y honesta que no puede hacer otra cosa que calumniar y mentir. En realidad debiera sentirme presa del temor. Pero aunque Dios no me perdone: no puedo hacerlo. Los dejaré que sigan calumniando y mintiendo.

Pero tratemos del asunto entre nosotros dos: ¿Qué puede hacer un concilio? ¿Qué le incumbe hacer? Escucha sus propias palabras:

Anathematizamus, esta es su función. "Condenamos." ¡Ah, y se expresan con humildad aun mayor! No dicen "condenamos", sino que declaran: *Anathematizat Ecclesia.* La santa iglesia cristiana condena. La condena del concilio no me asustaría; pero la condenación por parte de la santa iglesia me mataría en el acto a causa del hombre que dice: "Estoy con vosotros hasta el fin del mundo" [323]. Oh, la condena de este hombre es imposible de soportar. Pero los concilios, al invocar la santa iglesia cristiana como el juez verdadero y supremo en la tierra, declaran que ellos no son jueces a su arbitrio, sino que lo es la iglesia que predica las Sagradas Escrituras, las cree y las confiesa, como oiremos más adelante. Análogamente, un ladrón o asesino no tendría por qué abrigar temores ante el juez en lo que se refiere a la persona de éste. Pero el derecho y la usanza del país están representados en la persona del juez como su servidor. A estos dos tiene que temer el reo.

Así, un concilio no es otra cosa que un *consistorio,* una suprema corte, un tribunal imperial o algo parecido, en el cual los jueces después de oír las partes dictan el fallo con esta cláusula humilde: "Conforme al derecho", es decir, nuestro oficio es *anathematizare,* condenar, pero no según nuestro antojo o voluntad o según un derecho nuevo, fingido, sino conforme al derecho antiguo que es tenido por derecho en todo el imperio. Así tampoco un concilio condena a nadie como hereje según su propio arbitrio, sino conforme al derecho del imperio, es decir, como ellos mismos confiesan, conforme a las Sagradas Escrituras que son el código de leyes de la santa iglesia. Semejante derecho, imperio y juez es de temer realmente so pena de condenación eterna, puesto que este derecho es la palabra de Dios, el imperio es la iglesia de Dios, el juez es el alcalde o servidor de ambos.

Tal servidor o juez de este derecho e imperio no es sólo el concilio, sino que lo es también todo pastor o maestro de escuela. Además, un concilio no puede ejecutar eterna y continuamente este oficio de juez, puesto que los obispos no pueden quedar reunidos en forma permanente, sino que pueden reunirse y *anatematizar* o ser jueces sólo en casos de emergencia. Por ejemplo: cuando aquel Arrio de Alejandría se torna demasiado poderoso frente a su pastor u obispo, se granjea el favor del pueblo, y mezcla en el conflicto también a otros pastores o feligreses de los distritos rurales, de manera que el pastor de Alejandría lleva las de perder y en su oficio de juez no puede ya defender el derecho de este imperio, es decir, la auténtica fe cristiana: en tal necesidad y emergencia deben los demás pastores u obispos acudir con toda su autoridad y ayudar al pastor de Alejandría contra Arrio en defensa de la fe genuina y condenar a Arrio para

[323] Mt. 28:20.

salvaguardar a los otros, para que no se hunda todo en el caos. De no poder venir los pastores, es obligación del piadoso emperador Constantino posibilitar con su autoridad la reunión de los obispos. Ocurre lo mismo que con un incendio: cuando el dueño de casa no puede extinguirlo, todos los vecinos deben acudir y ayudar a apagarlo. Cuando no concurren, debe intervenir la autoridad y obligarlos a concurrir y *anatematizar* o condenar el fuego para la salvación de las demás casas.

De esta suerte, el concilio es el gran servidor o juez en este imperio y derecho. Pero pasada la emergencia, su mandato terminó. Análogamente, en el régimen secular los jueces supremos han de intervenir cuando los tribunales inferiores resultan demasiado impotentes para resistir el mal, hasta que el asunto llega por último al tribunal supremo y máximo, a la dieta. Pero tampoco ésta puede sesionar perpetuamente, sino que tiene que disolverse una vez cumplido su cometido, y volver a dejar los asuntos en manos de los tribunales inferiores. Mas en las dietas sucede que a veces se hace necesario establecer leyes nuevas y adicionales, cambiar y mejorar las antiguas o abolirlas del todo. La justicia no puede administrarse a base de un derecho perpetuo, ya que se trata de un régimen temporal que maneja asuntos transitorios que pueden cambiar y mudarse. Por consiguiente, las leyes hechas para tales cosas mudables también han de ser susceptibles de modificaciones. Cuando ya no existe la situación para la cual se ha creado la ley, ésta queda sin efecto. Por ejemplo: la ciudad de Roma ya no tiene la organización social y administrativa de antaño. Por ello las leyes instituidas para aquel entonces son también obsoletas y han caído en desuso. Lo pasajero se rige por leyes pasajeras.

Pero en el imperio de la iglesia rige la ley: "La palabra de Dios permanece para siempre"[324]. A esto hay que atenerse y no fabricar una palabra de Dios nueva y diferente ni instituir artículos de la fe nuevos y distintos. Por ende, los pastores y maestros de escuela son los jueces inferiores, pero cotidianos, permanentes y perpetuos, que sin cesar *anatematizan,* es decir, se oponen al diablo y su furor. Un concilio como juez supremo debe corregir a los malhechores inveterados o matarlos, pero no puede engendrar a otros. Un pastor y maestro de escuela tienen que ver con bribones pequeños y jóvenes y forman siempre gente nueva para ser obispos o integrantes de los concilios, si las circunstancias así lo requieren. Un concilio corta de los árboles las ramas grandes o arranca de raíz los árboles malos. Mas el pastor o maestro de escuela plantan y cultivan una profusión de arbolitos jóvenes y arbustos aromáticos en las huertas. Ah, tienen un oficio y una función preciosa y son las joyas más nobles de la iglesia;

[324] Is. 40:8.

son ellos los que la preservan. En consecuencia, todas las autoridades debieran velar porque se mantengan pastores y escuelas. Donde no podemos tener concilios, allí están las parroquias y escuelas, concilios si bien pequeños, pero no obstante, perpetuos y útiles.

Bien se ve en cuánta estima tuvieron los emperadores antiguos a las parroquias y escuelas al dotar tan abundantemente a los obispados; pues que éstos eran al principio escuelas, lo prueban los nombres: preboste, deán, *scholasticus,* chantre, canónicos, vicarios, custodio, etc. Pero ¿en qué fue a parar todo esto? ¡Oh Dios! ¡Ojalá que hicieran por lo menos algo, que siguieran siendo lo que son, que conservasen lo que poseen, que fueran príncipes y señores, pero que restablecieran las lecturas y obligasen a las canónicas, vicarios y alumnos a oír diariamente una lección de las Sagradas Escrituras para que quedara restaurada de algún modo la forma de escuela a fin de obtener pastores y obispos, y coadyuvaran de esta manera a gobernar la iglesia! ¡Oh Dios, cuán inmensos beneficios podrían derramar sobre la iglesia! Dios no les envidiaría la riqueza y el poder y permitiría que los conservasen con tal que en lo demás enmendaran su vida ignominiosa. Pero nuestros gemidos y lamentaciones son inútiles. Esta gente no oye ni ve. Dejan desoladas a las parroquias sin importárseles que la gente, desprovista de la palabra de Dios, caiga en estado de rudo salvajismo. He oído de boca de personas fidedignas que en muchos obispados hay unas 200, 300 ó 400 parroquias que antes florecían y que ahora están vacantes. ¿No es espantoso que entre cristianos existan tales cosas? Nuestro Señor en el cielo tenga misericordia y escuche nuestro pobre gemido y lamento. Amén.

Para terminar de una vez con el tema de los concilios, creo que a base de lo aquí expuesto bien puede entenderse qué es un concilio, y cuál es su ley, autoridad, oficio y función, también qué concilios son legítimos y cuáles son falsos, a saber: deben confesar y defender la fe antigua contra los artículos de fe de reciente creación; no deben decretar nuevos artículos de la fe en contra del credo antiguo, ni instituir nuevas obras buenas contra las antiguas sino defender las antiguas contra las nuevas. Por otra parte es natural que quien defiende la antigua fe contra la nueva, ampara también las buenas obras antiguas contra las nuevas; pues como es la fe, así resultan también los frutos o sea las obras buenas. Pero los dos concilios no se han dado cuenta de tal consecuencia. De lo contrario, no sólo habrían condenado al archimandrita Eutiques por razones de fe (cosa que hicieron enfáticamente), sino también por su *monaquismo* (cosa que no hicieron). Al contrario, lo aprobaron. Con esto demostraron que ellos también, como malos dialécticos, conceden una premisa y no admiten la conclusión, lo cual es una plaga común en todo el mundo. El error que cometieron Nestorio y Eutiques en materia de fe, lo cometieron los concilios en materia de buenas obras. Esto significa que Dios no sólo quiere hacernos niños en la fe, sino que también quiere convertirnos en necios en la dialéctica y considerarnos a todos como Nestorio y Eutiques a fin de humillarnos. Pues aunque Nestorio y Eutiques fueron condenados en cuanto a su teología, el mundo sigue practicando, como lo hizo desde un principio, la misma dialéctica repudiable de que se afirma la premisa y se niega la conclusión. ¿Qué más se puede decir? Si conoces todos los decretos de los concilios, no eres por ello un cristiano. Dan demasiado poco. Si conoces también los escritos de todos los padres, tampoco te dan lo suficiente. No te queda más remedio que recurrir a las Sagradas Escrituras, en las cuales se te da todo en abundancia, o al Catecismo que lo contiene en resumen, y aún más que todos los concilios y padres.

Finalmente, un concilio debe ocuparse solamente en cosas de la fe, y esto en el caso de que la fe esté en peligro. Las malas obras manifiestas las pueden condenar a nivel local la autoridad civil, el pastor y los padres, y alentar las buenas. Esto sí, las falsas buenas obras también pertenecen a las cosas de la fe, ya que corrompen la fe genuina. Por lo tanto, cuando los pastores son demasiado impotentes, tales cosas deben ser derivadas al concilio. Verdad es que los concilios (como dije) no se han ocupado en ellas con excepción de uno o dos concilios pequeños, como el de Gangra antes mencionado. Cuestiones ceremoniales no debieran tratarse en los concilios sino en las parroquias e incluso en las escuelas, de modo que el maestro de escuela fuera *Magister ceremoniarum* [325] junto con el pastor, pues de los alumnos lo aprenden todos los demás sin reglamentaciones y dificultades algunas.

Así, todo cuanto los alumnos cantan u oran en la iglesia, lo aprende después también el pueblo en general, y lo que cantan en un sepelio o al lado de la fosa, lo aprenden los demás también. Cuando se arrodillan y juntan las manos en actitud de oración, cuando el maestro dirige con el bastón mientras cantan: *"Et homo factus est"* [326], la multitud los imita. Si se quitan el sombrero o doblan las rodillas al mencionarse el nombre de Jesucristo, o ejecutan alguna práctica más relacionada con la misma disciplina, la muchedumbre lo remeda sin que haya necesidad de predicárselo, movida por los ejemplos vivos. Todas las ceremonias, también bajo el papado, provinieron de las escuelas y parroquias, excepción hecha de los casos en que el papa buscaba implantar su tiranía con comidas, ayunos, días de fiesta, etc. No obstante, en esto hay que guardar la medida para que las ceremonias no se multipliquen excesivamente. Ante todo hay que po-

---

325 Maestro de ceremonias.
326 Fue hecho hombre. Del Credo Niceno.

ner mucho cuidado en no considerarlas bajo ningún concepto como necesarias para la salvación, sino tener siempre presente que sirven a la disciplina y al orden exteriores que se pueden cambiar en todo momento. No son derechos eternos (como opina el papa en su criterio equivocado) que la iglesia tenga que observar —derechos al estilo de los que suelen recopilarse en los códigos, plagados de tiránicas amenazas. Muy al contrario, todas estas ceremonias son cosas enteramente exteriores, materiales, perecederas y mudables.

De acuerdo a lo dicho, tendríamos en nuestro tiempo asuntos que serían más importantes y dignos para convocar un concilio que los tratase. Pues nosotros, este resto de cristianos pobres, míseros, débiles en la fe y por desgracia verdaderos *misergi*, es decir, cristianos enemigos del trabajo, tendríamos que acusar al papa y sus adeptos por el artículo de San Pedro arriba mencionado de que es tentar a Dios cuando se carga a los creyentes con obligaciones insoportables que "ni nosotros ni nuestros padres hemos podido llevar" [327] (sobre todo el papa y los suyos no las quieren tocar ni con un dedo). San Pedro en verdad habla de la ley mosaica impuesta por Dios mismo. Pero el insensato papa nos ha oprimido con sus cargas asquerosas, inmundas y hediondas. La santa iglesia tuvo que servirle de retrete, y para sus excrementos se reclamaba adoración divina. Tampoco se limitó a incendiar y quemar una o dos iglesias, como Arrio y sus semejantes, sino que incendió y quemó la iglesia cristiana entera con el hecho de que, en cuanto de él dependía, destruyó radicalmente el antiguo y auténtico artículo de la fe de San Pedro. Pues que seremos salvos por la sola gracia de Cristo (como testifica San Pedro [328]) al igual que toda la cristiandad desde el principio del mundo, todos los patriarcas, profetas, reyes, santos, etc.: esto lo llama herejía, y desde un principio no cesó jamás de condenar este artículo, ni tampoco puede cesar de condenarlo.

Por esto reclamamos a gritos un concilio, y pedimos consejo y auxilio a toda la cristiandad contra este archiincendiario de iglesias y asesino de cristianos, para recuperar este artículo de San Pedro. Pero insistimos en que no se use ninguna dialéctica al estilo de la de Nestorio o Eutiques, que concede o afirma una parte, y en cambio niega la conclusión o la otra parte. Por el contrario queremos que se deje en pie el artículo íntegro tal como lo enunció San Pedro y enseñó San Pablo, a saber, que con ello se condene todo lo que conforme a este artículo debe ser condenado, o como lo llama San Pedro, 'la carga insoportable e imposible' o 'las innumerables imposiciones con que los obispos cargaron a la iglesia' para usar la expresión de

---

[327] Hch. 15:10.
[328] Hch. 15:11.

San Agustín [329]. ¿Qué valor tiene conceder la primera parte, es decir, la verdad de que hemos de ser justificados y salvados por la sola gracia de Cristo, y sin embargo no admitir la otra parte que es consecuencia de la primera? En efecto, San Pablo dice: "Si es por gracia, no es por obras; si es por obra, no es por gracia" [330], lo que San Pedro formula de esta manera: "Si es la gracia, no es la carga insoportable; si es la carga intolerable, no es la gracia de Cristo; imponer no obstante la carga, significa tentar a Dios". Tampoco San Agustín quería que la iglesia fuese sojuzgada por las innumerables cargas de los obispos, "ya que Cristo quería gravar a la iglesia con pocas ceremonias; en efecto, más bien la deseaba libre" [331]. En cambio, al imponérsele las 'innumerables cargas', "resultaría una situación peor que la de los judíos que estaban cargados con las leyes de Dios, y no (como la iglesia) con disposiciones humanas, presumidas, abominables".

Esta es la dialéctica que debe prevalecer: la de San Pedro, San Pablo y San Agustín, que es en realidad la del Espíritu Santo que lo da todo entero, sin desmenuzarlo a la manera de Nestorio o sin querer aceptar un punto solo y rechazar lo otro que siendo consecuencia de lo primero también tiene que ser verdad. Esto sería proceder de la misma manera que algunos reyes de Israel y de Judá, de quienes se nos informa que si bien restauraron el verdadero culto divino, sin embargo no abolieron los "altos" u otros altares y cultos. Elías llama a esto "claudicar entre dos pensamientos" [332]. Los alemanes lo llamamos "con una sola hermana tratar de hacerse de dos cuñados". Así querían dar a un pueblo dos dioses, o si practicaban una reforma un poco más a fondo, dejaban subsistir al lado del Dios único también a otro dios ajeno. Pues también ellos eran torpes dialécticos nestorianos que declaraban que se debía adorar a un solo Dios pero no veían ni admitían la consecuencia necesaria de que para tener al Dios único había que abolir a los demás dioses. Por consiguiente, en el concilio como lo deseamos nosotros, no admitiremos a Nestorio alguno que nos dé una cosa y nos quite la otra, con lo cual tampoco podemos retener lo que él nos da. Es un verdadero tome y traiga. Pues si se nos concede que nos salva la sola gracia de Cristo, y no se admite la conclusión y deducción de que las obras no nos salvan, y en cambio se quiere insistir en que las obras son necesarias para la satisfacción o la justificación, entonces se nos vuelve a quitar lo primero que se nos había concedido, a saber, que sólo la gracia nos salva sin las obras. De esta manera no tenemos nada y el mal se ha agravado.

[329] Ad Januarium, Lib. II (Migne P.L. 33, 301).
[330] Ro. 11:6.
[331] Ad Januarium, Lib. I (Migne P.L. 33, 200).
[332] 1 R. 18:21.

Hablaré con toda franqueza. En el concilio a convocarse, el papa no sólo debe abolir sus tiránicos mandamientos humanos, sino también concordar con nosotros en que las buenas obras hechas en conformidad con los mandamientos de Dios no pueden servir para obtener la justicia, abolir los pecados y conseguir la gracia de Dios, sino que esto sólo puede hacerlo la fe en Cristo, que es nuestro Rey de Justicia por su preciosa sangre, muerte y resurrección, con lo cual borró nuestros pecados, hizo satisfacción por ellos, nos reconcilió con Dios y nos redimió de la muerte, la ira y el infierno. Por consiguiente, el papa tendrá que condenar y quemar todas sus bulas y decretos, sus libros sobre las indulgencias y el purgatorio, el monacato, la veneración de los santos, las peregrinaciones con todas las innumerables mentiras e idolatrías, porque se hallan en oposición directa a este artículo de San Pedro. Tendrá que restituir también cuanto con ello compró, hurtó, robó, saqueó o adquirió, sobre todo su mentido primado, pretendidamente tan necesario que nadie puede salvarse a menos que esté sujeto a él. La tiara papal no murió por mis pecados, tampoco se llama Cristo; antes bien, todos los cristianos que vivieron con anterioridad al papado, y bajo él, alcanzaron la salvación y santidad sin necesidad de esa tiara.

No me cabe la menor duda de que esto es un asunto de importancia suficiente como para celebrar un concilio del más vasto alcance. El emperador mismo y los reyes debieran intervenir y obligar al papa en caso de que éste se negara, como lo hicieron los emperadores en los cuatro concilios principales. Pero no sería preciso que vinieran todos los obispos, abades, monjes, doctores y un ejército de inútiles y vagos. De lo contrario será un concilio en el cual se pasa el primer año con las recepciones, con la disputa acerca de quién debe estar sentado en el primer lugar, y quién va delante o detrás. El segundo año se pierde en ostentaciones, banquetes, carreras y torneos. El tercer año en otras cosas, o también en levantar hogueras, por ejemplo para un Juan Hus o dos. Mientras tanto se haría un derroche tal que se podría financiar con ello una campaña contra los turcos. Por el contrario, se debiera invitar de todos los países a gente profundamente versada en las Sagradas Escrituras, que buscaran con seriedad y sincero corazón la honra de Dios, la fe cristiana, la iglesia, la salvación del alma y la paz del mundo. Entre ellos debiera haber algunos del estado laico (porque el problema concierne también a ellos) que fueran inteligentes y sinceros. Por ejemplo, si viviera aún el Barón Hans von Schwartzenberg [333], en éste se podría confiar o en gente de su índole. Sería suficiente con que hubiese en total trescientos hombres escogidos a los cuales se podrían confiar los países

---

[333] 1463-1528; uno de los primeros adictos a la Reforma.

y sus pueblos. Así, en el primer concilio se reunieron de todos los países actualmente bajo la dominación del turco y de nuestros monarcas, no más de trescientos dieciocho prelados, de los cuales diecisiete eran ilegítimos y arrianos. El de Constantinopla contó con ciento cincuenta; el tercero, de Éfeso, con doscientos. En ocasión del cuarto concilio se reunieron en Calcedonia seiscientos treinta miembros, casi tantos como en los otros juntos, y sin embargo, eran muy desiguales a los padres de Nicea y Constantinopla. Tampoco se debieran traer a discusión de todos los países los asuntos que nadie ya puede ni quiere arreglar, o conflictos viejos y vencidos, para cargárselo todo al concilio. Haría falta un Constantino que juntara tales pleitos y los tirara todos al fuego y mandara arreglar y decidirlos en sus países de origen, y entonces ordenara ir al grano y terminar cuanto antes. Allí serían leídas parte por parte y públicamente las herejías y abominaciones del papa, y se vería que son cosas que están en contradicción al artículo de San Pedro y a la genuina fe cristiana de la iglesia que ha sostenido este artículo desde el principio del mundo; y luego, estas herejías y abominaciones serían condenadas en el acto, etc.

"Ah", dices, "un concilio tal no se puede esperar jamás". Comparto tu opinión. Pero si se quiere hablar de este tema y desear y anhelar, un concilio, éste tendría que tener el carácter antes descrito; de lo contrario habría que abandonar la idea y no desear ninguno y pasar el asunto en silencio. El concilio de Nicea y el de Constantinopla tenían dicho carácter; aquí habría, pues, ejemplos que se debieran seguir. Y esto lo menciono por el hecho de que el emperador y los reyes por ser cristianos tienen el deber de convocar tal concilio para salvar a tantas miles de almas que el papa hace perecer con su tiranía y su temor al concilio (en cuanto a él concierne). Por medio de un concilio, todos ellos bien podrían retornar al artículo de San Pedro y a la verdadera y prístina fe cristiana. De otra manera estarían perdidos puesto que no pueden tener acceso a esta doctrina, porque no oyen ni ven nada de ella.

Y si otros monarcas no mostraran interés en un concilio general, el emperador Carlos y los príncipes alemanes bien podrían realizar un concilio provincial en Alemania. Y si algunos creen que esto provocaría un cisma: queda por ver que si nosotros hiciésemos nuestro aporte y buscásemos con seriedad la honra de Dios y la salvación de las almas, Dios no podría tocar y cambiar el corazón de los demás monarcas para que con el tiempo aplaudieran el veredicto de tal concilio y lo aceptaran; pues que lo aceptaran de la noche a la mañana es difícil suponer. Mas una vez aprobado en Alemania, este veredicto hallaría eco también en otros países, donde se lo llegaría a conocer sólo con grandes dificultades sin este gran predicador que es el concilio, cuya voz tan potente se oye a la distancia.

Bien, ya que tenemos que desesperar de que se convoque un concilio tal, encomendémoslo al justo juez, nuestro Dios misericordioso. Mientras tanto promoveremos los concilios pequeños y jóvenes, es decir, las parroquias y escuelas. Y anunciaremos y conservaremos el artículo de San Pedro por todos los medios posibles contra todos estos malditos nuevos artículos de la fe y de las buenas obras nuevas con que el papa ha inundado a todo el mundo. Me llenaré de consuelo al ver a los niños con disfraz de obispos, y pensaré que Dios hará obispos genuinos a estos obispos de juguete, y por otra parte, a los que debieran ser obispos verdaderos por sus títulos, los tendrá por obispos de juguete y escarnecedores de su majestad, como dice Moisés: "Yo los moveré a celos con lo que no es mi pueblo, y con un pueblo insensato los provocaré a ira, por cuanto ellos me movieron a celos con lo que no es Dios" [334]. No es la primera vez que Dios rechaza a obispos. Ya por boca del profeta Oseas expresó una amenaza en este sentido: "Por cuanto desechaste la doctrina, yo también te echaré para que no seas mi sacerdote" [335]. *Et factum est ita. Et fit ita* [336]. Creo que con esto hemos dicho lo suficiente respecto de los concilios. Dediquemos unos párrafos finales también a la iglesia.

LA TERCERA PARTE

De la misma manera como ponen el grito en el cielo acerca de los padres y los concilios, sin saber qué son y pretendiendo aturdirnos con las letras vacías, así vociferan también respecto a la iglesia. Pero cuando se trata de decir qué o quién es la iglesia, dónde se encuentra, no consideran dignos ni a la iglesia ni a Dios de preguntar por ellos ni de buscarlos. Les agrada que se los tenga por la iglesia, por ejemplo el papa, los cardenales, los obispos, y que bajo este nombre glorioso se los deje ser perfectos discípulos del diablo que no quieren practicar otra cosa que bribonadas y maldades. ¡Pues bien! Dejando a un lado muchas descripciones y distinciones del término "iglesia", nos atendremos esta vez simplemente al credo que ya aprenden los niños y que reza: "Creo en una santa iglesia cristiana, la comunión de los santos". Estas palabras del credo explican claramente qué es la iglesia, a saber, la comunión de los santos, o sea, un

[334] Dt. 32:21.
[335] Os. 4:6.
[336] Y así se hizo. Y así se sigue haciendo.

grupo o una reunión de aquellas personas que son cristianas y santas; vale decir, un grupo o una iglesia cristiana y santa. Sin embargo, el término "iglesia" es entre nosotros de significado ambiguo y no traduce el sentido o el pensamiento que debemos desprender de este concepto.

En Hechos 19 [337], el magistrado llama *ecclesia* a la comunidad o al pueblo reunido en la plaza, y dice: "Esto se puede decidir en legítima asamblea de la comunidad". "Y habiendo dicho esto, despidió a la comunidad". En este pasaje y en otros, *ecclesia* o iglesia no significa otra cosa que pueblo congregado, aunque se trate de gentiles y no de cristianos, es decir, esa comuna que los magistrados convocan a la municipalidad. Ahora bien: hay en el mundo pueblos muy diversos; mas los cristianos forman un pueblo especial, elegido, que no se llama simplemente *ecclesia*, iglesia o pueblo, sino *Sancta Catholica Christiana*, es decir, un pueblo cristiano y santo que cree en Cristo; razón por la cual se llama cristiano; y que tiene el Espíritu Santo que la santifica todos los días, no sólo mediante el perdón de los pecados logrado por Cristo (como sostienen erróneamente los antinomistas), sino asimismo mediante el deshacer, borrar y aniquilar sus pecados, por lo cual es llamado un pueblo santo. De ahí que la santa iglesia cristiana sea un pueblo compuesto por cristianos y santos, o como se suele decir, la santa cristiandad o toda la cristiandad. En el Antiguo Testamento se la llama pueblo de Dios.

Si en el credo que aprenden los niños se hubieran empleado palabras como: "Creo en la existencia de un santo pueblo cristiano", se habría podido evitar fácilmente toda la miseria originada por la palabra vaga e imprecisa "iglesia"; porque las palabras 'pueblo santo, cristiano' habrían expresado clara e irrefutablemente dos cosas: entendimiento y juicio acerca de lo que es iglesia y lo que no es. Pues quien hubiese oído esta palabra: pueblo cristiano, santo, habría podido juzgar sin vacilación: El papa no es un pueblo ni mucho menos un pueblo santo, cristiano. Asimismo, tampoco los obispos, curas y monjes son un pueblo santo, cristiano, puesto que no creen en Cristo ni viven de una manera santa, por el contrario, son el pueblo malo y abominable del diablo. En efecto, quien no tiene la fe genuina en Cristo, no es cristiano. Quien no tiene el Espíritu Santo que lo libra del pecado, no es santo. Por esto no pueden ser un pueblo cristiano, santo, es decir, *Sancta et Catholica Ecclesia*.

Pero ya que empleamos esta palabra imprecisa (iglesia) en el credo, el hombre común piensa en la casa de piedra llamada iglesia, tal como la pintan los pintores; en el mejor de los casos, pintan también a los apóstoles y a los discípulos y a la madre de Dios, como

---

[337] Hch. 19:39 y sigs.

en el día de Pentecostés, y sobre sus cabezas el Espíritu Santo. Todo esto vaya y pase, pero todo ello no representa sino al santo pueblo cristiano de una sola época, la del comienzo de la iglesia. Mas *Ecclesia* significa el santo pueblo cristiano no sólo del tiempo de los apóstoles que han muerto mucho ha, sino hasta el fin del mundo. Esto quiere decir que siempre estará en vida en el mundo un santo pueblo cristiano, en el cual Cristo vive, actúa y reina *per redemptionem,* por gracia y perdón de los pecados, y el Espíritu Santo *per vivificationem et sanctificationem,* por la eliminación diaria de los pecados y la renovación de la vida, a fin de que no permanezcamos en el pecado, sino que podamos llevar una vida nueva con toda suerte de buenas obras, y no con las antiguas obras malas, tal como lo exigen los Diez Mandamientos, o las dos tablas de Moisés. Ésta es la enseñanza de San Pablo. No obstante, el papa y sus adeptos han relacionado ambos, el nombre y la imagen de la iglesia, exclusivamente consigo mismos y con su infame y maldita grey bajo el ambiguo término *Ecclesia,* iglesia, etc.

Sin embargo, ellos se dan a sí mismos el nombre correcto si se denominan *ecclesia* (si es que nosotros lo interpretamos bien como expresión adecuada de su esencia) o *romana* o *sancta* y no añaden *catholica* (lo que en verdad no pueden hacer). Pues *Ecclesia* quiere decir un pueblo; y esto lo son, así como los turcos también son una *ecclesia,* un pueblo. *Ecclesia romana* significa un pueblo romano; y efectivamente lo son, mucho más romano por cierto de lo que han sido romanos los gentiles de antaño. *Ecclesia Romana Sancta* quiere decir un pueblo romano santo. También lo son, puesto que han inventado una santidad mucho mayor de lo que es la santidad de los cristianos o la que tiene el pueblo cristiano. Su santidad es santidad romana, *Romanae Ecclesiae,* santidad del pueblo romano. Se llaman también *Sanctissimi, sacrosancti,* los santísimos, en el sentido como Virgilio habla de *sacra fames, sacra hostia* [338], y Plauto de *omnium sacerrimus* [339]. Pues no pueden tolerar la verdadera santidad cristiana. Por ello no les corresponde el nombre de iglesia cristiana ni de pueblo cristiano, también por la razón de que la iglesia cristiana y la santidad cristiana son designaciones generales, una cosa común a todas las iglesias y cristianos del mundo, lo que se designa con el término *catholicum.* Pero ellos estiman en poco, por no decir en nada, esta designación general y esta santidad; en su lugar han ideado una santidad especial, la más elevada, más perfecta en comparación con las demás. Ésta se llama *Sanctitas Romana et ecclesiae Romanae sanctitas,* esto es, la santidad romana y la santidad del pueblo romano.

---

[338] Virgilio, Eneida 3:57. Lutero cita mal omitiendo 'auri', oro. "La santa hambre de oro."
[339] Plauto, Mostellaria 4, 2, 67. Lo más santo de todo.

Pues la santidad cristiana o la santidad de todos los cristianos en común es ésta: cuando el Espíritu Santo da a los hombres la fe en Cristo y con éllo los santifica, Hechos 15 [340]; a saber, cuando crea un corazón, alma, cuerpo, obra y actitud nuevos, inscribiendo los mandamientos de Dios no en tablas de piedra, sino en las tablas de carne del corazón, 2 Corintios 3 [341], para decirlo claramente. Conforme a la primera tabla, da el correcto conocimiento de Dios para que, alumbrados por él, puedan resistir todas las herejías con ayuda de la fe verdadera, vencer todos los pensamientos falsos y todos los errores, y permanecer así en la fe inadulterada contra los embates del diablo. Además, el Espíritu Santo da fortaleza y consuela las conciencias temerosas, apocadas y débiles contra las acusaciones y acechanzas del pecado, a fin de que las almas no desfallezcan ni caigan en la desesperación, ni tampoco se atemoricen ante el martirio, el dolor, la muerte, la ira y el juicio de Dios, sino que venzan al diablo con audacia y alegría, fortalecidos y consolados por la esperanza. Del mismo modo les concede el verdadero temor y amor hacia Dios, a fin de que no le despreciemos ni murmuremos o nos rebelemos contra sus juicios inescrutables, sino que lo amemos, alabemos, le demos gracias y rindamos honor en todo cuanto acontezca, sea bueno o malo. Esto se llama una vida renovada y santa del alma conforme a la primera tabla de Moisés. Se lo denomina también *tres virtutes theologicae*, las tres virtudes principales del cristianismo, es decir: fe, esperanza, amor [342]; y el Espíritu Santo que da, hace y opera todas estas cosas (logradas para nosotros por Cristo) se llama por esta razón *Sanctificator o vivificator*; pues el viejo Adán ha muerto y no puede hacerlo; además, tiene que aprender por medio de la ley que no puede hacerlo, y que está muerto; de otro modo tampoco lo sabrá por sí mismo.

La misma obra santificadora, pero relacionada con la vida corporal de los cristianos, la realiza el Espíritu Santo también concerniente a lo estipulado en la segunda tabla de la ley mosaica, logrando que los cristianos obedezcan espontáneamente a sus padres y autoridades, observen una actitud pacífica y humilde, no se abandonen a la cólera ni sean vengativos o malvados, sino pacientes, amables, serviciales, de ánimo fraternal y llenos de ternura; que no sean impúdicos ni adúlteros ni inmorales, sino castos y recatados, ya sea que tengan esposa, hijos y criados, ya sea que no tengan esposa e hijos; que no anden con hurtos ni usuras; que no sean avaros ni explotadores, sino que trabajen honradamente y se procuren su sustento en forma honesta; que presten de buen grado y que den y ayuden donde puedan; que

---

[340] Hch. 15:9.
[341] 2 Co. 3:3.
[342] 1 Co. 13:13.

no mientan, ni engañen, ni calumnien, sino que sean bondadosos, veraces, fieles y constantes, y todo lo demás que exigen los mandamientos divinos. Todo esto lo obra el Espíritu Santo que santifica y despierta también el cuerpo a esta vida nueva hasta que todo llegue a su cumplimiento en la vida del más allá. Esto es lo que se llama santidad cristiana. Personas que practican esta santidad siempre debe haberlas en la tierra, aunque fuesen sólo dos o tres, o únicamente niños. Por desgracia, entre los mayores hay muy pocos que sean así; y los que no lo son, no deben considerarse cristianos ni tampoco se los debe consolar como que lo fuesen, con mucho palabreo acerca del perdón de los pecados y de la gracia de Cristo, como lo hacen los antinomistas [343].

Éstos, tras que rechazan los Diez Mandamientos y no los entienden, van y predican mucho de la gracia de Cristo, fortalecen y consuelan a los que continúan en su vida pecaminosa diciéndoles que no se atemoricen ni asusten de los pecados ya que Cristo los quitó. No obstante, ven que la gente anda en pecados públicos, y sin embargo los dejan persistir en ellos sin indicio alguno de renovación y mejoramiento de su vida. Esto evidencia a las claras que tampoco tienen un concepto cabal de lo que es la fe, y de lo que es la obra de Cristo. Por esto, con su mismo predicar a Cristo y la fe, los abrogan. Porque ¡cómo puede hablar rectamente de las obras del Espíritu Santo consignadas en la primera tabla, a saber, de la consolación, de la gracia y del perdón de los pecados, aquel que no estima en nada las obras que el Espíritu Santo produce en relación con la segunda tabla, ni insiste en ellas! Estas últimas las puede entender y experimentar, y no obstante las desestima; las de la primera tabla jamás las ejercitó ni experimentó; ¿cómo, pues, puede hablar de ellas? Por consiguiente es cosa segura que los antinomistas no tienen a Cristo ni al Espíritu Santo ni los entienden, y su palabrería es pura música celestial. Como ya dije, son verdaderos Nestorios y Eutiques, que confiesan o enseñan a Cristo en la premisa, en la sustancia, pero lo niegan en la conclusión o idiomata. Esto significa que enseñan a Cristo y lo destruyen enseñándolo.

Lo anteriormente dicho se refiere a la santidad cristiana, que sin embargo no resulta del agrado del papa. Él aspira a una santidad especial de calidad muy superior; a saber, quiere que se hable de casullas, tonsuras, cogullas, vestidos, comidas, fiestas, días de observar, monaquismo, misas, veneración de los santos y otras innumerables cosas más que se refieren a lo exterior, material y perecedero. Nada importa que en estas prácticas se viva sin fe, sin temor de Dios, sin

---

[343] Antinomistas (del griego "anti" contra y "nomos" ley. Véase también la nota 243a).

esperanza, sin amor y lo demás que el Espíritu Santo efectúa en el hombre conforme a la primera tabla, sino que en cambio imperen el error, corazones inseguros, dudas, desdeño hacia Dios, impaciencia con él, falsa confianza en las obras (es decir, idolatría) en lugar de confianza en la gracia de Cristo y en sus méritos, pretensión de poder dar satisfacción mediante las propias obras e incluso de poder vender las obras de supererogación a cambio de los bienes y el dinero de todo el mundo como pago bien merecido: todo esto no impide que se pueda hablar de una santidad mayor que la santidad cristiana misma.

Asimismo, en lo que a la segunda tabla se refiere, no importa que enseñen desobediencia a los padres y las autoridades, ni aun que ellos mismos se entreguen al asesinar, guerrear, instigar, envidiar, odiar, ser vengativos e impúdicos, mentir, hurtar, tomar usura, engañar y hacer toda clase de bribonadas hasta el exceso. Basta con que te vistas con una alba, y ya eres santo según la santidad de la iglesia romana, y te salvarás sin la santidad cristiana. Pero no nos ocupemos en esa gente inmunda. Es inútil lo que hagamos en su favor: *"Venit ira Dei super eos in finem"* [344], como dice San Pablo. En lugar de ello hablemos entre nosotros mismos acerca del tema iglesia.

Pues bien: como ya queda dicho, el catecismo nos enseña que debe haber en la tierra un santo pueblo cristiano, y éste ha de permanecer hasta el fin del mundo, pues éste es un artículo de fe que no puede caducar hasta que se concrete lo creído. Así lo asegura Cristo con las palabras: "Yo estoy con vosotros todos los días hasta el fin del mundo" [345]. ¿Qué señal hay, pues, por la que un pobre hombre confundido pueda reconocer en qué lugar del mundo existe semejante pueblo santo y cristiano? Este pueblo ha de estar necesariamente en esta vida y en este mundo, porque cree que vendrá una existencia celestial y una vida eterna, pero aún no las tiene; por lo tanto debe estar todavía en esta vida y en este mundo y permanecer así hasta el fin de los siglos. Pues con decir: *"creo* en otra vida" confiesa que todavía no se halla en aquella vida, sino que cree en ella, la espera, la ama como su verdadera patria y vida. Sin embargo, por ahora debe permanecer en el exilio, tal como se canta en el himno del Espíritu Santo: "Hasta entrar en su Edén de alegría. Kyrie eleison" [346]. Éste es el punto que hemos de tratar.

Primeramente se conoce este santo pueblo cristiano por tener la santa palabra de Dios, si bien a este respecto se notan ciertas diferencias, como dice San Pablo: "Los unos la tienen en forma completa-

[344] 1 Ts. 2:16. La ira de Dios vino sobre ellos hasta el extremo.
[345] Mt. 28:20.
[346] De un himno prerreformatorio adaptado por Lutero: "Rogamos al Buen Consolador".

mente pura, los otros no" [347]. Los que la tienen en forma pura son designados como "los que sobre este fundamento edifican oro, plata, piedras preciosas"; a los que no la tienen en forma pura se los llama personas que "sobre el fundamento edifican heno, paja, madera; no obstante, se salvan por el fuego". De esto ya hablé más de lo necesario. Y ésta es la razón principal y la 'sublime reliquia santa' [en el original: das hohe heuptheiligthum [347a]], de la cual deriva el nombre "santo" aplicado al pueblo cristiano. Porque la palabra de Dios es santa y santifica todo lo que entra en contacto con ella, hasta es la santidad misma de Dios, Romanos 1: "Es poder de Dios que hace salvos a todos los que creen en ella" [348], y 1 Timoteo 4: "Todo es santificado por la palabra de Dios y por la oración" [349]. Porque el mismo Espíritu Santo es el que se vale de ella para ungir o santificar la iglesia, es decir, al santo pueblo cristiano, con esta palabra, y no con el crisma del papa con el cual éste unge o santifica los dedos, vestidos, capas, cálices y piedras. Pues estas cosas jamás aprenderán a amar a Dios, creer, alabar y ser piadosas. Puede ser que sean un adorno para el cuerpo mortal [350], pero después se deshacen y se pudren junto con todo ese crisma y santidad, al igual que el cuerpo mortal.

Pero la santa palabra es el verdadero medio de santificación, el ungüento legítimo que unge para la vida eterna, aunque tú no puedas tener corona papal ni mitra episcopal, sino que tengas que vivir y morir con el cuerpo desnudo, como también los niños y todos nosotros somos bautizados desnudos y sin adorno alguno. Me refiero a la palabra externa predicada en forma oral por hombres como tú y yo. Porque esta palabra externa la dejó Cristo detrás de sí como señal externa que serviría como distintivo de su iglesia o su santo pueblo cristiano en el mundo. También hablamos de esta palabra oral en cuanto es creída con sinceridad y testimoniada públicamente ante el mundo, como dice Cristo: "A cualquiera que me confiese delante de los hombres, yo también lo confesaré delante de mi Padre y sus ángeles" [351]. Porque hay muchos que la saben en secreto pero no la quieren confesar. Muchos la tienen, pero no creen ni viven de acuerdo. Pocos son los que creen y viven en conformidad con ella, como dice la parábola de la semilla en Mateo 13: que si bien las otras tres partes del campo también reciben la semilla y la tienen, solamente la cuarta parte, o sea, la tierra buena, lleva fruto con paciencia [852].

347 1 Co, 3:12 y sigs.
347a "Heiligtum" o "Heiltum" se usa aquí como "reliquia" en el sentido de legado, del latín "relinquere" — dejar tras de sí.
348 Ro. 1:16.
349 1 Ti. 4:5.
350 Lutero dice "Madensack"; en castellano bolsa de gusanos.
351 Mt. 10:32.
352 Mt. 13:32.

Allí donde oyeres o vieres predicar, creer y confesar esta palabra y vivir de acuerdo con ella, no te quepa la menor duda de que ahí ha de estar una verdadera *"Ecclesia sancta catholica"* y pueblo cristiano y santo [353], aunque su número sea muy exiguo, pues "la palabra no quedará sin fruto", Isaías 55 [354], sino que al menos dará resultado en una cuarta parte o una fracción de la tierra. Aunque no hubiese otra señal que esta sola, serviría de prueba suficiente de que allí mismo hay un santo pueblo cristiano. Pues la palabra de Dios no puede existir sin el pueblo de Dios; por otra parte, el pueblo de Dios no puede existir sin la palabra divina. ¿Quién predicaría u oiría predicar si no existiera el pueblo de Dios?, y ¿qué podría o querría creer el pueblo de Dios, si no hubiese palabra de Dios?

Ella es la que hace todos los milagros, la que todo lo logra, lo conserva, lo ejecuta y hace, la que expulsa a todos los demonios como por ejemplo los demonios de los peregrinajes, de las indulgencias, de las bulas, de las cofradías, de los santos, de las misas, del purgatorio, de los monasterios, de los curas, de las sectas, de las sediciones, de los herejes, también todos los demonios del papa y de los antinomistas. Pero esto no se produce sin gritos y sin sacudidas, como lo demuestra el caso de los pobres hombres endemoniados. Marcos capítulos 1 y 9 [355]. Al contrario, si el demonio ha de salir, tiene que dejar detrás de sí griterías y sacudidas, como se ve en Emser, Eck, Rotzlöffel, Schmid, Wezel [356], majaderos, palurdos, patanes, brutos, puercos, burros y semejantes gritones y escribientes. Son todos bocas y miembros del diablo mediante los cuales éste produce todas esas griterías y sacudidas, pero no les vale de nada. El demonio tiene que salir y no puede soportar el poder de la palabra. Ellos mismos declaran que si bien existe la palabra de Dios y la Sagrada Escritura, sin embargo los padres y los concilios dan mejor resultado. Allá ellos. A nosotros nos basta con saber cómo la parte principal, —o santuario esencial—, limpia, conserva, nutre, fortalece y protege, como leemos también en San Agustín: *Ecclesia verbo Dei generatur, alitur, nutritur, roboratur* [357]. Pero los que la persiguen y condenan se identifican a sí mismos por sus propios frutos.

En segundo lugar reconocemos al pueblo de Dios o al santo pueblo cristiano por el santo sacramento del bautismo, donde éste es

---

[353] 1 P. 2:9.
[354] Is. 55:11.
[355] Mr. 1:26; 9:26.
[356] Adversarios de Lutero: J. Emser, 1487-1527; J. Eck, 1486-1543; Rotzloeffel, "mocoso", denuesto por Juan Cochlaeus, 1479-1552; Juan Faber (Schmidt), 1478-1541; Jorge Wetzel, 1501-1571.
[357] La iglesia es engendrada, sostenida, alimentada y fortalecida por la palabra de Dios.

rectamente enseñado, creído y administrado conforme al orden establecido por Cristo, porque es también una señal exterior y un medio precioso para la salvación[358] por el cual el pueblo de Dios es santificado. Pues es un lavacro sagrado del nuevo nacimiento por el Espíritu Santo en el cual nos bañamos y somos lavados por el Espíritu Santo de pecados y muerte como en la sangre inocente y santa del Cordero de Dios. Donde veas esta señal, tenlo por seguro de que allí debe estar la iglesia o el santo pueblo cristiano, aunque el papa no te bautice o tú no sepas nada de su santidad y poder, asimismo como los niñitos no saben nada de él; sólo que cuando llegan a adultos, por desgracia son alejados de su bautismo, cosa que ya el apóstol San Pedro deplora al escribir, 2 Pedro 2: "Seducen con concupiscencia de la carne a los que verdaderamente habían huido y ahora viven en error, etc."[359]   Más aún: tampoco debe turbarte la persona del que bautiza, pues el bautismo no es de quien lo administra ni le es dado a él, sino del que es bautizado, para quien ha sido instituido y dado por Dios, así como tampoco la palabra divina es del predicador (a no ser por el hecho de que él mismo la escucha y cree junto con los demás), sino del discípulo que la oye y cree; a éste le ha sido dada.

En tercer lugar se reconoce al pueblo de Dios o santo pueblo cristiano por el sagrado sacramento del altar, donde es administrado, creído y recibido rectamente de acuerdo con la institución de Cristo; pues también es un signo público y un precioso medio de salvación legado por Cristo, merced al cual su pueblo es santificado, en el cual también se ejercita y confiesa públicamente que es cristiano, como lo hace con la palabra y el bautismo. Y no te debe importar que el papa no celebre la misa por ti ni te consagre, confirme, unja o se ponga la casulla. Puedes recibir el sacramento aun sin vestidos (como en el lecho de enfermo). Naturalmente, el recato exterior obliga a cubrirse decente y honestamente. No debes preguntar tampoco si tienes una tonsura y si has sido ungido con crisma. No te incumbe disputar acerca de si eres hombre o mujer, joven o anciano, como que tampoco preguntes por todo esto en el bautismo o en la predicación. Basta con que estés consagrado y ungido con el sublime y sagrado crisma de Dios, el de la palabra de Dios y el bautismo y también de este sacramento. Siendo así, estás ungido en forma suficientemente sublime y preclara y verdaderamente vestido de sacerdote.

Tampoco te dejes confundir por la mayor o menor santidad de la persona que administra el sacramento, si tiene dos mujeres o no. El sacramento no es del que lo administra sino de aquel a quien es administrado, a no ser que el administrante también lo reciba; entonces él es uno de los que lo reciben, y el sacramento se le da a él

---

[358] Tit. 3:5.
[359] 2 P. 2:18.

también. Ahora bien: donde veas el sacramento administrado en forma correcta, debes saber que allí está el pueblo de Dios. Pues como acaba de decirse en cuanto a la palabra: donde está ella, debe estar la iglesia: así también, donde están el bautismo y el sacramento, allí ha de estar el pueblo de Dios, y viceversa. Tales medios de gracia los tiene, da, practica, usa y confiesa sólo el pueblo de Dios, aunque se escondan entre ellos algunos cristianos falsos e incrédulos. Pero éstos no profanan el pueblo de Dios, sobre todo por estar ocultos; pues a los manifiestos, la iglesia o el pueblo de Dios no los tolera en su medio, sino que los reprende y los santifica también; mas si se muestran rebeldes, los expulsa del sacramento por medio de la excomunión y los tiene por gentiles, Mateo 18 [360].

En cuarto lugar se reconoce al pueblo de Dios o a los santos cristianos por la absolución practicada públicamente. Es decir, conforme a lo establecido por Cristo en Mateo 18 [361], cuando un cristiano cae en pecado, debe ser exhortado, y en caso de no enmendarse, "atado" y excomulgado; si se corrige, debe ser absuelto. Esto es el oficio de las llaves. Ahora bien, el uso de las llaves es de doble índole: público y particular. Pues algunos cristianos son tan débiles y pusilánimes de conciencia que por más que no sean condenados abiertamente, no hallan consuelo hasta que no reciban del párroco una absolución especial. Por el contrario, hay otros tan empedernidos que ni siquiera en lo recóndito de sus corazones y delante del párroco quieren perdonar ni renunciar al pecado. Es por esto que las llaves deben emplearse de diversa manera, pública y particularmente. Por lo tanto, donde veas que a algunas personas se les perdona el pecado o se los exhorta, ya sea en público o en privado, has de saber que allí está el pueblo de Dios. Porque donde no está el pueblo de Dios, tampoco está el oficio de las llaves, y donde no está el oficio de las llaves, tampoco está el pueblo de Dios; pues Cristo nos lo legó para que sirviera de señal pública y de medio de gracia por el cual el Espíritu Santo (que llega a nosotros por la muerte de Cristo) santifica de nuevo a los pecadores caídos, y para que los cristianos confesasen con ello que son un pueblo santo bajo Cristo en este mundo; y además, para que aquellos que no quisieren convertirse ni santificarse de nuevo, sean expulsados del pueblo santo, o sea, "atados" y excluidos mediante las llaves, como sucederá con los antiromistas impenitentes.

No debes preocuparte en cambio por las dos llaves del papa, que éste convirtió en dos ganzúas para los cajones y coronas de todos los reyes. Porque donde no quiere atar o reprender el pecado, ya sea público o particular (como en efecto lo hace), entonces haz que sean

[360] Mt. 18:17.
[361] Mt. 18:17 y sigs.

reprendidos o atados en tu parroquia. Cuando no quiere absolver de pecados ni perdonarlos, haz que sean absueltos y desatados en tu propia parroquia. Su reservar o atar, su relajar o consentir no te profana ni santifica, porque el papa no puede tener las llaves sino sólo ganzúas. Las llaves no son del papa (como él nos quiere hacer creer) sino de la iglesia, es decir, del pueblo de Cristo, del pueblo de Dios o del santo pueblo cristiano hasta los últimos confines del mundo o donde haya cristianos. Pues no todos pueden estar en Roma; a no ser que previamente todo el mundo se concentrara en Roma, lo que tardará mucho en producirse. Igualmente, el bautismo, el sacramento y la palabra divina no son del papa, sino del pueblo de Cristo y se llaman también *claves Ecclesiae*, no *claves papae* [362].

En quinto lugar reconocemos exteriormente a la iglesia porque ordena o llama a quienes deban cumplir una función o porque tiene cargos que cubrir. Pues es preciso tener obispos, párrocos o predicadores que confieran, administren o ejerzan las cuatro cosas o medios de gracia arriba mencionados, en público y en particular, por causa y en el nombre de la iglesia, pero más aún por la institución de Cristo, como dice San Pablo en Efesios 4: *"Dedit dona hominibus"* [363]. Constituyó a algunos como apóstoles, profetas, evangelistas, maestros, regentes, etc. Porque la comunidad en su conjunto no puede hacer tales cosas, sino que tiene que encomendárselas a una persona o hacer que le sean encomendadas. Por el contrario, ¿qué sucedería si cada cual quisiese hablar o administrar el sacramento y ninguno quisiera ceder al otro? Uno solo debe ser ordenado, y a él solo debe permitírsele predicar, bautizar, absolver y administrar el sacramento. Todos los demás han de contentarse con ello y dar su conformidad. Donde veas esto, tenlo por seguro que allí está el pueblo de Dios, el santo pueblo cristiano.

Es verdad que a este respecto el Espíritu Santo exceptuó a mujeres, niños y personas ineptas, y que sólo eligió para esto a varones aptos (salvo casos de emergencia), como se lee en diversos pasajes de las epístolas de San Pablo, donde el apóstol insiste en que un obispo debe ser apto para enseñar, piadoso, y marido de una sola mujer [364], y "que una mujer no debe enseñar en la congregación", 1 Corintios 14 [365]. En fin, el obispo debe ser un hombre competente, elegido a base de su capacidad. Niños, mujeres y otras personas no son idóneos para este oficio, si bien tienen la capacidad para oír la palabra de Dios, recibir el bautismo, el sacramento y la absolución y son ver-

---

[362] Llaves de la iglesia, no llaves del papa.
[363] Ef. 4:11. Dio dones a los hombres. (Lutero tiene: Accepit dona in hominibus.)
[364] 1 Ti. 3:2; Tit. 1:6.
[365] 1 Co. 14:34.

daderos cristianos santos, como afirma San Pedro [366]. Pues la misma naturaleza y la creación de Dios establecen la distinción de que las mujeres (y mucho menos los niños o los necios) no pueden ni deben tener una posición de mando, como lo enseña la experiencia y como dice Moisés en Génesis 3: "Estarás sujeta a tu marido" [367]. El evangelio no anula esta ley natural, sino que la confirma, como orden y creación de Dios.

A esta altura el papa me objetará, por medio de sus demonios gritones y violentos, que San Pablo no sólo habla de párrocos y predicadores, sino que trata también de apóstoles, evangelistas y profetas y de otros altos cargos eclesiásticos. Por consiguiente en la iglesia debe haber también cargos más elevados que los de párrocos y predicadores. ¿A dónde vas ahora, Lutero? ¿A dónde voy? Voy a esto: Si se convierten ellos mismos en apóstoles, evangelistas y profetas, o si me muestran a uno —¡ya sé que estoy diciendo disparates!— si me enseñan a uno solo entre ellos que valga tanto como un alumno de la escuela o que en materia de doctrina cristiana y Sagradas Escrituras sepa tanto como una niña de siete años, me daré por vencido. Ahora bien: sé perfectamente que un apóstol, evangelista y profeta sabe más o en todo caso tanto como una niña de siete años (hablo de las Sagradas Escrituras y del Credo). Pues que los mencionados secuaces del papa saben más doctrina humana y también más maldad, esto bien lo creo, y aun más firmemente de lo que creo en Dios, porque está a la vista y me convencen por los hechos. Por esto, así como son iglesia, son también apóstoles, evangelistas y profetas, a saber, son apóstoles, evangelistas y profetas del diablo. Porque los verdaderos apóstoles, evangelistas y profetas predican la palabra de Dios, no en contra de ella.

Habiendo desaparecido los apóstoles, evangelistas y profetas, otros tuvieron que ocupar su lugar y tendrán que ocuparlo hasta el fin del mundo. Pues la iglesia no terminará mientras este mundo exista, por lo tanto debe haber apóstoles, evangelistas y profetas (llámense como quieran o puedan) que promuevan la palabra y obra de Dios. Pues el papa con sus adherentes, que persiguen la palabra de Dios y no obstante declaran que es verídica, deben ser muy malos apóstoles, evangelistas y profetas, así como lo son el diablo y sus ángeles. Pero ¿cómo vengo a parar en esa gente infame e inmunda del papa? Nuevamente digo: allá ellos; pero que no vuelvan otra vez, o...

Tal como se dijo en cuanto a los otros cuatro medios de la grande santidad divina por los cuales la santa iglesia es santificada: que no repares en quiénes o cómo son aquellos de los que recibimos estas cosas, así tampoco en cuanto al cargo ministerial has de preguntar

[366] 1 P. 3:7.
[367] Gn. 3:16.

quién es y cómo es el que te da el sacramento o que desempeña el ministerio. Porque todo aquello es dado no al que desempeña el ministerio, sino al que debe recibirlo mediante el ministerio (sin perjuicio de que lo pueda recibir también de ti, si así lo deseara). Déjalo ser lo que él quiera y como pueda; por estar en el ministerio y ser tolerado por la comunidad, date también tú por satisfecho. Su persona no empeora ni mejora para ti la palabra y el sacramento de Dios. Pues no es suyo lo que habla y hace, sino que es Cristo, tu Señor, y es el Espíritu Santo quienes todo lo dicen y todo lo hacen, siempre que el ministro en su enseñar y actuar se atenga a la manera correcta. Pero esto sí: la iglesia no debe ni puede tolerar los vicios públicos y notorios. Tú mismo en cambio confórmate y no te opongas, puesto que tú como individuo no puedes ser la comunidad entera o el santo pueblo cristiano.

Por otra parte, no te preocupes por el papa que no permite llamar para tal oficio a un hombre casado, sino que, siguiendo la consecuencia nestoriana, insiste en que todos sean célibes; esto quiere decir que todos los clérigos deben ser castos, pero los papas mismos pueden ser impúdicos. ¡Pero cómo! ¿otra vez me vienes con el papa cuando yo ya no quería verte para nada? En hora mala viniste; así también te recibiré a la manera de Lutero [367a].

El papa condena la vida matrimonial de los obispos o párrocos. Esto está a la luz del día. No contento con esto condena aun mucho más severamente la bigamia. En verdad, para expresarme con la mayor exactitud posible, distingue cuatro si no cinco clases de bigamia [368]. Llamaré bígamo al que se casa dos veces o al que toma en matrimonio a la viuda de otro. El primero de estos bígamos es el que se casa con dos vírgenes sucesivamente; el segundo, el que se casa con una viuda; el tercero, el que toma una novia dejada virgen por el novio muerto. El cuarto adquiere este calificativo en forma ignominiosa porque toma sin saber ni quererlo a una virgen que resulta ser ni pura ni virgen. Pero el criterio del papa lo tilda de bígamo, mucho más que al tercero que se casó con la novia virgen. Según el derecho eclesiástico, todos éstos tienen una mácula [368a]. No se les permite predicar, bautizar, administrar el sacramento ni tener oficio alguno en la iglesia, aunque sean más santos que San Juan, y sus mujeres más santas que la madre de Dios. Tan maravillosa santidad evidencia el papa en sus decretos.

Pero si uno hubiese violado a cien vírgenes, deshonrado a cien viudas honestas, y además cohabitado con cien rameras, podría ser

---

[367a] Esta recepción "a la manera de Lutero" está contenida en los once párrafos que siguen.

[368] Comp. Decr. Gratiani dist. XXVI, C. I-III (CIC I, 95-96); dist. XXXIII, C. II (CIC. 1, 123); dist. XXXIV, C. IX-XVIII; Decr. Greg. lib. 1 tit. XXI (CIC. 2, 146-148).

[368a] En el original: "todos éstos hieden y apestan".

no sólo predicador o párroco sino también obispo o papa. Aunque persistiera en esta actitud, sería tolerado en estos cargos. Pero si se casa con una virgen que fue novia de otro, o con una presunta virgen, no puede ser servidor de Dios. De nada le vale ser un cristiano sincero, docto, piadoso y útil: es un bígamo; debe ser exonerado y no puede recuperar su oficio jamás. ¿Qué te parece? ¿No es esto una santidad nueva, mayor que la de Cristo mismo junto con el Espíritu Santo y su iglesia? Cristo no rechaza al que tiene una sola mujer o dos mujeres sucesivas ni a la que tiene un solo marido o dos maridos sucesivos, siempre que crean en él. No los expulsa de su santo pueblo cristiano, sino que los usa para lo que sirvan o puedan servir. Sin embargo, en las Sagradas Escrituras se llama bígamo al que convive con dos mujeres simultáneamente, como Lamec [369]. Mas el papa es más docto y llama bígamo al que tiene dos mujeres sucesivas. (Lo mismo vale para las mujeres.) Es mucho más docto que Dios mismo.

Lo que es mucho más sutil aún: el mismo papa admite también que el matrimonio del bígamo es legítimo y no atentatorio contra Dios ni contra el mundo ni la iglesia, y que tal matrimonio es un sacramento de la iglesia. No obstante, lo declara al bígamo inapto para el servicio eclesiástico, y así como a él, también al tercer y cuarto tipo de bígamos, que bien debieran llamarse maridos de una sola mujer o casados con vírgenes. ¿Por qué es esto así? Bien, la cuestión es que un matrimonio tal no puede ser sacramento o imagen de Cristo y la iglesia, puesto que Cristo tiene una sola novia, la iglesia y la novia un solo esposo, Cristo, y ambos quedan vírgenes. En esta materia hay tantas necedades absurdas que nadie puede enumerarlas todas, de modo que a los doctores en derecho canónico debieran llamarlos en realidad doctores en burrología. En primer lugar: si el matrimonio es un sacramento de Cristo y su iglesia, el único matrimonio que puede ser sacramento será aquel donde los dos, novio y novia, quedan vírgenes, puesto que Cristo y la iglesia quedan vírgenes. ¿De dónde tendremos entonces hijos y herederos? ¿Dónde quedará el estado matrimonial instituido por Dios? En definitiva, no habrá otro matrimonio que el de José y María u otro similar. Todos los demás no son sacramento o acaso también sean fornicación.

En segundo lugar: ¿quién dijo o decretó esto para que tengamos que guardarlo? San Pablo, dicen ellos, afirma en Efesios 4 que "hombre y mujer es un gran sacramento, mas yo digo esto respecto de Cristo y de su iglesia" [370]. Pero ¿puedes deducir de estas palabras de San Pablo que el matrimonio es un sacramento a la manera como ellos hablan

[369] Gn. 4:19.
[370] Ef. 5:32. La Vulgata tiene: "Sacramentum hoc magnum est", traduciendo por "sacramento" el griego mysterion. Reina Valera: "Grande es este misterio".

de los sacramentos? Pablo dice: hombre y mujer son una sola carne;
esto es un sacramento grande. Después él se interpreta a sí mismo:
"Digo esto respecto de Cristo y la iglesia", no de hombre y mujer.
Sin embargo, ellos afirman que el apóstol habla de hombre y mujer.
Pablo considera a Cristo y la iglesia un gran sacramento o misterio.
Ellos en cambio manifiestan que hombre y mujer son un sacramento
grande. ¿Por qué lo tienen entonces prácticamente por el sacramento
más pequeño, hasta por impureza y pecado y por un estado en que
no se puede servir a Dios? Además, ¿puedes deducir de las palabras
de San Pablo que el hombre y la mujer en matrimonio bígamo no son
esposo y esposa o una sola carne? Si son un cuerpo, ¿por qué no son
también sacramento de Cristo y la iglesia? El hecho es que San Pablo
habla en general de todos los maridos y mujeres que llegan a ser una
sola carne, ya sean solteros o viudos, y los llama sacramento (así como
vosotros entendéis el concepto sacramento). ¿De dónde sacáis vosotros
esa inteligencia para hacer una distinción entre los matrimonios y
considerar como sacramento de Cristo y la iglesia únicamente al matrimonio aquel en que un hombre se casa con una virgen, con exclu-
sión de todos los demás matrimonios? ¿Quién os mandó torturar y
forzar de esta manera las palabras de San Pablo?

Además, ni siquiera el matrimonio donde un hombre se casa con
una virgen lo tenéis por sacramento. Porque una vez casados, los novios
no dejan a sus novias quedar en estado de virginidad, ni ellas se
casan con la idea de quedar vírgenes, lo que pueden hacer mejor sin
maridos, sino que quieren y deben tener hijos para lo cual Dios las ha
creado. ¿Dónde queda aquí el sacramento de Cristo y de la iglesia,
los cuales permanecen ambos vírgenes? Por otra parte, ¿es correcto
argumentar a figura ad historiam, vel econtra, ab historia ad figu-
ram [371]? ¿Dónde habéis aprendido semejante lógica? Cristo y la iglesia
constituyen un matrimonio; sin embargo permanecen en estado de
virginidad; ¿es esto una razón por la cual habrían de permanecer en
estado de virginidad también el hombre y la mujer unidos en matrimonio? Igualmente, Cristo es esposo de una sola virgen; por ello, ¿un
cristiano o un sacerdote también debiera ser esposo de una sola virgen,
o su administración del sacramento es nula? ¿Por qué pues admitís y
decís por una parte que el matrimonio de las viudas también es un
sacramento por cuanto es un matrimonio, y por otra parte sostenéis
que no puede ser sacramento porque la mujer no ha sido virgen? ¿No
sois unos locos de remate y nestorianos crasos que no sabéis que en
la conclusión negáis lo que en la premisa afirmáis? ¡Fuera, asnos y
locos manifiestos!

De este error surgió también el otro (¿o viceversa?) de que llamaron a los obispos y papas 'novios de la iglesia' y los tuvieron por tales.

---

[371] De la imagen al hecho histórico o viceversa, del hecho histórico a la imagen.

Para esto citan el pasaje de San Pablo: "El obispo ha de ser marido de una sola mujer" [372], es decir, obispo de una sola iglesia, como Cristo es el novio de una sola iglesia. Por lo tanto no deben ser bígamos. ¡Por cierto, los papas y obispos son justamente los más indicados para ser novios de la iglesia! ¡Ah, si esta iglesia fuera patrona de una casa pública o la hija del diablo en el infierno! Ésta es en verdad la novia de la cual aquellos obispos son servidores, y ella es la señora y patrona de ellos. San Pablo se llama a sí mismo diácono, servidor de la iglesia [373]. No quiere ser novio ni señor de esta novia. Por el contrario, Jesucristo, Hijo de Dios, es el verdadero y único novio de esta novia. San Juan no dcie: "Yo soy el esposo", sino "soy amigo del esposo" y me gozo de la voz del esposo. Dice además: "El que tiene la esposa es el esposo" [374]; su voz (la de este esposo) se debe escuchar con gozo y consecuentemente tenerse por servidor de él.

Pero ¡qué bien sostienen ellos mismos también esta burrada patente y necedad! A un obispo que tiene tres obispados lo llaman no obstante marido de una sola mujer. Aun teniendo un solo obispado, tiene sin embargo cien, doscientas, quinientas y más parroquias o iglesias, y pese a todo es novio de una sola iglesia. El papa pretende ser el novio de todas las iglesias, ya sean grandes o pequeñas. Esto no impide que se lo llame esposo de una sola iglesia. Estos obispos, que tienen tantas esposas simultáneamente, no son bígamos; pero quien se casa con una virgen que ya había estado desposada, es un bígamo. Tamaña necedad evidente y monstruosa hará caer Dios sobre nosotros si menospreciando su palabra intentamos hacer todo mejor de lo que él nos mandó.

En verdad, ellos tienen un *"acutius"* [375] en sus decretos, un párrafo en que San Agustín sostiene contra San Jerónimo la tesis de que quien tuvo una mujer antes de su bautismo, y después del bautismo otra, es un bígamo. Mis estimados asnos, ¿sigue de esto que San Agustín, aunque tiene al tal por bígamo (lo que la Escritura no hace), lo condena con esto, declarándolo incapaz de servir a Dios, como lo hacéis vosotros? Y aunque fuese ésta la consecuencia, ¿no tenéis en contra en el dist. 9 un enérgico *Noli meis* [376]? ¿Cómo os atenéis tan firmemente al *Acutius* (que es contrario a la Escritura) y pasáis por alto el *Noli meis* y otros capítulos? Evidentemente, vuestra opinión es ésta: vosotros queréis ser los amos de la iglesia; lo que vosotros decís, debe ser verdad. El matrimonio será justo y un sacramento, si vosotros así lo queréis. Por otra parte, el matrimonio será una impureza, es decir, un sacra-

---

[372] 2 Ti. 3:2.
[373] 1 Co. 3:5.
[374] Jn. 3:29.
[375] Una cita de Agustín en Decreti Prima Pars, dist. XXVI, C. II: Acutius intelligunt... C.I.C. 1, 95 (Migne, P.L. 187, 149).
[376] Primeras palabras de Agustín: De trinitate III, 2 (Migne 42, 869).

mento viciado que no puede servir a Dios, si a vosotros os place así. El matrimonio debe engendrar hijos, pero a la vez la mujer debe quedar virgen, o el matrimonio no es un sacramento de Cristo y de la iglesia, si así lo deseáis. Los bígamos son inocentes y tienen un auténtico matrimonio y sacramento, si así se os ocurre. Por otra parte, están excluidos del servicio de Dios porque no tienen ningún sacramento de Cristo y de la iglesia, si tal es vuestra resolución. ¡Cómo el diablo os trastornó el juicio y os apabulló enseñándoos semejantes estupideces!

¿Qué motivos tendría yo para considerar un artículo de fe el dicho de San Agustín? ¡¡Él mismo no quiere que sus dichos sean tenidos por artículos de fe, ni tampoco acepta como tales los de sus antecesores! Si los amados padres opinaban y enseñaban que un bígamo es una persona como la que se acaba de describir, ¿qué nos importa? No por ello hemos de opinar y enseñar lo mismo. No hemos de basar nuestra salvación en palabras y obras humanas, como si edificáramos nuestra casa sobre heno y paja. Mas los canonistas junto con su ídolo en Roma son gente tan tonta que convierten en artículos de fe todos los dichos y hechos de los queridos padres, contra su voluntad y sin su consentimiento. Habría que demostrar mediante la Escritura que tales hombres se llaman con razón bígamos o trígamos. Entonces sería justo que se los excluyera del servicio de la iglesia conforme a la enseñanza de San Pablo: "Un obispo ha de ser marido de una sola mujer" [377]. Pero a los padres les sucedía a menudo que ponían un trapo viejo sobre un paño nuevo. Por ejemplo: según el texto de Pablo es completamente correcto el 'paño nuevo' de que ningún bígamo puede ser servidor de la iglesia [378]. Pero que éste o aquél es un bígamo, es un trapo viejo de propia invención de los padres, puesto que la Escritura no lo dice. En la Escritura se llama bígamo al que tiene simultáneamente dos mujeres. Según indicios en Filipenses 4 se cree que Pablo tuvo mujer, pero que se le murió. En consecuencia se lo debiera haber declarado bígamo, y obligado a abandonar su apostolado; pues en 1 Corintios 7 [379], él mismo se cuenta entre los viudos y reclama para sí el derecho de llevar consigo una segunda mujer, igual como Bernabé [380]. ¿Quién nos asegurará que los pobres pescadores Pedro, Andrés y Santiago eran célibes y no viudos, o que no tuvieron dos mujeres sucesivas?

Esos tristes burros no tienen en mente la castidad como los padres, sino que más bien quieren inducir en error a las pobres almas y exponerlas al peligro con el único fin de que su miserable y malo-

---

[377] 1 Ti. 3:2.
[378] Mt. 9:16.
[379] Lutero interpreta erróneamente Fil. 4:3 y 1 Co. 7:8.
[380] 1 Co. 9:5, 6.

liente código [381] tenga razón y su ciencia no puede errar ni haya errado jamás. En lo demás saben muy bien lo que se considera castidad. En opiniones vertidas en otro contexto (¿y acaso la mayor y mejor parte de lo que dicen y escriben no son simples opiniones?) dicen sin el menor enfado: *Non tenetur, hoc tene* [382]. ¿Por qué no pueden hacerlo también en este caso? En otras ocasiones repudian no a un padre solo, sino a la vez a todos juntos, *in causis decidendis* [383], tal como a su ídolo se le antoja. El hecho es que ellos quisieran gobernar la iglesia no con verdades probadas sino con opiniones arbitrarias, y continuar induciendo a la confusión y a la incertidumbre a todo el mundo, como lo hicieron anteriormente. Pero así como ellos rechazan a los padres y teólogos basándose en sus pueriles cánones, por nuestra parte los desechamos basándonos en lo que dicen la iglesia y las Escrituras. No son ellos los que han de enseñarnos las Escrituras ni gobernar en la iglesia. No están autorizados para esto ni son capaces de ello. Por el contrario, concentren su atención en sus benditos cánones y en sus pleitos por prebendas. Ésta es su santidad. Mediante sus libros nos desecharon a nosotros pobres teólogos juntamente con los padres, por lo que les quedamos muy agradecidos. ¡Ahora quisieran eliminarnos también por lo que dice la iglesia y la Escritura, cuando ellos mismos concuerdan tan poco con ambas! Esto es el colmo; es algo completamente intolerable.

Llego a la conclusión de que, según la sapiencia de ellos, ningún hombre debiera casarse con una virgen; de lo contrario, muerta ella, no podría llegar a ser sacerdote entre ellos. Pues ¿quién le puede garantizar o asegurar que la mujer con que se casa es realmente una virgen? El hombre fácilmente se engaña, dicen. Si se encuentra con que no es virgen, un riesgo con que tiene que contar, es un miserable bígamo sin su culpa. Si quiere estar seguro de que puede ser sacerdote, no debe casarse tampoco con una virgen; pues ¿quién le garantiza esta virginidad? Pero violar vírgenes, viudas o mujeres casadas, tener muchas rameras, practicar toda clase de pecados secretos, esto sí puede hacerlo; entonces es digno del cargo sacerdotal. Pero el resumen de esto es que el papa, el diablo y su iglesia son enemigos del matrimonio, como dice Daniel [384]. Por esto se empeñan tanto en deshonrarlo, hasta el punto de que un casado no puede ejercer el cargo de sacerdote. Esto equivale a decir: el matrimonio es fornicación, pecado, desechado por Dios. Y aunque al mismo tiempo afirmen que es un estado santo y un scaramento: esto es una mentira que procede de su falso corazón. Porque si en verdad lo considerasen un estado santo y un sacramento,

---

[381] El Derecho Canónico.
[382] No es de observar; esto sí es de observar.
[383] En asuntos que se deben decidir.
[384] Dn. 11:37.

no prohibirían a sus sacerdotes vivir en matrimonio. Pero como lo prohíben, por fuerza lo tienen que tener por impuro y pecaminoso, como lo expresan también con toda claridad: *Mundamini, qui fertis* [385], o tienen que proceder (si algunos son tan piadosos) a la manera de Nestorio y Eutiques y aceptar una premisa y negar la conclusión. Sea esto por ahora la recepción que brindamos a esos burros, al papa y sus juristas. Volvamos a lo nuestro.

Por esto no te preocupes (como ya te dije) por lo que digan los papistas respecto de las cualidades personales del que ha de desempeñar un cargo eclesiástico; porque estos ignorantes no entienden las palabras de San Pablo ni saben lo que en el lenguaje del apóstol se llama un sacramento. Un sacramento, dice [386], es Cristo y su iglesia, es decir, Cristo y la iglesia son un solo cuerpo como lo son el marido y la mujer. Mas es un misterio grande y debe ser aprehendido por la fe. No es ni visible ni tangible. Por ello es un sacramento, es decir, algo secreto, misterioso, invisible y oculto. Ya que no sólo esposos vírgenes sino también viudos son una sola carne, cada matrimonio es una imagen o un signo de este gran sacramento o misterio constituido por la unión de Cristo con la iglesia. San Pablo no habla ni de vírgenes ni de viudas; se refiere al matrimonio donde marido y mujer son una sola carne. Donde encuentres tales cargos o ministros, has de saber con toda certeza que allí ha de estar el santo pueblo cristiano. La iglesia no puede existir sin obispos, párrocos, predicadores y sacerdotes. Por otra parte, ellos no pueden subsistir sin la iglesia. Ambas partes tienen que estar juntas.

En sexto lugar se conoce exteriormente al santo pueblo cristiano por la oración pública en alabanza y agradecimiento a Dios. Donde veas y oigas rezar y enseñar el Padrenuestro y cantar salmos y cánticos espirituales según la palabra de Dios y la fe genuina, donde además están en boga el Credo, los Diez Mandamientos y el catecismo, puedes tener la seguridad de que allí hay un santo pueblo cristiano. Pues la oración es también uno de los medios preciosos de santificación, por el cual todo se santifica, como dice San Pablo [387]. Igualmente, los salmos son oración pura, un medio con que se alaba a Dios, se le dan las gracias y se lo honra; asimismo el Credo y los Diez Mandamientos son también palabra de Dios y medios de gracia por los cuales el Espíritu Santo santifica al santo pueblo de Cristo. Si aquí hablamos de la oración y el canto, nos referimos a la oración y al canto comprensibles, que sirven para que uno pueda aprender de ellos y enmen-

---

385 Is. 52:11. La frase completa es: "Mundamini qui fertis vasa Domini", purificaos los que lleváis los utensilios del Señor. Es una fórmula usada en la ordenación de los sacerdotes.

386 Ef. 5:32.

387 1 Ti. 4:5.

darse. La canturria de los monjes, las monjas y los curas no es oración ni alabanza de Dios; pues ni ellos mismos la entienden y no aprenden nada de ella. La hacen rutinariamente, como el burro trabaja en la noria, para ganarse el sostén. No buscan en ella ningún mejoramiento, ni santificación, ni la voluntad de Dios.

En séptimo lugar se conoce exteriormente al santo pueblo cristiano por la cruz que Dios le impone como divino medio disciplinario, a saber, el santo pueblo cristiano tiene que sufrir toda suerte de desgracias y persecuciones, de tentaciones y males (tal como reza el Padrenuestro) por parte del diablo, del mundo y de la carne, afligirse, desalentarse, atemorizarse por dentro, ser pobre, despreciado, enfermo y débil por fuera, a fin de que llegue a asemejarse a su Cabeza, Cristo. Y el motivo debe ser únicamente éste: que se aferren con firmeza a Cristo y a la palabra de Dios, sufriendo así por causa de Cristo, Mateo 5: "Bienaventurados los que padecen persecución por mi causa"[388]. Deben ser piadosos, pacientes, obedientes, prontos para servir a las autoridades y a cualquiera con su persona y bienes, y no causar daño a nadie. No obstante, ningún pueblo sobre la tierra tiene que sufrir tanto odio; se los considera peores que los judíos, paganos y turcos. En resumen, han de llevar el estigma de ser considerados herejes, bribones, demonios malditos y la gente más malvada sobre la tierra, de modo que creen prestar un servicio a Dios aun aquellos que los ahorcan, ahogan, asesinan, torturan, destierran y atormentan, sin que nadie se apiade de ellos, sino que por añadidura se les da de beber mirra y hiel cuando tienen sed; y no porque fuesen adúlteros, asesinos, ladrones o malevos sino porque quieren tener a Cristo por Dios y a ningún otro. Donde veas u oigas tales cosas, has de saber que allí está la santa iglesia cristiana, como dice Cristo en Mateo 5: "Bienaventurados sois cuando la gente os maldiga y repruebe vuestro nombre como cosa nociva y mala y esto por mi causa; gozaos y alegraos, porque vuestro galardón es grande en los cielos"[389]. Porque con este medio de disciplina, el Espíritu Santo no sólo santifica a este pueblo, sino que lo salva.

Entre tanto no te atengas a las reliquias de santos muertos y de madera de la santa cruz, porque pueden ser tanto hueso de santos como huesos del desolladero, madera de la santa cruz como madera de la horca. Todo ese barullo con las reliquias es un engaño con que el papa estafa a la gente y la aleja de Cristo. Aunque fuese reliquia auténtica, no por esto santificaría a nadie. Mas cuando te condenen, maldigan, insulten y sometan a vejámenes por causa de Cristo, todo esto te santifica, porque contribuye a matar al viejo Adán, de manera

[388] Mt. 5:11.
[389] Mt. 5:11, 12.

que éste tiene que aprender a tener paciencia, ser humilde y bondadoso, ejercitarse en la alabanza y gratitud y estar alegre en el sufrimiento. Esto significa, pues, ser santificado y renovado por el Espíritu
Santo para la vida nueva en Cristo, y así se aprende a creer en Dios,
confiar y esperar en él y amarlo, según Romanos 5: *Tribulatio spem,*
etc.[390] Éstas son, pues, las siete partes principales de la operación
salvífica mediante la cual el Espíritu Santo produce en nosotros una
diaria santificación y vivificación en Cristo. Y esto acontece según la
primera tabla de Moisés que así cumplimos, aunque no tan perfectamente como lo hizo Cristo. Sin embargo, siempre seguimos adelante,
amparados por su redención o el perdón de los pecados, hasta que
también nosotros lleguemos por fin a ser enteramente santos sin nece-
sitar ya ningún perdón; ésta es la meta a la cual tiende todo. Estas
siete partes principales de la operación salvífica de Dios podríamos
llamarlas también "los siete sacramentos", pero ya que los papistas
abusaron de la palabra "sacramento", y como es empleada en sentido
distinto en las Escrituras, prefiero designarlas como los siete puntos
principales de la santificación cristiana o siete medios de santificación.
Ahora bien, además de estos siete puntos principales existen otros
signos exteriores por los que reconocemos la santa iglesia cristiana,
es decir, que el Espíritu Santo también nos santifica en lo relativo
a la segunda tabla de Moisés, cuando nos ayuda a honrar de corazón
a padre y madre, y cuando hace que ellos a su vez eduquen a sus
hijos cristianamente y vivan con honestidad; cuando servimos y nos
sometemos fiel y obedientemente a nuestros príncipes y señores y
cuando ellos a su vez aman, protegen y amparan a sus súbditos, así
también cuando a nadie le guardamos rencor ni sentimos ira, odio,
envidia o sed de venganza hacia nuestro prójimo sino que con gusto
perdonamos, prestamos, socorremos y aconsejamos; cuando no somos
impúdicos, beodos, altivos, jactanciosos ni ostentosos, sino castos, recatados, sobrios, mansos, apacibles y humildes; cuando no hurtamos
ni robamos, ni nos entregamos a la usura y a la avaricia, ni recarga-
mos el precio de la mercadería, sino que somos indulgentes, bondadosos, moderados, dadivosos, no falsos, mentirosos y perjuros, sino
verídicos, constantes, y todo cuanto enseñan además estos mandamientos y como también Pablo no se cansa de enseñar[391]. Por todo ello es
menester que tengamos el Decálogo, no solamente para que nos diga,
en forma de ley, lo que nos incumbe hacer, sino también para que
veamos hasta dónde nos llevó el Espíritu Santo con su santificar y
cuánto nos falta aún, para que no nos sintamos seguros pensando que

---

[390] Ro. 5:3,4. El texto completo según la Vulgata es: "Tribulatio potentiam
operatur; patientia autem probationem, probatio vero spem". Reina-Valera traduce:
La tribulación produce paciencia; y la paciencia, prueba; y la prueba, esperanza.
[391] Por ejemplo, Ro. 13:1 y sigs.; Gá. 5:19 y sigs., 22 y sigs.

ahora lo hemos hecho todo, de modo que así lleguemos a crecer continuamente en la santificación, y a ser cada vez más una nueva creatura en Cristo. Escrito está: *Crescite* [392] y *abundetis magis* [393].

Pero a pesar de que tal señal no puede considerarse tan segura como las otras indicadas anteriormente, dado que también algunos paganos han practicado tales obras y a veces hasta parecen más santos que los cristianos, no obstante en el caso de ellos no es cosa del corazón, practicada con tanta pureza y simplicidad, por amor de Dios, sino que están buscando otra cosa, ya que carecen de la verdadera fe y del conocimiento de Dios. En cambio, con el santo pueblo cristiano está el Espíritu Santo que santifica el corazón y produce este fruto del "corazón bueno y recto" como dice Cristo en la parábola de Mateo 13 [394]. Por ser los mandamientos de la primera tabla más grandes, han de contener el medio más grande de santificación. Por esto preferí resumir toda la segunda tabla en un solo punto; de otra manera habría podido dividirla en siete medios de santificación o partes principales conforme a los siete mandamientos.

Ahora sabemos, pues, a ciencia cierta e inequívocamente, qué y quién es la santa iglesia cristiana, o sea el santo pueblo cristiano de Dios, y dónde se encuentra; y estamos seguros de no equivocarnos. Todo cuanto no esté comprendido en estos puntos puede fallar y a buen seguro fallará, como tendremos la oportunidad de oír luego. De este pueblo santo se debieran tomar los integrantes del concilio. Éste sí sería un concilio dirigido por el Espíritu Santo. También Lyra [395] escribe que por 'iglesia' no se debe contar a los dignatarios o el clero sino a la gente que tiene la fe verdadera. Me extraña que no haya sido quemado por esa afirmación de que los papas, cardenales, obispos y prelados no son la iglesia, de lo cual siguen horribles herejías que la santa iglesia romana no puede tolerar porque la tocan demasiado de cerca. A esto me referí en otra ocasión [396].

Al ver que Dios edificaba tal iglesia santa, el diablo no permaneció ocioso sino que construyó su propia capilla al lado, mayor que la iglesia de Dios. Lo que hizo fue lo siguiente: Veía que Dios usaba medios exteriores con que santificaba a su iglesia, como el bautismo, la palabra, el sacramento, el oficio de las llaves, etc. Ya que siempre es el mono imitador de Dios y quiere copiar todas las obras de Dios y emularlo, se valió también él de medios exteriores que tendrían la misma virtud santificadora como los usados por Dios, así como lo

[392] 2 P. 3:18. Creced.
[393] 1 Ts. 4:10. Hay que completar: "Rogamus... ut abundetis magis"; rogamos que abundéis más y más.
[394] Mt. 13:23; Lc. 8:15; parábola del sembrador.
[395] Nicolás de Lyra, teólogo franciscano, famoso comentarista de la Biblia. La cita se encuentra en Annotationes in Matth. XVI.
[396] Artículos de Esmalcalda, Art. IV.

hace con los brujos, hechiceros, exorcistas, etc.; también a éstos los
hace rezar el Padrenuestro y leer porciones del evangelio para que
sus imposturas sean un importante medio de santificación. En forma
análoga hacía bendecir o consagrar por los papas y papistas el agua,
la sal, hierbas, cirios, campanas, imágenes, el *agnus Dei* [397], palios [398],
altares, casullas, tonsuras, dedos, manos —¿quién puede enumerarlo
todo? Finalmente hizo consagrar las cogullas de los monjes en tal forma
que mucha gente murió y se hizo sepultar vestida de ellas, como si
pudieran ser salvos de esa manera. Beneficioso sería, sin duda, que se
pronunciase la palabra de Dios, la bendición u oración sobre cosas
creadas, como lo hacen los niños en cuanto a la mesa, o sobre su
propio cuerpo al acostarse y levantarse, a lo cual se refiere San Pablo
diciendo: "Todo lo que creó Dios es bueno y es santificado por la
palabra y la oración" [399], porque con esta práctica la creatura no
obtiene ninguna fuerza nueva sino que es confirmada en su fuerza
que ya poseía.

Sin embargo, el diablo busca otra cosa; él quiere que por sus
imitaciones satánicas la creatura adquiera fuerza y poder nuevos.
Como el agua viene a ser bautismo por la palabra de Dios y se convierte en un lavacro para la vida eterna, lava el pecado y salva, lo
cual no es la naturaleza ni el poder del agua; así como el pan y el
vino llegan a ser cuerpo y sangre de Cristo; y como por la imposición
de manos son perdonados los pecados de acuerdo a la institución de
Dios: así el diablo también quiere que sus fantasmagorías y monerías
sean poderosas y hagan un efecto que sobrepase el efecto natural. El
agua bendita supuestamente posee la virtud de borrar los pecados,
expulsar los demonios, defender de los trasgos, proteger a las partu-
rientas, como nos enseña el papa: *Aguam sale, de pe* [400]. A la sal
consagrada se le atribuye el mismo efecto; el *Agnus Dei*, consagrado
por el papa, dicen que hace más de lo que Dios mismo puede hacer,
como está descrito en versos que me gustaría publicar alguna vez
con glosas [401]. Con campanas benditas se pueden ahuyentar tempes-
tades, estocadas dadas con un cuchillo consagrado a San Antonio ex-
pulsan al diablo. Las hierbas benditas expelen los gusanos venenosos.
Algunos conjuros curan las vacas, las protegen de los ladrones de
leche [402], extinguen incendios. Ciertos breves confieren invulnerabi-

[397] Lámina de cera con el Cordero de Dios estampado.
[398] Faja de lana blanca con cruces negras que envía el Papa a los obispos
metropolitanos.
[399] 1 Ti. 4:4, 5.
[400] Decr. P. III de cons. dist. 3 C. 20: Según el derecho canónico, la sal es
usada en la purificación; "de pe." (de penitencia) es un lapsus de Lutero; debe
ser "de co." (de consecratione).
[401] Edición de Weimar, tomo 50, págs. 668-673.
[402] Brujas que hacen secar la leche de las vacas.

lidad en la guerra; también protegen contra hierro, fuego, agua, bestias, etc. El monacato, la misa y cosas parecidas darán una bienaventuranza mayor que la común y corriente. ¿Quién podría enumerarlo todo? No hay necesidad, por insignificante que sea, que no haya servido de motivo para que el diablo instituyera un sacramento o reliquia donde se puede obtener auxilio. Además cuenta con profetisas, adivinos y hombres sabios que poseen la capacidad de revelar cosas ocultas y recuperar bienes hurtados.

Oh, el diablo está muy por encima de Dios, está muy bien provisto de sacramentos, profetas, apóstoles y evangelistas, y sus capillas son mucho más grandes que la iglesia de Dios; además, con su santidad atrae un pueblo mucho más numeroso. Sus promesas, sacramentos y profetas obtienen crédito más fácil y más gustoso que Cristo. Es el gran dios del mundo, el "príncipe de este mundo" como lo llama Cristo [403], el "dios de este siglo" según San Pablo [404]. Con sus monerías aparta a la gente de la fe en Cristo y hace despreciables sus palabras y sacramentos, además completamente obsoletos, porque todo se puede producir de un modo más cómodo con los sacramentos del diablo que con los de Cristo, por ejemplo borrar pecados, librarse de las desgracias y alcanzar la bienaventuranza. Pues Cristo quiere dar a la gente santidad y piedad en cuerpo y alma por medio de su Espíritu Santo, y no dejarla sumida en incredulidad y pecados. Tal proceder resulta demasiado difícil para los que no quieren ser piadosos ni dejar de pecar; éstos pueden prescindir muy bien de esta obra del Espíritu Santo una vez que aprendieron que sin ella pueden salvarse más fácilmente, por ejemplo por el agua bendita, el *agnus dei*, por bulas y breves, por misas y cogullas, de modo que no es menester buscar ni apreciar otras cosas.

Y no solamente esto, sino que el diablo se ha armado con estas cosas porque quería abolir con ellas la palabra y los sacramentos de Dios. Su pensamiento fue éste: Si alguien se presenta con intención de atacar a mi iglesia, sacramentos, obispos, manifestando que las cosas exteriores no salvan, entonces la palabra y los sacramentos de Dios deben perecer juntamente, pues también éstos son signos exteriores y sus obispos y la iglesia son igualmente personas físicas. Si lo mío no vale, lo de él valdrá mucho menos, especialmente porque mi iglesia, mis obispos y sacramentos son de efecto inmediato y ayudan en esta vida y ahora, visible y tangiblemente, puesto que yo estoy presente y ayudo al instante, como se desea. Pero los sacramentos de Cristo obran espiritualmente para lo futuro e invisible, de modo que sus iglesias y obispos apenas si se pueden advertir un poco de lejos,

[403] Jn. 12:31; 14:30; 16:11.
[404] 2 Co. 4:4.

y el Espíritu Santo finge no estar y permite que los que confían en
él sufran toda suerte de infortunios, y hace que sean tenidos por herejes a los ojos de mi iglesia. Mientras tanto, mi iglesia no sólo está
tan cerca que uno puede tocarla con la mano, sino que también mis
obras siguen en el acto, de modo que todo el mundo opina que la
mía es la verdadera iglesia de Dios. Es la ventaja que tengo y que
puedo ofrecer.

Y así sucedió. Cuando basándonos en el evangelio comenzamos
a enseñar que aquellas cosas exteriores no pueden salvar porque son
simples creaturas físicas y además usadas a menudo por el diablo para
sus brujerías, la gente y aun personajes grandes y doctos concluyeron
que el bautismo, como simple agua exterior, la palabra como discurso
humano externo, la Escritura como mera letra hecha con tinta, el vino
y el pan elaborado por el panadero, no tenían valor alguno ya que
eran cosas exteriores y perecederas. Entonces se pusieron a gritar: ¡espíritu, espíritu, el espíritu ha de hacerlo! "La letra mata" [405]. Así Muenzer [406] nos llamaba a los teólogos wittemberguenses "los escribas" y
a sí mismo el "instruido por el Espíritu". Y muchos otros siguieron
su ejemplo. Esto te hace ver cómo el diablo se había armado y puesto
sus centinelas: si alguien atacaba su doctrina y sacramentos exteriores
(que brindaban en seguida auxilio pronto, visible y poderoso), entonces
los sacramentos y la palabra externos de Cristo (de efecto más lento
si no invisible e insuficiente) perecerían con mucha más razón.

Por esto la *Ecclesia*, el santo pueblo cristiano, no tiene simplemente
palabra, sacramento u oficio externos, como Satanás, el mono imitador
de Dios, los tiene también y en número aún mayor. Por el contrario,
la iglesia los tiene mandados por Dios y por él instituidos y ordenados,
de modo que Dios mismo (ningún ángel) quiere usarlos como medios
para obrar con su Espíritu Santo, por lo cual deben llamarse palabra,
bautismo, sacramento o perdón y oficio de Dios mismo, no de ángeles,
ni hombres ni creaturas. Y estos medios los quiere usar para consuelo
y en bien de nosotros, hombres pobres, débiles y timoratos, para no
aplastarnos con su majestad no velada, brillante y gloriosa. Pues ¿qué
mortal pobre y pecaminoso podría soportarlo por un solo momento?
Así dice Moisés: *"Non videbit me homo et vivet"* [407]. Si los judíos en
el monte Sinaí no podían soportar el calzado de sus pies, esto es, su
presencia entre tormentas y nubes [408], ¿cómo habrían aguantado con
sus ojos débiles el sol de su majestad divina y su rostro reluciente?
Por esto Dios prefiere emplear medios soportables, benignos y suaves

---

[405] 2 Co. 3:6.
[406] Tomás Muenzer, teólogo entusiasta, jefe de los campesinos en la guerra
de los campesinos (1489-1525).
[407] Ex. 33:20. No me verá hombre y vivirá.
[408] Ex. 20:18, 19.

que no habrían podido ser elegidos mejor por nosotros mismos, por ejemplo que un hombre pío y bondadoso nos hable, predique, imponga las manos, perdone los pecados, bautice, dé a comer y beber pan y vino. ¿Quién se asustará ante estas manifestaciones tan ajustadas a nuestro sentir, y no se alegrará antes bien de todo corazón?

Ahora bien: esto se hace en beneficio de nosotros pobres hombres. Vemos en ello que Dios nos trata como a sus hijos amados y no quiere obrar con nosotros con su majestad, a pesar de que tendría el pleno derecho; y no obstante, bajo este aspecto ejerce su obra divina majestuosa, su poder y fuerza, por ejemplo, perdonar pecados, limpiar de iniquidades, remover la muerte, donar gracia y vida eterna. En verdad, esta parte les falta a los sacramentos y a la iglesia del diablo, puesto que nadie puede decir que Dios lo haya ordenado, mandado, instituido y fundado, y que él mismo quiera estar presente y hacerlo todo, sino que debe decirse así: Dios no lo mandó sino que lo prohibió. Lo inventaron los hombres, o más bien el mono imitador de Dios lo ideó para seducir a la gente. Pues no efectúa más que cosas temporales; donde toca lo espiritual, es puro engaño. En efecto: no puede dar perdón eterno de los pecados ni hacer salvo, como él pretende hacerlo por el agua bendita, misas y monacato, si bien puede hacer recuperar a una vaca la leche que antes hurtó él mismo por medio de sus profetisas y sacerdotisas, que entre los cristianos se llaman rameras del diablo y que cuando se las atrapa son quemadas con toda razón, no por el robo de la leche, sino por la blasfemia con que contribuyen a fortalecer al diablo con sus sacramentos e iglesias en contra de Cristo.

En resumen: si Dios te mandase levantar una paja o desbarbar una pluma con una orden, mandamiento y promesa de que con esto tendrás el perdón de todos los pecados, su gracia y la vida eterna, ¿no lo habrías de aceptar con toda alegría y agradecimiento, amar a Dios y alabarlo a raíz de tal promesa y considerar esta brizna de paja y pluma un medio de salvación mayor y más apreciado que cielos y tierra? Por insignificantes que sean la paja o la pluma, sin embargo obtienes por ellas tales bienes como no te los pueden dar ni los cielos ni la tierra, ni aun todos los ángeles. ¿Por qué somos gente tan malvada que no consideramos el agua del bautismo, pan y vino, es decir, cuerpo y sangre de Cristo, la palabra pronunciada por un hombre, la imposición de las manos: por qué, digo, no consideramos todo esto un medio de gracia tan sublime como lo consideraríamos la paja o la pluma, aun oyendo y sabiendo que en el bautismo, etc., Dios mismo quiere hacer efectivo su poder y quiere que sea *su* agua, palabra, mano, pan y vino por los cuales te quiere santificar y hacer bienaventurado merced a Cristo, quien ha ganado para nosotros estos bienes y nos ha dado el Espíritu Santo del Padre para esta operación salvífica?

Por otra parte, aun cuando peregrinases con una pesada armadura a Santiago de Compostela o te hicieras matar por la severa vida de los cartujos, franciscanos o dominicos para alcanzar la salvación, y Dios no te lo hubiese mandado ni lo hubiera instituido, ¿qué te ayudaría? Dios no sabe nada de esto, sino que el diablo y tú lo habéis inventado como sacramento o cargos sacerdotales especiales. Y aunque fueras capaz de cargar sobre tus hombros el cielo y la tierra a fin de ser salvo, no obstante no te vale de nada. El hombre que levantase la paja (en caso de que existiera un mandamiento al respecto) haría más que tú, aunque pudieras cargar con diez mundos. ¿A qué se debe esto? Dios quiere que se obedezca su palabra, que se usen sus sacramentos, que se estime su iglesia; entonces él procederá de una manera muy misericordiosa y benigna, más misericordiosa y benigna de lo que nosotros pudiéramos desear. Pues la Escritura dice: "Yo soy tu Dios, no tendrás otros dioses" [409], y también dice: "A él oíd y a ningún otro" [410]. Con esto creo que se ha dicho lo suficiente acerca de la iglesia. Más no se puede decir de ella, a no ser que se quiera detallar aún más ampliamente punto por punto. Todo lo demás apunta a algo distinto. También a esto quiero dedicar unos párrafos.

Aparte de tales señales exteriores y medios de santificación, la iglesia tiene otros medios, también exteriores, por los cuales no es santificada ni en el cuerpo ni en el alma y que tampoco fueron instituidos ni ordenados por Dios. Son, como se dijo en lo precedente, medios que a menudo resultan necesarios y útiles en circunstancias exteriores, y que son indicados y convenientes, como por ejemplo: disponer para la predicación u oración de algunos días feriados, ciertas horas a la mañana o a la tarde, valerse de iglesias o casas parroquiales, altar, púlpito, fuente bautismal, candelabros, cirios, campanas, paramentos sacerdotales y cosas semejantes. Son objetos cuya función no va más allá de lo que corresponde a su naturaleza, del mismo modo como el efecto del comer y beber no varía por el *benedicite* y *gratias* de los niños, dado que los hombres impíos y rudos no acostumbran pronunciar un *benedicite* y *gratias* en la mesa, o sea, no ruegan ni agradecen a Dios, y sin embargo, la comida y bebida los hace gordos y fuertes no menos que a los cristianos. Por suerte, los cristianos pueden ser santificados y permanecer en este estado sin tales aditamentos, aun cuando se predique y se perdonen los pecados en las calles, sin templos ni púlpitos; cuando se administre la santa cena sin altar, y se bautice sin fuente, como sucede a diario que se predica y administra el bautismo y la santa cena en el hogar por razones especiales. Pero para el beneficio de los niños y de la gente sencilla es bueno y contribuye al buen orden que se disponga de tiempo, lugar y hora

[409] Ex. 20:2, 3.
[410] Mt. 17:5.

determinados para que la gente pueda atenerse a ellos y tener donde congregarse, como dice San Pablo en 1 Corintios 14: "Hágase todo decentemente y con orden" [411]. Y este orden no debe ser despreciado por nadie (como tampoco lo hace ningún cristiano) por simple orgullo, sólo para introducir en su lugar el desorden; al contrario, para beneficio de la muchedumbre tal orden debe ser respetado o al menos no se lo debe desafiar ni entorpecer, pues esto sería actuar en contra del amor y de la consideración mutua.

No obstante, se lo debe considerar un orden de observancia libre; por ejemplo: cuando por necesidad u otras causas, o bien por razones de conveniencia, no podamos predicar a las seis o a las siete, a las doce o a la una; el domingo o el lunes, en la capilla o en San Pedro; bien, predíquese a otras horas, en otros días y lugares, mas sin desconcertar a la comunidad, sino buscando su consentimiento para tales cambios. Pues son cosas del todo exteriores, y por tal motivo total y absolutamente sujetas a la decisión de la razón según las exigencias del tiempo, del lugar y de las personas. Dios, Cristo y el Espíritu Santo no se preocupan por ello ni tampoco por lo que comemos, bebemos, vestimos, por si nos casamos, andamos o estamos de pie, ni dónde lo hacemos. Lo único que importa (como ya queda dicho) es que nadie proceda por sí mismo y en forma inmotivada, desconcertando o creando dificultades a la comunidad. Es como en unas bodas u otro festejo: tampoco allí es aceptable que un invitado trate de imponer sus propios caprichos, para disgusto de la novia o de los demás presentes, sino que debe portarse, sentarse, caminar, quedarse de pie, bailar, comer y beber de igual modo que los demás; pues no es posible dar a cada uno su mesa, cocina y mozo individual. En caso de faltarle algo, levántese de la mesa y deje que los demás se queden sentados en paz. Así también en estas usanzas externas, todo debe realizarse con orden y en paz, pero sin atentar contra la libertad de introducir cambios donde el tiempo, la persona u otros factores lo exijan. Si se procede de esta manera, sin duda se podrá contar con la aprobación y el acatamiento unánime de la muchedumbre; pues como queda dicho, estas cosas exteriores no hacen a ningún cristiano ni más santo ni menos santo.

Sin embargo, el papa inundó el mundo con libros sobre este tema e hizo de ello una cadena interminable de lazos, leyes, derechos, artículos de la fe, pecados y santidades, de modo que bien valdría la pena entregar su derecho canónico una vez más al fuego [412], ya que podemos estar muy bien sin un libro que causó tanto y tan inmenso daño. Echó a un lado las Sagradas Escrituras y suprimió ampliamente

---

[411] 1 Co. 14:40.
[412] Lutero quemó un ejemplar del derecho canónico el 10 de diciembre de 1520.

la doctrina cristiana; además se arrogó preponderancia sobre los juristas y su derecho imperial y con esto holló tanto a la iglesia como al emperador. En reemplazo de éstos nos endilgó a esos estúpidos e infatuados canonistas que valiéndose de este libro (el derecho canónico) se erigieron en gobernantes de la iglesia; y lo que es más lamentable aún, hicieron caso omiso de las partes mejores de su contenido y se fijaron en lo peor, y esto lo implantaron en la iglesia a la fuerza. Pues lo que hay de bueno en él se podría encontrar mejor y más abundantemente en las Sagradas Escrituras y hasta en el solo San Agustín, en cuanto concierne al adoctrinamiento de la cristiandad, y además también en los libros de los juristas, en cuanto atañe al régimen civil. En efecto: los mismos juristas han tenido la intención de eliminar de la práctica jurídica el código aquél y dejarlo para los teólogos. Pero mejor sería echarlo al fuego y reducirlo a cenizas, aunque también tiene sus partes buenas. Pues ¿podría existir algo absolutamente malo donde no hubiera nada de bueno? Mas lo malo predomina de tal manera que casi no le deja lugar a lo bueno; por otra parte (como ya dije) lo bueno se halla más copiosamente en las Escrituras y también en los escritos de los padres y juristas. A lo sumo podría conservarse el derecho canónico en la biblioteca como prueba de cómo los papas y algunos concilios junto con otros maestros han incurrido en insensateces y errores. Es éste el motivo por el cual yo también lo conservo.

Estas cosas exteriores de libre observancia las consideraremos como una camisa bautismal o un pañal con que se viste al niño para el bautismo; porque el párvulo no es bautizado ni hecho santo por la camisa bautismal ni por los pañales sino sólo por el bautismo. Mas la razón aconseja que sea envuelto en un pañal. Cuando éste queda sucio o deshecho, se toma otro, y así el niño crece sin que tengan nada que ver los pañales o la camisa bautismal. No obstante, también en este caso es necesario observar la debida moderación y no tomar demasiadas camisas bautismales o pañales para no ahogar al párvulo. En forma análoga es necesario observar moderación en las ceremonias para que no sean una carga o molestia. Por el contrario, deben ser tan discretas que no se las sienta, así como en una fiesta de bodas nadie siente una carga o molestia cuando se comporta y conduce igual que los demás. De los ayunos especiales trataré en otra oportunidad cuando escriba del vicio peculiar de los alemanes, la glotonería y borrachera. Además, y estrictamente hablando, esto corresponde más bien a la esfera del régimen civil.

Acerca de las escuelas he escrito mucho en párrafos anteriores y también en otra parte[413], insistiendo en que se hagan todos los es-

---

[413] Véase páginas 19 en adelante de este tomo.

fuerzos posibles para mantenerlas. Pues aunque deben ser consideradas como cosa exterior y pagana, por lo que los alumnos aprenden en materia de lenguas y ciencias, son sin embargo de suma necesidad. Porque si no se educan alumnos, pronto careceremos de pastores y predicadores, como ya lo estamos experimentando. Pues la escuela debe proveer a la iglesia de personas que en su momento lleguen a ser apóstoles, evangelistas y profetas, es decir, predicadores, pastores y administradores. Además se necesita en todo el mundo hombres para los cargos de cancilleres, consejeros, secretarios, etc., que presten servicios también en el gobierno civil. Además, cuando el maestro es un creyente sincero y hace entender a los alumnos la palabra de Dios y la fe verdadera, recitarla y practicarla, y los acostumbra a la disciplina cristiana, entonces las escuelas son (como lo recalqué antes) concilios jóvenes y eternos, que son de mayor utilidad que muchos otros concilios importantes. Por tanto, los emperadores, reyes y príncipes de antaño hicieron bien en edificar con tanta diligencia tantas escuelas superiores y primarias, monasterios y colegios para proveer a la iglesia de una cantidad satisfactoria de servidores capacitados. Lástima que los sucesores hayan pervertido estas instituciones en forma tan abusiva. Con el mismo espíritu previsor procedan también los príncipes y señores de nuestros días, empleando los bienes de los conventos en la construcción de escuelas, y faciliten a muchas personas el acceso al estudio mediante fundaciones. Si nuestros descendientes lo llevan al abuso, al menos nosotros en nuestro tiempo habremos hecho lo que era de nuestra parte.

En resumen, la escuela debe estar vinculada lo más estrechamente posible a la iglesia, pues en ella se forman los jóvenes predicadores y pastores de entre los cuales salen los que reemplazan a los que se mueren. Sigue en importancia la casa del ciudadano de la cual se obtienen los alumnos. Después están el ayuntamiento y el fuerte cuya función es proteger a los ciudadanos para que puedan proveer alumnos para la escuela, y las escuelas puedan formar pastores, y después a su vez los pastores puedan formar iglesias e hijos de Dios (ya sean ciudadanos, príncipes o emperadores). Dios empero debe ser el supremo y más cercano para preservar este anillo o círculo contra el diablo; él tiene que hacerlo todo en todos los estados, hasta en cada creatura. Conforme al Salmo 127 hay sólo dos regímenes en la tierra, o sea, la ciudad y la casa: "Si el Señor no edifica la casa" y "si el Señor no guarda la ciudad" [414]. Lo primero es gobernar la casa, la fuente donde se origina el pueblo. Lo segundo es regir la ciudad, es decir, el país, pueblo, príncipes y señores (lo que llamamos autoridad se-

[414] Sal. 127:1.

cular). Esto abarca todo, hijos, bienes, dinero, animales, etc. La casa tiene la función de producir, la ciudad la de guardar, proteger y defender. Después viene lo tercero, la casa y ciudad propias de Dios, la iglesia, que de la casa debe obtener personas, y de la ciudad, protección y defensa.

Éstas son las tres jerarquías instituidas por Dios. Otras no necesitamos. Ya tenemos bastante y más que suficiente que hacer para llevar en estas tres jerarquías una vida recta resistiendo al diablo. Pues fíjate sólo en la casa: ¡cuánto hay que hacer allí, a saber, obedecer a los padres y amos, y por otra parte alimentar, educar, gobernar y mantener a los hijos y la servidumbre de una manera que agrade a Dios! El gobierno de la casa nos dará bastante trabajo aunque no tuviéramos otra cosa que hacer. También la ciudad, es decir, el gobierno secular, nos colma de tareas: por una parte debemos observar una obediencia fiel, y por la otra, juzgar, proteger y hacer prosperar a nuestros súbditos, el país y sus habitantes. Y no menos trabajo nos da el diablo. Con todo esto, Dios nos ha dado sudor del rostro, espinas y cardos en abundancia [415], de modo que en estos dos ámbitos [en el original: 'rechten', derechos] tenemos muchísimo que aprender, vivir, obrar y sufrir. Después está el tercer ámbito y régimen; si a éste lo gobierna el Espíritu Santo, Cristo lo llama una carga consoladora, dulce y ligera [416]; de lo contrario es no sólo una carga pesada, molesta y terrible, sino una carga imposible de llevar, como dice San Pablo en Romanos 8: *"Impossibile legis"* [417], y en otra parte: *"la letra mata"* [418].

¿Para qué necesitamos a más de estos tres sublimes regímenes divinos, a saber, el derecho divino, natural y secular, también aquel derecho blasfemo y espurio o régimen del papa? El régimen del papa quiere ser todo y no es nada, sino que nos seduce y nos aparta de estos tres benditos estados y derechos divinos. En lugar de ello nos viste de una máscara o capa y nos convierte en ludibrio y juguetes del diablo que andan ociosos y ya no conocen estas tres jerarquías o derechos divinos. Por tanto, no lo toleraremos más, sino que obraremos según la doctrina de San Pedro, San Pablo y San Agustín y defenderemos nuestra independencia aplicando contra ellos el Salmo 2: "Rompamos sus ligaduras y echemos de nosotros sus cuerdas" [419]. Más aún: cantaremos con San Pablo: "Quien os anunciare otro evan-

[415] Gn. 3:18, 19.
[416] Mt. 11:30.
[417] Ro. 8:3. Imposible para la ley.
[418] 2 Co. 3:6.
[419] Sal. 2:3.

LOS CONCILIOS Y LA IGLESIA

gelio, aunque fuere un ángel del cielo, sea anatema"[420]. Y con San Pedro diremos: "¿Por qué tentáis a Dios imponiendo semejante carga?"[421]. Además nos elevaremos por encima del papa y lo hollaremos, como dice el Salmo 91: "Pisarás el áspid y el basilisco y hollarás al león y al dragón"[422]. Y esto lo haremos por el poder y el auxilio de la Simiente de la mujer[423] que ha herido y aún está hiriendo la cabeza de la serpiente, aunque con esto corremos el riesgo de que la serpiente nos hiera en el calcañar. A esta Simiente bendita de la' mujer sean dadas alabanza y honra junto con el Padre y el Espíritu Santo, único Dios y Señor verdadero por toda la eternidad. Amén.

[420] Gá. 1:8.
[421] Hch. 15:10.
[422] Sal. 91:13.
[423] Gn. 3:15.

CITAS DEL ANTIGUO TESTAMENTO *

* Las referencias a las citas bíblicas se indican conforme a la versión Reina-Valera, revisión 1960.

CITAS DEL NUEVO TESTAMENTO

CITAS DEL NUEVO TESTAMENTO

ÍNDICE DE PERSONAS Y LUGARES

A

Abel: 60.
Abraham: 60, 62, 171, 172, 226.
Adán: 60, 156, 197, 222, 249, 265.
África: 151, 166.
Ágata, Santa: 36.
Agustín, San: 29, 30, 59, 62, 148-153, 165-168, 170, 172, 193, 198, 199, 205, 208, 214, 224, 231, 235-237, 243, 253, 261, 262, 274, 276.
Alejandría: 164, 166, 174, 175, 197, 200, 203, 206, 208, 231, 238.
Alejandro (obispo): 175.
Alejandro de Villa Dei: 35.
Alemania: 19, 20, 23, 26, 27, 37, 40, 41, 45, 48, 61, 64, 76-78, 245.
Ambrosio, San: 148, 172, 194, 205, 208.
Anastasio: 206.
Andrés: 262.
Antioquía: 164, 176, 201, 203, 204, 206, 208.
Antonio, San: 161-163, 231, 232, 268.
Apolos: 103.
Aristóteles: 39, 75, 223.
von Arras, Baltasar: 135.
Arrio: 174-178, 193-200, 207, 227, 228, 230, 238, 242.
Asia (Menor): 150, 151, 179, 205, 215.
Atanasio (obispo): 177, 197, 198.
Augusto: 192, 193.
Auxencio (obispo): 194, 195.

B

Babilonia: 33.
Balaam: 227.
Basilio: 194.
Bernabé: 104, 105, 185, 262.
Bernardo, San: 31, 148, 153, 232.
Bohemia: 115.

C

Bonifacio III (papa): 202.
Buch: 120.
Buenaventura, San: 232.
Bugenhagen: 169.

Caifás: 229.
Caín: 60.
Calcedonia: 150, 172, 215, 223, 227, 228, 230, 245.
Capernaum: 162.
Carlomagno: 151.
Carlos V (emperador): 234, 245.
Cicerón: 210.
Cipriano, San: 165-168, 172.
Cirilo (obispo): 201, 206, 208, 212.
Colonia: 151.
Constancia: 174, 194.
Constancio: 193, 194.
Constantino el Grande: 150, 151, 160, 163, 174-176, 178-180, 193, 194, 196-198, 200, 206, 239, 245.
Constantinopla: 150, 153, 172, 199-203, 205-207, 215, 216, 228, 230, 232, 245.
Constanza: 227-229.
Córdoba: 175.
Corinto: 112, 202.
Cornelio, San: 166.
Cornelio de Cesarea: 162, 185, 189.

D

Dahlberg, Juan de: 235.
Dámaso: 196, 200, 204, 205.
Daniel: 69, 263.
David: 38, 51, 194, 226.
Dionisio: 166, 167.
Doeg: 198.
Donato, Aelio: 35.